Die USA als historisch-politische und kulturelle Herausforderung

Vermittlungsversuche

Festschrift für Hartmut Wasser zum 65. Geburtstag

D1672090

ATLANTISCHE TEXTE

Herausgegeben von der
Atlantischen Akademie Rheinland-Pfalz e.V.

Band 21

Anton Hauler / Werner Kremp / Susanne Popp (Hg.)

Die USA als historisch-politische und kulturelle Herausforderung

Vermittlungsversuche

Festschrift für Hartmut Wasser zum 65. Geburtstag

ωωτ **Wissenschaftlicher Verlag Trier**

Die Deutsche Bibliothek - CIP-Einheitsaufnahme

Die USA als historisch-politische und kulturelle Herausforderung: Vermittlungsversuche
Festschrift für Hartmut Wasser zum 65. Geburtstag /
Anton Hauler, Werner Kremp, Susanne Popp (Hg.)
[Atlantische Akademie Rheinland-Pfalz e.V.] -
Trier : WVT Wissenschaftlicher Verlag Trier, 2003
   (Atlantische Texte; Bd. 21)
   ISBN 3-88476-613-9

Atlantische Akademie Rheinland-Pfalz e.V.
Steinstraße 48   D-67657 Kaiserslautern
Tel.: 0631 - 36 61 00
Fax: 0631 - 89 15 01

© WVT Wissenschaftlicher Verlag Trier, 2003
   Atlantische Akademie Rheinland-Pfalz e.V.
   ISBN 3-88476-613-9
   ISSN 1430-9440

Umschlaggestaltung: Brigitta Disseldorf

WVT Wissenschaftlicher Verlag Trier
Postfach 4005, 54230 Trier
Bergstraße 27, 54295 Trier
Tel. 0651-41503, Fax 41504
Internet: http://www.wvttrier.de
eMail: wvt@wvttrier.de

Ein Grußwort

Hartmut Wasser ist ein Mann von echtem Schrot und Korn. Er ist nicht nur ein hervorragender Wissenschaftler und Didaktiker – dieser Band ist ein Beleg dafür –, sondern einer, der sich mit Leidenschaft um die „res publica" kümmert.

Viele wissen gar nicht, dass er jahrzehntelang bei zahllosen Veranstaltungen der politischen Bildung als gefragter und beliebter Referent mitgewirkt hat. Wo er auftrat, gab es keine Langeweile. Ihm war und ist bewusst, dass eine Demokratie nur dauerhaft glücken kann, wenn sich viele Bürgerinnen und Bürger um die gemeinsamen Angelegenheiten kümmern.

Hartmut Wasser verfügt über erstaunliches didaktisches Geschick. Er hat als schaffiger Schwabe nicht nur fleißig geforscht und publiziert, sondern besitzt auch die seltene Gabe der verständlichen Vermittlung und Darstellung.

Immer war und ist er auch intensiv an geistiger Auseinandersetzung interessiert. Das hat zu vielen Begegnungen und Freundschaften geführt, an denen ihm viel liegt.

Sein Eintritt in den wohlverdienten Ruhestand bedeutet nicht, dass er sich von der wissenschaftlich-didaktischen Arbeit verabschiedet – das kann er wohl gar nicht –, aber er möge doch vom Termindruck befreit sein und mehr Zeit für seine Hobbys und einen guten Remstäler Tropfen haben.

Dr. h.c. Siegfried Schiele
Direktor der Landeszentrale für Politische Bildung, Baden-Württemberg

Inhaltsverzeichnis

Vorwort

Der vorliegende Sammelband ist eine Hommage an Professor Dr. Hartmut Wasser. Er enthält im Wesentlichen die Vorträge der amerikapolitischen Tagung, welche Freunde und Kollegen anlässlich seiner Emeritierung am 25. und 26. Oktober 2002 im Tagungshaus Weingarten der Akademie der Diözese Rottenburg veranstaltet haben. Diese Einleitung versucht die mit dieser Tagung verbundenen wissenschaftlichen und persönlichen Kontexte zu verdeutlichen.

Mit der Emeritierung unseres Kollegen und Freundes Hartmut Wasser verliert die Pädagogische Hochschule Weingarten einen ihrer profiliertesten und wirkungsmächtigsten Hochschullehrer. Wie nur wenige verstand er es, nachhaltiges Interesse für das Politische im Allgemeinen und die transatlantischen Beziehungen im Besonderen zu wecken. Von diesen pädagogisch-politischen Bemühungen zeugen auch die ersten drei Beiträge dieses Bandes – allesamt aus der Feder von „Schülerinnen" und „Schülern" von Hartmut Wasser und somit stellvertretend für Generationen von Studierenden des Faches Politikwissenschaft an der Pädagogischen Hochschule Weingarten.

Sibylle Rapp, Studentin in Hartmut Wassers letztem politikwissenschaftlichen Hauptseminar „Alexis de Tocquevilles ‚Über die Demokratie in Amerika'", verweist mit ihren *Anmerkungen zu Alexis de Tocquevilles Reise durch die Vereinigten Staaten von Amerika* nicht nur auf die Vorliebe von Herrn Wasser für den französischen Aristokraten, sondern auch auf dessen gelebtes Diktum, dass politikwissenschaftliche Auseinandersetzungen mit einem anderen Land ohne eigene Anschauung letztlich defizitär bleiben. Auch *Stephanie Schicks* Beitrag *„Ein Freund, ein guter Freund, das ist das Schönste, was es gibt auf der Welt!" Annäherungen an die Bedeutung von Freundschaft aus kommunitaristischer Perspektive* bleibt dem transatlantischen Beziehungsgeflecht verhaftet. Die frühere Studentin und spätere wissenschaftliche Mitarbeiterin von Hartmut Wasser hat sich in einem von ihm betreuten Kommunitarismus-Projekt eingehend mit diesem politisch-philosophischen Re-Import aus den USA auseinandergesetzt und dabei eine besondere Affinität zum Begriff der Freundschaft entwickelt. *Anton Hauler* schließlich, seit über dreizehn Jahren Lernender und Lehrender an der Seite von Hartmut Wasser, exemplifiziert mit seinem Aufsatz *Zur Rolle der USA am Beginn des europäischen Integrationsprozesses. Eine Analyse curricularer Vorgaben unter fachwissenschaftlicher Perspektive* die Bedeutung historisch-politischer Kenntnisse bei der Anbahnung und Vertiefung politischer Bildungsprozesse – eine Leitlinie, die der hier zu Würdigende stets in den Vordergrund seiner Lehrtätigkeit gestellt hat.

Dass fundierte politikwissenschaftliche Analysen auf einem breiten fächerübergreifenden Grundlagenwissen basieren sollten, war eine weitere Maxime, die die Lehr- und Forschungstätigkeit von Hartmut Wasser charakterisierte. Die Beiträge von Susanne Popp, Reinhold Hedtke und Walter Schweidler, Kollegen aus den Nachbarfächern Geschichte und ihre Didaktik, Wirtschaftswissenschaften und ihre Didaktik sowie Philosophie an der Pädagogischen Hochschule Weingarten, tragen diesem Anliegen und dem daraus entstandenen Beziehungsgeflecht Rechnung. Während sich *Susanne Popp* mit ihrem Beitrag *„Wenn sie manchmal wie Marmorstatuen aussehen, dann war das genau ihr Wunsch" (J. J. Ellis). Imaginationen der Vergangenheit zwischen Illusion und Authentizität in Leutzes „Washington Crossing the Delaware"* unter historisch-kritischen und didaktisch-methodischen Perspektiven mit einem Schlüsselbild der nationalen Identitätsbildung in den Vereinigten Staaten auseinandersetzt, überprüft *Reinhold Hedtke* unter der Fragestellung *Amerikanisierung oder Globalisierung der Weltwirtschaft? Zur Position der USA im Welthandel und in globalen ökonomischen Institutionen* die vielfach geäußerte These vom amerikanischen „Dollar-Imperialismus" anhand empirischer Fakten. *Walter Schweidler* hingegen zeigt mit seinem in englischer Sprache verfassten Aufsatz *Between Norms and Utility. On the cultural differences in the background of the human rights*, dass es politisch durchaus fruchtbar sein kann, politische Grundfragen im Bezugsrahmen eines die politische Dimension transzendierenden Konzepts von „culture" zu diskutieren.

Der Beitrag von *Peter Lösche* zum Thema *„Amerikanisierung" deutscher Politik? Überlegungen zu einem Schlagwort* steht zum einen für den engen Kontakt, den Hartmut Wasser mit dem universitären Politikbetrieb pflegte, zum anderen in einem für diese Tagung exemplarischen Sinne dafür, dass aus thematischer und/oder arbeitsstruktureller Verbundenheit eine Reihe freundschaftlicher Beziehungen entstanden sind.

Was folglich für alle Beiträge dieses Bandes insgesamt charakteristisch ist, die Interdependenz von Inhalts- und Beziehungsaspekten, gilt in besonderem Maße für den Vortrag von *Ulrich Bachteler*, Direktor des James-F.-Byrnes-Instituts in Stuttgart. Wenn er die *Geschichte der Amerika-Häuser in Deutschland* ins Blickfeld rückt, verweist er auf die Bedeutung des außeruniversitären und außerschulischen Feldes bei der Vermittlung des Politischen, wo Hartmut Wasser einem breiten Publikum über Jahrzehnte hinaus fundiertes Wissen und politische Einsichten über die „Neue Welt" vermittelte. Hierzu gehört auch die von Werner Kremp geleitete Atlantische Akademie Rheinland-Pfalz in Kaiserslautern. *Kremps* Antworten auf die Frage *Ist der Amerikanismus ein Katholizismus?* folgt genau diesen Intentionen, wobei die eine oder andere These für manchen Leser auf den ersten Blick etwas gewagt erscheinen mag.

Das ideale Forum zur politischen Bildung breiter Bevölkerungsschichten ist jedoch zweifelsohne die Tageszeitung, der eine stille Liebe Hartmut Wassers gilt. Eine große Anzahl seiner tagesaktuellen oder zeitgeschichtlichen Publikationen erfolgten in diesem Medium und dabei in enger Kooperation mit *Christian Schwarz*, dem Auslandsredakteur beim St. Galler Tagblatt. Sein Beitrag zum Thema *Die USA als publizistische Herausforderung* beleuchtet die Schwierigkeiten, vor die Journalisten gestellt sind, wenn sie dem komplexen Phänomen USA gerecht werden wollen. Dass sich vordergründig schwerlich vergleichbare Politikstrukturen mit einigem politischen Erkenntnisgewinn einander gegenüberstellen lassen, verdeutlicht der Beitrag von *Michael Eilfort* zum Thema *Politische Opposition in den Vereinigten Staaten und in Deutschland. Ähnlichkeiten nicht nur im Kern: Auch ein Vergleich von Äpfeln und Birnen kann aufschlussreich sein.*

Wenn es stimmt, dass der familiäre Hintergrund den einflussreichsten Faktor der individuellen Bildungsbiographie darstellt, so war Hartmut Wasser mit seinen vielfältigen erzieherischen Nah- und Fernwirkungen auch im familiären Bereich recht erfolgreich. Jedenfalls versteht es sein Sohn *Iring Wasser* mit dem Beitrag *Von Amerika lernen. Ein Erfahrungsbericht über die Akkreditierung von Hochschulstudiengängen in Deutschland* den transatlantischen Hintergrund des derzeitigen bildungspolitischen Trends zur Zertifizierung von Studiengängen in historischer und aktueller Perspektive zu erhellen.

Den Abschluss des Bandes bildet ein glänzender Beitrag von *Hartmut Wasser* selbst: *Versuch über das Wesen der Freundschaft. Von der Beziehung zwischen John Adams und Thomas Jefferson.* In dieser Studie über die Wiederannäherung der beiden so gründlich verschiedenen Charaktere John Adams und Thomas Jefferson lässt Hartmut Wasser nicht nur seine reflektiert-distanzierte Bewunderung für diese beiden Politiker und Wissenschaftler erkennen, sondern exemplifiziert damit auch seine persönliche Lebensphilosophie, in der Freundschaft und gegenseitiger Respekt eine höchstrangige Rolle spielen und sein ganzes Wirken prägten. Zum anderen aber gibt eine Bibliographie der Publikationen des hier zu Würdigenden Einblick in eine immens produktive wissenschaftliche Laufbahn.

Nachzutragen sind noch herzliche Danksagungen an all jene Personen und Institutionen, die mit ihrer ideellen und finanziellen Hilfestellungen die Tagung und den hier vorliegenden Band ermöglicht haben: die Pädagogische Hochschule Weingarten, das Tagungshaus Weingarten der Akademie der Diözese Rottenburg und ihr Direktor Dr. Rainer Öhlschläger, die Landeszentrale für politische Bildung Baden-Württemberg und ihr Direktor Dr. h.c. Siegfried Schiele, das Deutsch-Amerikanische Zentrum/James F.-Byrnes-Institut e.V. Stuttgart sowie die Atlantische Akademie Rheinland-Pfalz in Kaiserslautern.

Besonderer Dank gebührt auch denjenigen, die Wesentliches zur Gestaltung der Druckfassung beigetragen haben: Frau Katja Gorbahn, wissenschaftliche Mitarbeiterin an der Universität Siegen, für das aufmerksame Korrekturlesen, und besonders Frau Petra Schöppner (Universität Siegen), die den Band in bewährt zuverlässiger und engagierter Weise redaktionell betreute.

Schließlich sind wir all denjenigen zu großem Dank verpflichtet, die bei der Tagung mitgewirkt und zu dieser Ehrengabe für Hartmut Wasser beigetragen haben.

Anton Hauler
Werner Kremp
Susanne Popp   *Juli 2003*

Sibylle Rapp

Anmerkungen zu Alexis de Tocquevilles Reise durch die Vereinigten Staaten von Amerika

Nachfolgender Beitrag verdankt seine Entstehung der Ermunterung durch meinen akademischen Lehrer, Prof. Dr. Hartmut Wasser, für die ihm gewidmete Festschrift einige Reflexionen aus einem Referat abzuleiten, das ich im Rahmen eines von ihm geleiteten Oberseminars gehalten habe. Hartmut Wassers politikwissenschaftlicher Lehr- und Forschungsschwerpunkt war und ist im Bereich der Nordamerika-Studien angesiedelt; er hat den Studierenden während meiner gesamten Studienzeit mit großem Nachdruck amerikakundliche Kenntnisse und Einsichten vermittelt. Im Rahmen solcher Bemühungen hat er im Wintersemester 2001/02 ein Oberseminar zu Tocquevilles „Über die Demokratie in Amerika" (1835/40) abgehalten und uns zu intensiver Lektüre dieses bedeutenden politisch-philosophischen Textes motiviert. Mir selbst fiel die Aufgabe zu, ausgehend von dem knappen Tocqueville-Text „In der nordamerikanischen Wildnis" (1831) über die Reise des Franzosen durch die Vereinigten Staaten zu berichten – und selbst Gedanken zum didaktischen Zweck dieser Unternehmung zu entwickeln. Schließlich schienen mir folgende Schwerpunkte geeignet, Einsichten zu wecken, die zum besseren Verständnis des Amerika-Klassikers von Tocqueville beitragen könnten:

1. die Frage nach den Motiven und Intentionen der Reise, deren Beantwortung die Absichten und Zielsetzungen des Werkes beleuchten könnten;
2. die Analyse der historischen Realitäten, denen Tocqueville auf seiner Reise begegnete, und die Behandlung der daraus resultierenden Frage, wie diese Realitäten im Buch verarbeitet und welche Schlussfolgerungen aus ihnen gezogen wurden;
3. die genauere Betrachtung der Darstellung der „nordamerikanischen Wildnis", die möglicherweise Aufschluss geben könnte über Tocqueville als Person, die Art und Weise seines Sehens, Denkens und Wahrnehmens des „Anderen"; vielleicht würde man an diesem knappen Text exemplarisch Fragestellungen, Forschungsinteressen und Kommentare Tocquevilles erarbeiten können, die als erkenntnisleitende Wegweiser auch den Gang durch die „Demokratie in Amerika" begleiten und erleichtern könnten.[1]

Angesichts des knappen Raumes (und der Nöte einer kurz vor dem Examen stehenden Studentin) ist es mir nicht möglich, die im Referat gefundenen Antworten auf die genannten Fragestellungen so systematisch darzustellen, wie ich es mir wünschen würde. Stattdessen möchte ich einige Gedanken als Dank an Herrn Professor Dr. Wasser zu Papier bringen, die mir bei meiner neuerlichen Beschäftigung mit dem Quellentext und dem daraus abgeleiteten Referat in den Sinn gekommen sind.

---

1 Um diese und andere Aspekte halbwegs zuverlässig verfolgen zu können, stütze ich mich neben dem Primärtext (Tocqueville 1957) vor allem auf Pierson 1982 und Reeves 1982.

6

„Ich hatte angenommen, Amerika sei das einzige Land, in dem sich Schritt für Schritt alle Veränderungen verfolgen ließen, die die sozialen Umstände dem Menschen aufprägen, und wo man die ganze Entwicklungskette, vom reichen Patrizier der Städte bis zu den Wilden der Einöde, in ihren einzelnen Gliedern beobachten könne. Mit einem Wort, ich hoffte hier die Geschichte der ganzen Menschheit innerhalb weniger Längengrade eingefaßt zu finden. Nichts an diesem Bilde ist wahr. Von allen Ländern der Erde ist Amerika am wenigsten dazu angetan, jenen Anblick zu bieten, den ich dort suchte. Es gibt, weit mehr noch als in Europa, in Amerika nur eine einzige Gesellschaft [...] sie setzt sich überall aus den gleichen Elementen zusammen. Eine gleichförmige Zivilisation ist über sie hinweggegangen. Den Menschen, den man in den Straßen von New York zurückgelassen, findet man mitten in den Einöden des Westens wieder: mit gleichem Gewand, gleichem Geist, gleicher Sprache, gleichen Gewohnheiten, gleichen Vergnügungen [...]. Der Geist der Gleichheit hat den Lebensgewohnheiten eine eigentümliche, gleichförmige Färbung verliehen."[2]

Der solches im Jahre 1831 verwundert feststellt, ist der junge französische Aristokrat Alexis de Tocqueville (1805-1859), bekannt durch sein Buch „De la démocratie en Amérique", das drei Jahre nach seiner Rückkehr aus Amerika 1835 erstmals erschienen ist. Darin schildert der Autor in prophetischen Worten das Heraufkommen des Zeitalters der Gleichheit, eine unaufhaltsame Entwicklung, die früher oder später alle Völker erreichen und diese mit schwierigen Fragen und schicksalhaften Aufgaben konfrontieren werde. Vor allem jenes säkulare Spannungsfeld von Freiheit und Gleichheit, das für uns heute so viel Widersprüchliches in sich birgt, scheint für Tocqueville das zentrale Anliegen und der Schlüssel zum Verständnis der Demokratie in Amerika zu sein.

Alexis de Tocqueville bereiste Nordamerika in den Jahren 1831/32 in Begleitung seines Freundes Gustave de Beaumont (1802-1865); beide waren Juristen und Regierungsbeamte, die sich an ihrem Dienstort in Versailles kennen gelernt hatten.

George W. Pierson bezeichnet diese ausgedehnte Studienfahrt als die „Erzählung eines intellektuellen Abenteuers, eine Geschichte über zwei aristokratische, ehrgeizige Franzosen, die Ehre, Wohlstand und Karriere auf der Suche nach dem Verständnis einer demokratischen Regierung in der modernen Welt riskieren, diese aber im Erfolgsfall durchaus auch zu befördern hoffen durften."[3]

Alexis de Tocqueville verspürte bereits seit langem den Wunsch, Nordamerika zu besuchen. Der Gedanke an eine solche Reise lag ihm sehr nahe, da die Erzählungen seines Verwandten Chateaubriand von der „Neuen Welt" in ihm große Neugierde wachgerufen hatten und zudem die Beziehungen Frankreichs zur „Neuen Welt" um 1830 recht eng waren. Seit der Revolution von 1789 fanden politisch verfolgte Franzosen wie Talleyrand, Lafayette oder der Bürgerkönig Louis-Philippe in unsicheren Jahren freundliches Asyl in Amerika. Es haben aber auch noch andere Beweggründe den Aristokraten dazu veranlasst, eine solche Reise anzutreten. Der Sturz der Bourbonen im Jahre 1830 beispielsweise beeinträchtigte Tocquevilles glänzende berufliche Aussichten und verstärkte die Spannungen zwischen der Aristokratie und Bourgeoisie in Frankreich enorm. Die Julirevolution mit der Inthronisation des „Bürgerkönigs" Louis Philippe (1830-1848) und einer Monarchie, die von der Mittelschicht getragen wurde,

2   Tocqueville 1957, 13 f.
3   Pierson 1982.

machten die starken Tendenzen in Richtung auf eine demokratische Entwicklung deutlich sichtbar. Die daraus resultierenden gewaltigen sozialen und politischen Umwälzungen, die nicht nur in Frankreich, sondern fast überall in Europa zu erkennen waren, begriff Tocqueville als den unaufhaltsamen Siegeszug der Demokratie, der auf der Basis der prinzipiellen Gleichheit der Lebensbedingungen eine neue Gesellschaftsordnung errichten würde. Er sah es als seine Aufgabe an, diese Entwicklung in ihren sozio-politischen Konsequenzen rechtzeitig zu erkennen, um mögliche Irrwege der Demokratie, etwa ihr Einmünden in die „Tyrannei" – die „Despotie" – zu verhindern und ihren politik- und gesellschaftsverträglichen Fortgang in Europa zu garantieren. Eine Schrift über Amerika sollte Wegweiser aufstellen und Einsichten wecken, in welche Richtung die Franzosen in naher Zukunft „stolpern" würden. Ein bedeutendes Werk erhoffte sich der Aristokrat, das die Geheimnisse des großen demokratischen Experiments in der Neuen Welt offenbaren und gleichzeitig seinem noch relativ unbekannten Verfasser den Eintritt in die Politik erleichtern und Ansehen in der Öffentlichkeit verschaffen sollte.

Freilich musste Tocqueville zunächst einen beruflichen Vorwand für seine lange Abwesenheit finden, einen Vorwand, der aber nur Tarnung für die tiefere intellektuelle Rechtfertigung seiner Studie über die „Neue Welt" wäre. Die beiden Juristen Tocqueville und Beaumont verschafften sich alsbald den Auftrag des französischen Innenministeriums, das amerikanische Gefängniswesen zu untersuchen, das sich seinerzeit von seinem europäischen Pendant beträchtlich unterschied. In den USA wurde nämlich das Zellensystem eingeführt, das gegenüber den vorher üblichen käfigartigen Massenquartieren als mustergültig galt. Der Zeitpunkt einer solchen Untersuchung war günstig gewählt, da die Julirevolution vielerlei Reformen jeglicher Art mit sich brachte und man sich in ganz Europa in der ersten Hälfte des 19. Jahrhunderts auch um Reformen des Strafvollzugs bemühte.

Der Anlass der Reise war also die Untersuchung des modernen Strafvollzugs in Amerika; die Ursachen und Intentionen, die Tocqueville und Beaumont zu einem solchen Unternehmen bewogen, waren tiefgründiger. Die Prinzipien und Konsequenzen der Demokratie sollten näher untersucht werden, die am deutlichsten und reinsten auf dem Boden der jungen USA verwirklicht schienen. Was Tocqueville in Wirklichkeit also erreichen wollte, war der Gewinn von Einsichten über die „Neue Welt", die wiederum Aufschlüsse über die voraussichtliche Entwicklung in der „Alten Welt" geben konnten. Im Vordergrund der Reiseinteressen stand folglich nicht „Amerika" als solches, sondern als das Land, das Auskunft über demokratische Gegebenheiten und Schwächen geben konnte. Tocqueville ist und bleibt bei seinem ganzen Tun und Handeln Franzose, auch wenn ihn die „Neue Welt" zu fesseln scheint. Er beobachtet und schreibt als Franzose für Frankreich, für die politische Erziehung und damit für eine bessere Zukunft seiner Landsleute. Tocqueville will das Funktionieren einer Demokratie als Zukunftsmodell auch für Frankreich kennen lernen.

Am 11. Mai 1831 gingen Alexis de Tocqueville und Gustave de Beaumont in New York an Land. Ihre Reise führte sie zunächst in die Neuengland-Staaten, dann westwärts in die noch unerschlossenen Gebiete der großen Seen, über Philadelphia den Ohio abwärts in den aufstrebenden jungen Westen, weiter auf dem Mississippi bis nach New Orleans und durch die Südstaaten zurück nach Washington und New York. Sie sammelten immense Erfahrungen, hatten Begegnungen mit einer Vielzahl von Menschen, zufälligen Reisebekanntschaften oder aufgesuchten Autoritäten, mit Abenteurern, Indianern, Pionieren in primitiven Urwaldhütten wie auch mit Honoratioren in glänzenden Salons. Sie reisten zu Pferd, in der Postkutsche, auf den Schiffen der großen Seen oder mit Flussdampfern. Tocqueville sprach mit jedermann, er suchte förmlich den Dialog und wollte von allen lernen, um seine Meinungen festigen oder revidieren zu können, um zu erfahren, wie die „Amerikaner" in der „Neuen Welt" logierten, feierten, aßen und tranken, wie sie sich gesellschaftlich und politisch verhielten. Die vorgegebene Reisedauer von neun Monaten erschien von Anfang an als zu kurz, um ein so vielseitiges, riesiges Land zu erkunden, zumal ein Teil des Aufenthalts der Untersuchung des Gefängniswesens galt und die zu Beginn unzureichenden Englischkenntnisse zu Missverständnissen und Schwierigkeiten führten, die die Arbeit enorm erschwerten. Der Hauptgegenstand der Untersuchungen Tocquevilles betraf die gesellschaftlichen Strukturgegebenheiten des Landes und deren Einwirkungen auf die politische Sphäre; insofern gehört er in die Reihe der Begründer der politischen Soziologie. Ökonomische Gegebenheiten wurden nur dann berücksichtigt, wenn sie Auswirkungen auf die Lebensweise der Menschen und die sozialen Bedingungen hatten.

Bereits kurz nach seiner Ankunft in der „Neuen Welt" fallen Tocqueville die eigentümlichen Umgangsformen und Verhaltensweisen der Amerikaner ins Auge; er entdeckt eine Gesellschaft, die vom Geist der Gleichheit geprägt ist und weit weniger Klassenunterschiede als ihre europäischen Äquivalente aufweist. Tugenden wie Ernsthaftigkeit und Respekt vor den Sittengesetzen, aber auch der spürbare Einfluss der Religion auf die Sitten erscheinen Tocqueville als zentrale Bedingungen „echter" Demokratie; in ihnen kommt eine Gesinnung zum Ausdruck, die Freiheitlichkeit im Zeichen der Gleichheit gewährleistet. An jedem Ort, an dem die beiden Franzosen in Amerika verweilen, erscheint ihnen die aufgefundene Welt als eine formbare Materie, die der Mensch selbsttätig gestalten kann. Sie gewinnen den Eindruck, dass jeder Bürger die Hoffnung in sich trage, die Annehmlichkeiten des Lebens erlangen zu können, dass jeder zu wissen glaube, dass die Zukunft gesichert sei, sofern man sich anstrenge und arbeite. In der Mitte des 19. Jahrhunderts ist die Entwicklung des Unternehmergeistes allerorten in Amerika zu beobachten ebenso wie eine rastlose Mobilität der ganzen Gesellschaft. Ein Amerikaner konnte seine Lebensweise immer wieder ändern, er wechselte häufig den Wohnort und gründete immer wieder neue Unternehmen. Eigeninitiative und Unternehmergeist sorgten für kreative Impulse und innovative Ideen, die der gesamten Gesellschaft dienlich waren und den Wohlstand gewissermaßen für alle garantierten.

Im Laufe seines Aufenthalts in Amerika entwickelte Tocqueville ein ganz besonderes Interesse für das Schicksal der Indianer. Eine unverkennbare Abenteuerlust führte die beiden Franzosen nach Michigan und zu den großen Seen, bis an die Grenze der „zivilisierten Welt" also. Doch eben erst angekommen, stellte Tocqueville fest, dass die dort lebenden Ureinwohner seinen Vorstellungen von „Indianern" in keiner Weise entsprachen. Sie trugen europäische Kleidung, in ihren Gesichtern fand er keine Spur der stolzen Tugenden, die nach seiner vorgefassten Meinung einst die „Native Americans" ausgezeichnet hätten. Tocqueville musste weiter nach Westen ziehen, unmittelbar bis an jene sich ständig verändernde Grenze, die das Vordringen des weißen Mannes markierte, in die Zone der „fronteers", der Waldgrenzer, wo sich Vertrautes mit dem „Fremden", wo sich „Zivilisation" und „Wildnis" berührten.

Die Reiseerlebnisse aus dem Jahre 1831, die in seinem Werk „In der nordamerikanischen Wildnis" beschrieben sind, entsprechen gewiss eher dem Genre der Abenteuergeschichten als Erkenntnissen politischer Wissenschaft; die Episoden dieser oft mühsamen und abenteuerlichen Wanderungen werden anschaulich geschildert. Für uns Heutige sind die Notizen aber aus doppeltem Grund von großem Wert. Zum einen vermitteln sie Eindrücke von einer vergangenen, untergegangenen Welt: bedenkt man, wie sich die Gebiete um die Großen Seen im Norden in den letzten Jahrzehnten durch technische Innovationen, Industrie und Verkehr vollständig gewandelt haben, so gleicht heute kaum noch etwas der Welt, die Tocqueville beschrieben hat. Lediglich die heutigen Nationalparks vermögen uns ansatzweise eine Vorstellung des Tocquevilleschen Naturerlebnisses zu vermitteln. Zum anderen aber gewähren die Reisenotizen Einblicke in den Menschen Tocqueville, in seine Empfänglichkeit für alles Neue, seine scharfe Beobachtungsgabe, seine Fähigkeit, im Besonderen das Allgemeine aufzuspüren.

Vom Dampfboot aus bewunderte Tocqueville die majestätischen Wälder, registrierte die Kontraste zwischen Zivilisation und Wildnis, die durch einen schottischen Soldaten in Paradeuniform symbolisiert wurden, der am englischen Ufer auf Posten stand, während nackte Indianer mit Ringen in der Nase gerade ihr Lager aufschlugen. Den zweitägigen Aufenthalt in Saginaw, einem Gebiet, das wechselseitig von Zivilisation und Wildnis geprägt ist und faktisch „die Grenze" symbolisierte, benutzte Tocqueville, um sich in das spezifische Wesen „des" Indianers zu vertiefen – und daraus dann in seinem Hauptwerk Schlüsse über dessen künftiges Schicksal abzuleiten.

„Vom anderen Ufer des Flusses wirft der Indianer, inmitten des Schilfs der Saginaw wohnend, von Zeit zu Zeit einen gleichmütigen Blick hinüber zu den Behausungen seiner Brüder aus Europa. Glaubt nicht, dass er ihr Werk bewundert oder sie um ihr Los beneidet. In den dreihundert Jahren, da der Wilde Amerikas sich gegen die Zivilisation wehrt, die ihn zurücktreibt und ihn einschließt, hat er seinen Feind bis jetzt weder kennen noch achten gelernt. Vergeblich folgen sich die Geschlechter der beiden Rassen. Wie zwei gleichgerichtete Ströme fließen sie seit dreihundert Jahren einem gemeinsamen Abgrund zu. Ein schmaler Raum trennt sie, aber ihre Fluten vermischen sich nicht. Nicht als fehlte dem Eingeborenen der Neuen Welt die natürliche Geschicklichkeit; aber seine Natur scheint unsere Denkart und unsere Fertigkeiten hartnäckig abzulehnen. Im Rauch seiner Hütte, auf seinen Mantel gelagert, schaut der Indianer geringschätzig auf die bequeme Behausung des Europäers. Stolz gefällt er sich in seiner Armut, und die Bilder seiner barbarischen Unabhängigkeit erfüllen ınd erheben sein Herz. Er lächelt bitter, wenn er sieht, wie wir uns abrackern, um nutzlose Reichtümer zu ergattern. Was wir betriebsamen Fleiß nennen, heißt er schmachvolle Unterjochung. Er vergleicht den Bauern dem Ochsen, der mühsam die Furche zieht. Was wir als Annehmlichkeiten des Daseins bezeichnen, nennt er Kinderspielzeug oder Weiberflausen. Er beneidet uns nur um unsere Waffen. Wenn ein Mensch nachts den Kopf unter ein Laubzelt legt, ein Feuer anfachen kann, um im Sommer die Mücken zu vertreiben und sich im

Winter vor der Kälte zu schützen, wenn seine Hundemeute gut und die Gegend wildreich ist –
was sollte er denn sonst noch von seinem Schöpfer verlangen?"[4]

Die Expedition nach Saginaw war in vielerlei Hinsicht lehrreich, und die anfängliche
Enttäuschung über die Indianer in Buffalo ging angesichts ihrer Würde, ihrer Ausdauer
und Freiheitsliebe in Bewunderung über.

Das Problem der Begegnung verschiedener Kulturen und Rassen wurde den beiden
Reisenden in voller Schärfe in Saginaw bewusst. Obwohl kaum mehr als 30 Menschen
in diesem ganz kleinen Ort, in diesem Mikrokosmos Saginaw, lebten, fanden sich hier
dennoch drei „Rassen" zusammen, die sich jeweils ihre spezifischen Eigenheiten bewahrt hatten. Seit dem 18. Jahrhundert waren die Franzosen dort ansässig, die vor allem von der Jagd lebten und sich von den amerikanischen Siedlern unterschieden, die
die Vorhut eines unaufhaltsamen Marsches nach Westen bildeten. Als dritte „Rasse"
erwähnt Tocqueville die Indianer, die frühesten Bewohner dieser Gegend, die am
Rande des Dorfes in Wigwams lebten. Tocqueville und Beaumont waren sich darin ei-
nig, dass diese dritte Gruppe der Wildnisbewohner nicht als minderwertige Rasse gesehen werden und auf keinen Fall aus der menschlichen Gemeinschaft ausgeschlossen
werden dürfe.

Analysiert man die Beobachtungen Tocquevilles über diese drei Gruppen näher, so
zeigt sich, dass er für die Franzosen positive Stereotype fand: Der in Amerika lebende
Franzose war ein leidenschaftlicher Jäger, der den Kriegsruhm liebte und die persönliche Anerkennung dem Geld vorzog. Die Anpassung an das Leben in der Wildnis erfolgte mühelos. Das Zusammenleben mit den Indianern war herzlich und ohne jedwede Herablassung. Der angelsächsische Einwanderer hingegen war kalt und zäh, ein
unversöhnlicher Streithahn, der den Boden so sehr liebte, dass er der Wildnis alles ent-
riss, was er nehmen konnte. Er kämpfte regelrecht gegen sie und lebte mit der Überzeugung, dass der Mensch nur geboren werde, um Wohlstand und Annehmlichkeiten
des Daseins zu erringen. Die unterschiedlichen Konfessionen vergrößerten noch die
Distanz zwischen Franzosen und Engländern. Tocqueville konstruierte Wesensver-
schiedenheiten, die auf die jeweilige nationale Mentalität zurückverwiesen.

Die Unterschiede dieser drei genannten „Rassen" waren also nicht zu übersehen, doch
war nicht zu Beginn von der Gleichheit der Menschen in der „Neuen Welt" die Rede?
Ohne dass allen „Rassen" etwas Gemeinsames eignet, lässt sich das Dogma von der
Gleichheit der Menschen kaum begründen; dieser Sachverhalt sollte für Tocqueville
ein bedeutsamer Reflexionsgegenstand bleiben. Ob er die in solchen Aussagen liegenden Spannungen, mehr noch: Widersprüchlichkeiten, ganz hat aufklären können, darf
man bezweifeln.

„Manche Denker haben geglaubt, dass die menschliche Natur, die überall gleich sei, sich nur zufolge der Einrichtungen und Gesetze der verschiedenen Gesellschaftsformen unterscheide. Dies
ist eine der Ansichten, die die Weltgeschichte auf jedem Blatt zu widerlegen scheint. Die Völker
wie die Einzelnen besitzen alle ein nur ihnen eigenes Gesicht. Die kennzeichnenden Züge ihres
Antlitzes pflanzen sich durch alle Veränderungen fort, denen sie unterworfen sind. Die Gesetze,
die Sitten, die Religionen wandeln sich, die Macht und der Reichtum verschieben sich, die Tracht

---

4   Tocqueville 1957, 67 f.

wechselt, das äußere Aussehen verändert sich, die Vorurteile verschwinden oder werden durch andere verdrängt. Durch alle diese mannigfaltigen Wandlungen hindurch werdet ihr stets das sich gleichbleibende Volk erkennen. Etwas Unbeugsames ist in der Biegsamkeit des Menschen wirksam."[5]

Aber eben diese Voraussetzungen sieht Tocqueville im Schwinden begriffen, ja, weitgehend schon vernichtet. „Ich glaube, dass die Indianerrasse Nordamerikas zum Untergang verurteilt ist, und kann mich nicht enthalten zu denken, dass sie an dem Tage, da sich die Europäer an der Pazifischen Küste niedergelassen haben werden, verschwunden sein wird." Dem Sog der so anders gearteten weißen Zivilisation könne sie sich nicht entziehen, und sie gehe an deren Folgen zu Grunde. „Den Indianern Amerikas blieben nur zwei Wege der Rettung, der Krieg oder die Zivilisation; mit anderen Worten, sie mussten die Europäer vernichten oder diesen gleich werden." Das erstere haben sie versäumt, als die Kräfteverhältnisse solches im Frühstadium der Kolonialisierung noch ermöglicht hätten; in der zweiten Wahl, der Anpassung, der Aufgabe der eigenen Identität, sieht Tocqueville auch keine echte Option: „Man kann leicht voraussehen, dass die Indianer sich nie zur Zivilisation bekehren wollen oder dass sie, wenn sie es endlich möchten, dies zu spät versuchen werden."[6]

Demzufolge sind sich die Menschen in dem Maße gleich, dass sie sich den äußeren Gegebenheiten und Wandlungen anpassen können, ohne jedoch dabei ihre ureigenen Sitten und Bräuche aufzugeben. Sie beugen sich der Gemeinschaft, passen sich ihrer Umgebung an, ohne ihr eigenes Ich zu verleugnen. Gleichheit bedeutet in diesem Zusammenhang also die Fähigkeit aller, sich mit neuen Lebenssituationen und Umständen zu arrangieren.

Freilich, auf die besondere Situation der damaligen USA bezogen, ist solche Gleichheit an Rassevorurteilen der Weißen gescheitert, von denen die eingeborenen Indianer ebenso betroffen gewesen sind wie die schwarzen Sklaven aus Afrika.

Literaturverzeichnis

Pierson, George W.: Tocqueville and Beaumont in America, New York 1982.

Reeves, Richard: Eine nordamerikanische Reise, New York 1982.

Tocqueville, Alexis de: In der nordamerikanischen Wildnis. Eine Reiseschilderung aus dem Jahre 1831, übertr. u. m. ei. Nachw. versehen v. Hans Zbinden, Bern 1957.

Tocqueville, Alexis de: Über die Demokratie in Amerika, München 1976.

---

5 Tocqueville 1957, 64.

6 Alle Zitate dieses Abschnitts aus Tocqueville 1976, 372 ff.

Stephanie Schick

„Ein Freund, ein guter Freund, das ist das Schönste, was es gibt auf der Welt".

Annäherungen an die Bedeutung von Freundschaft aus kommunitaristischer Perspektive

Wie der bekannte Schlager aus dem Filmklassiker „Die Drei von der Tankstelle" andeutet, ist vom Bedeutungsgehalt von Freundschaft immer wieder in den verschiedensten Zusammenhängen und zu allen möglichen Anlässen die Rede. Freundschaft als scheinbar vertraute Begrifflichkeit erweckt den Anschein, als würden alle zur selben Zeit dasselbe darunter verstehen. Sie verändert sich jedoch im Vollzug, kann im Laufe der Zeit an Intensität gewinnen und verlieren und nimmt „die Schattierungen der jeweiligen Epoche und ihrer Menschen mit auf", wie die Münchner Soziologin Ursula Nötzoldt-Linden in der Einleitung ihrer Untersuchung der sozialen Kategorie Freundschaft schreibt.[1] Obwohl der Begriff „Freundschaft" für das soziale Miteinander von großer Bedeutung zu sein scheint, was durch die Interpretationsfreudigkeit der Menschen zu allen Zeiten belegt wird,[2] gibt es so etwas wie eine eindeutige soziologische, philosophische oder kulturanthropologische Definition für das schillernde, der ständigen Wandelbarkeit unterworfene Phänomen der Freundschaft nicht. Fasst man den Begriff ganz allgemein als Ausdruck der Fähigkeit des Menschen zur Geselligkeit mit anderen, gewinnt er für die politische Philosophie einen nicht zu unterschätzenden Stellenwert, da diese die Fundamente ihrer gesellschaftlichen und politischen Ordnungsvorstellungen von der anthropologischen Grundfrage der vorstaatlichen Natur des Menschen ableitet.

Carl Schmitt beispielsweise weist darauf hin, dass man alle Staatstheorien unter dem Aspekt klassifizieren könne, ob sie einen von Natur aus guten oder bösen Menschen antizipierten. Ein von Natur aus böser Mensch wäre ein asoziales, egoistisches Geschöpf, welches sich mit anderen nur deshalb einlässt, um seine eigenen Vorteile besser verfolgen zu können, während ein guter Mensch spontan zu uneigennützigem Verhalten neigt und gefühlsmäßige Bindungen mit Mitmenschen und Gruppen eingehen kann. Diese Fähigkeit zum sozialen Verhalten kann auch mit dem Schlagwort der Freundschaft erfasst werden, denn sie veranschaulicht die menschliche Fähigkeit, sich einem konkreten anderen Menschen zuzuwenden und impliziert gleichzeitig auch das

---

1   Vgl. Nötzoldt-Linden 1994, 9.

2   Schon Homer verwendet den Begriff der Freundschaft als Substantiv und bezieht ihn auf diejenigen, die sich gegenseitig helfen und auf die man sich verlassen kann. In den folgenden Jahrtausenden nach Homer wird immer wieder über Freundschaft geschrieben, ihr Wert bleibt ungebrochen und wird bisweilen auch schwärmerisch überhöht, stark emotionalisiert und schließlich auch idealisiert.

Angewiesensein auf den persönlichen Kontakt mit vertrauten Personen. Folgt man den bis heute noch immer in der Wissenschaft als fundamental angenommenen Gedanken des Sozialpsychologen George Herbert Mead, so ist die Ausbildung einer personalen Identität (des „I") ohne die Interaktion mit verschiedenen konkreten Menschen, die in freundschaftlichen Bezügen repräsentiert sind, gar nicht möglich.[3] Angesichts dieser Feststellungen nimmt es nicht wunder, dass auch Kommunitaristen sich implizit und explizit mit diesem Phänomen beschäftigen, geht es dem Gros dieser Bewegung trotz erheblicher ideologischer Unterschiede doch um die „Wiederherstellung von Gemeinschaft", auch wenn diese zunächst eine unbestimmte Größe bleibt, die inhaltlich unterschiedlich vorgestellt wird, und um die Kritik an gegenwärtigen Desintegrationstendenzen. Die gebotene Kürze der folgenden Darstellung macht es unerlässlich, eine gewisse Auswahl zu treffen und sich vor allem auf die gedanklichen Hauptströmungen innerhalb der keineswegs einheitlich auftretenden Bewegung des Kommunitarismus zu konzentrieren, welche sowohl konservative Tugendkonzeptionen als auch linke plebiszitär-partizipatorische Bürgervorstellungen unter einem Dach vereint.[4]

Ein Stein des Anstoßes: Freundschaft in der modernen „unbehausten" Welt

Allerorts ist in der gegenwärtigen soziologischen Literatur zu lesen, dass wir in einer Zeit der „Freisetzungsprozesse und Individualisierungsschübe"[5] leben würden.

Innerhalb dieser, vor allem westliche Gesellschaften erschütternden Umbruchsituation verändern sich überkommene Lebens- und Sozialformen; sie lösen sich auf, gestalten sich neu und lassen jene Orientierungslücke für den Einzelnen zurück, die Modernisierungsskeptiker konservativer Provenienz „Werteverlust"[6] nennen, Modernisierungsoptimisten und eher neutrale Beobachter hingegen von „Wertewandel" sprechen lässt. Während also die einen diese „Freisetzungsschübe" begrüßen und neue kreative Räume für die Selbstverwirklichung und eine selbstbestimmte Lebensführung des Individuums ausmachen, wittern die anderen den Zerfall der westlichen freiheitlich-de-

---

3   Sehr viel ausführlicher widmet sich Ursula Nötzoldt-Linden verschiedenen wissenschaftlichen Ansätzen und deren je spezifischen Perspektiven auf Freundschaft, unter anderem auch dem sozialpsychologischen Ansatz von Mead zur Identitätsbildung.

4   Im Bemühen, einen Überblick über diese vielfältige Bewegung zu geben, habe ich in Zusammenarbeit mit Hartmut Wasser und Anton Hauler den Versuch einer Einteilung der verschiedenen kommunitaristischen Positionen in Gruppen unternommen. Vgl. Schick in: Hauler/Schick/Wasser 2001, 24-30.

5   Vgl. z.B. Beck 1986.

6   Zu nennen wären hier vor allem jene Kommunitaristen, die auf der Negativfolie des Werteverfalls ihre Positionen entwickeln wie Alasdair MacIntyre, der letzten Endes keine Besserung dieses Zustandes für möglich hält, und Amitai Etzioni, der pragmatisch durch moralische Appelle und Projektvorschläge daran arbeiten will, ein neues gesellschaftliches Wertekonzept wirksam werden zu lassen. Aber auch Modernisierungsskeptiker wie der Bielefelder Soziologie Wilhelm Heitmeyer sind hier einschlägig.

mokratischen Gesellschaft und sehen die Alleinregentschaft von Egoismus, überbordendem globalem Kapitalismus und sozialer Kälte am nahen Horizont.

Angesichts dieser Neugestaltung des Beziehungssektors macht Heiko Ernst, Chefredakteur der Zeitschrift „Psychologie Heute", zwei gegenläufige, wenn auch miteinander verwobene Trends aus: Den „Kontaktinfarkt" und die „soziale Isolation".[7] Mit der Metapher des Infarktes ist angedeutet, dass sich durch die Auflösung überkommener Institutionen und traditioneller Beziehungsmuster ein so noch nie da gewesenes Beziehungsangebot in sehr unterschiedlichen Bereichen des privaten und öffentlichen Lebens eröffnet. Gleichzeitig unterliegt das „freigesetzte Individuum" der schieren Pflicht, sich in möglichst viele Bereiche einzuschalten und Beziehungen bewusst zu knüpfen. Sozialer Kontakt wird zum Konsumgut, die eigentliche Berührung des anderen zur oberflächlichen Auslotung funktionaler Bedürfnisbefriedigung und zur wirtschaftlichen Investitionserwägung, da die Faktoren Zeit und Kontaktpotential zusätzlich berücksichtigt werden müssen. Deshalb kann auch von einem Trend zur Außenorientierung und Vermarktung der eigenen Person gesprochen werden.

Doch dieser global zu beobachtende Trend vollzieht sich nicht entlang aller Gesellschaftsschichten. Vielmehr findet sich der Freizeitmensch mit Hunger nach Aktionismus und Stress in der Beziehungspflege vor allem da, wo Wohlstand und Arbeit vorhanden sind.[8] Das Zusammenspiel von oberflächlicher Kontaktvielfalt und sozialer Isolation ist vielfältig und stets präsent. Auch wer viele Kontakte pflegt, ist der Gefahr ausgeliefert, nicht genügend persönliche Zuwendung zu erfahren und sich isoliert zu fühlen. Ganz zu schweigen von all denjenigen, denen es an materiellen, sozialen und persönlichen Ressourcen mangelt, so dass eine Teilhabe auf dem Beziehungsmarkt von vornherein erschwert, wenn nicht gar ausgeschlossen ist. Einsamkeitsgefühle, so schreibt der Soziologe Georg Simmel schon zu Beginn des 20. Jahrhunderts, werden dann besonders eindringlich, wenn man sich unter vielen physisch sehr nahen Menschen fremd und beziehungslos weiß.[9]

So sieht sich der Mensch in ganz unterschiedlichen gesellschaftlichen Sektoren dazu veranlasst, seine Lebensperspektiven auszuhandeln, sei dies im Bereich der Arbeitswelt, die zunehmend Mobilität und Flexibilität einfordert und damit auch dazu beiträgt, soziale Beziehungsmuster anzupassen und zu verändern, oder sei es im Freizeitbereich. Diese Veränderungen zeitigen Konsequenzen wie die Gefahr der Fragmentierung, Anonymität und des Orientierungsvakuums.

---

7 Vgl. Ernst 1991.

8 Alte Menschen, Sozialhilfeempfänger, Obdachlose und Arbeitslose sind aufgrund fehlender materieller und sozialer Ressourcen von diesen neuen Freiheiten nicht betroffen.
Ebenso ist die Situation von Asylsuchenden und Migranten stark davon abhängig, inwieweit die ungelöste Frage der multikulturellen Gesellschaft und die damit verbundene Bereitschaft zu interethnischen Kontakten in der Beziehungslandschaft angegangen wird.

9 Vgl. Simmel 1968, 56 ff.

16

Impulse zur Schaffung von mehr Gemeinschaftlichkeit

Diese vorgestellte „Gesellschaft der Fremden" ist es, die Kommunitaristen dazu veranlasst, sich als „Verfechter der Gemeinschaft" zu formieren.

Zu Beginn handelte es sich dabei um eine akademische Auseinandersetzung mit dem Schrifttum von John Rawls, dessen „Theorie der Gerechtigkeit"[10] als sozialphilosophische und demokratietheoretische Legitimationsschrift für eine solche „Gesellschaft der Fremden" rezipiert wurde. Als Kommunitarist der ersten Stunde stellt sich der Philosoph Michael Sandel heraus, der vor allem das liberale Menschenbild Rawls'scher Prägung kritisiert.[11] Sandels Meinung nach ist der Mensch keineswegs ein rational entscheidendes, frei schwebendes Atom, das in einer Gesellschaft mit anderen zusammenleben könnte, die sich ohne eine für alle gleichermaßen verbindliche Vorstellung vom „guten Leben" reguliert. Solidarisches Miteinander sei in einer „widernatürlich" neutral und funktional organisierten Gesellschaft nicht möglich, vielmehr beschwöre sie all jene sozialschädlichen Phänomene herauf, die im Vorfeld zumindest ansatzweise genannt wurden, so Sandel im Verein mit anderen Kommunitaristen.

Aus dieser sozialphilosophischen Diskussion hat sich mit der Zeit eine sehr viel stärker pragmatisch orientierte Strömung innerhalb des Kommunitarismus herausgebildet, die sich um die Belebung gemeinschaftsfördernder Institutionen, wie Familie, Nachbarschaft und Kommune bis hin zur Nation, müht, um das Bewusstsein der Eingebundenheit des Einzelnen in die Gesellschaft und seiner Verpflichtungen gegenüber der Sozietät zu wecken und zu fördern. Hier lassen sich die Amerikaner Amitai Etzioni, Benjamin Barber und Robert Bellah einordnen, die durch ihre Kontakte zur politischen Herrschaftsschicht – so war beispielsweise Amitai Etzioni innerhalb der Clinton-Administration als Berater tätig – ihren Ideen weit mehr Gehör und Wirksamkeit verschaffen konnten, als dies auf rein akademischer Ebene möglich gewesen wäre.

Nicht von ungefähr gelten die USA als Ursprungsland des Kommunitarismus, weil zum einen die transatlantische politische Philosophie der vergangenen Jahre vor allem von John Rawls geprägt wurde. Auch realpolitisch wurde seit der „Reagan Revolution" das gesellschaftliche Klima sehr stark durch ein (markt-)liberales System beeinflusst, das zur Beförderung eines individuellen Egoismus, zu Gruppenantagonismen und zur Aushöhlung des sozialen Systems und damit zur Entstehung neuer Armut geführt hat. Hand in Hand mit dieser sozialen Spannungslage ging die Unterhöhlung des Bürgersinns einher, was wiederum zur Krise des politischen Systems beigetragen hat. So zumindest erscheint der Zustand Amerikas aus kommunitaristischer Sicht.

---

10 Zu Rawls' Gerechtigkeitslehre vgl. eine Publikation der Forschungsstelle für politisch-gesellschaftliche Erziehung und Arbeitslehre der Pädagogischen Hochschule Weingarten, die, von Irene Dingeldey verfasst, 1997 unter dem Titel „Das Modell der Gerechtigkeit zwischen Individualismus und Gemeinschaft" erschienen ist, vgl. Dingeldey 1997.

11 Vgl. Sandel 1993.

Zum anderen kann der amerikanische Kommunitarismus ideologisch unverfänglicher, als dies beispielsweise in Deutschland möglich ist,[12] an ältere, republikanisch gefärbte „community"-Traditionen anknüpfen. Es lässt sich im amerikanischen politischen Denken die Besonderheit ausmachen, dass die Konzeption des individualistischen, kosmopolitischen und universalistischen Liberalismus immer wieder in Auseinandersetzung mit dem Republikanismus und seiner Betonung des „Community"-Denkens gerät. Gemeint ist damit jene Community-Vorstellung, die sich ideengeschichtlich aus der aristotelischen Politikvision speist und sich im frühen politischen Humanismus der italienischen Stadtkultur zur neoklassischen bürgerschaftlichen Idee der politischen Freiheit verdichtet hat. Diese bürgerhumanistische Konzeption findet im 18. Jahrhundert Eingang ins amerikanische politische Denken und verbindet sich dort mit der puritanisch-christlichen Community-Praxis. Im republikanischen Denken ist der Mensch somit nicht allein durch die Fähigkeit zum rationalen Denken bestimmt, sondern auch durch Tugendhaftigkeit, was ihn schließlich zur Schaffung von Communities befähigt. Obwohl die amerikanische Weltanschauung primär von einem „natürlichen Liberalismus" geprägt zu sein scheint, der sich alsbald mit kapitalistischem Profitstreben verbunden hat, wird die Kritik an eben jenem liberalen Menschenbild immer wieder im vergleichenden Rückgriff auf ältere republikanische Vorstellungen laut.

Im Kommunitarismus wiederholt sich dieser philosophische Konflikt, wodurch die Beheimatung der Grundidee dieser Bewegung im politischen Denken der USA offenkundig wird.[13]

Die kommunitaristische Vorstellung einer „freundschaftlichen" Gesellschaft der „guten Menschen"

Im kommunitaristischen Sinne kann aufgrund der anthropologischen Annahme, der Mensch sei ein soziales Wesen, die Gemeinschaft nicht nur Ordnungsgefüge und Zweckgemeinschaft sein, damit das Individuum möglichst optimal seine eigenen Interessen verfolgen kann, wie der liberalen Theorie vorgehalten wird, sondern sie ist unabdingbarer Lebens- und moralischer Orientierungsrahmen für jeden Menschen. Nur durch die Gemeinschaft ist es dem Einzelnen möglich, sich lebensweltliche Kontexte verständlich zu erschließen, und gleichzeitig ist sie es, die in originäre historische und moralische Wirkungszusammenhänge einführt, welche in Traditionen und Werten gespeichert sind.[14]

Ein Mensch, der dieser Einbettung entbehrt, kann keine voll entwickelte Persönlichkeit haben, ist nicht frei, sondern, wie z.B. für Michael Sandel, gesichts- und charakterlos,

---

12 Während das „Community-Denken" in den USA grundsätzlich positiv besetzt ist, belasten das deutsche Verständnis von „Gemeinschaft" die Erfahrungen der Überhöhung von Gemeinschaft im Nationalsozialismus und im „real existierenden Sozialismus" der ehemaligen DDR. Vgl. Joas 1993, 49-62.

13 Vgl. dazu u.a. Shell 1988, 45 ff.

14 Vgl. MacIntyre, Frankfurt 1995, insbesondere 52 ff.

ein Fremder unter Fremden, unfähig zur menschlichen Bindung und damit ein zur Einsamkeit und Unvollständigkeit verdammtes Atom.[15] Die Sozialisation ist eine dem Menschen durch seine vorstaatliche und vorgesellschaftliche soziale Wesenhaftigkeit auferlegte Pflicht, um zur ganzheitlichen Entfaltung gelangen zu können. Demgemäß ist die Identitätsfindung des Menschen davon abhängig, dass ihm Rollenvorstellungen und Werte vermittelt werden, die bereits in der historisch gewachsenen Herkunftsgemeinschaft angelegt sind, die weit vor ihm bereits Bestand hatte und auch noch nach ihm bestehen wird. Der Mensch hat sich demzufolge in den gemeinschaftlichen historischen Werde- und Ausgestaltungsprozess der Gemeinschaft einzugliedern und kann mittels seiner intellektuellen Fähigkeiten sich selbst immer nur im Kontext des bereits bestehenden Wertehorizontes begreifen.[16]

Gelingende Sozialisation in diesem Sinne setzt deshalb eine besondere Art von Gemeinschaft voraus, die dauerhaft und gewachsen ist und sich dem Individuum als Konglomerat verlässlicher sozialer Bindungen präsentieren muss. Denn nur in einem solchen, durch Traditionen stabilisierten Rahmen kann die Gemeinschaft dazu beitragen, den Menschen zur „Glückseligkeit" zu führen und damit zum „guten Menschen" zu machen.

Diese teleologische Konzeption von Gemeinschaft speist sich zum Teil sehr stark aus der aristotelischen Definition von Mensch und Polis. „Glück" im aristotelischen Verständnis hat sehr wenig mit dem Alltagsverständnis von Glück gemein. Vielmehr versteht Aristoteles unter Glückseligkeit das höchste Gut, welches der Mensch anstreben kann. Dazu muss er jedoch im geistigen wie seelischen Bereich aktiv werden. Aktives Handeln im Zeichen der Glückseligkeit ist nichts anderes, als sich sittlichen Motiven unterzuordnen, Begierden und Leidenschaften kontrollieren zu lernen, um dadurch zur wahren Erkenntnis zu gelangen. Als Orientierungsmaßstäbe helfen die Tugenden dem Menschen dabei, sich moralisch zu verhalten. Sie wiederum können nur in der Gemeinschaft entfaltet werden und sie ist es allein, die dem Menschen tugendhaftes Handeln ermöglichen kann, um zum Ziel der Glückseligkeit zu gelangen.[17] Der Mensch ist demnach existenziell darauf angewiesen, beständige Beziehungen mit anderen Menschen pflegen zu können und im ständigen und lebhaften Austausch zu stehen, um dadurch Werte verinnerlichen zu können. Der so verstandene Andere wird zum konkreten Gegenüber, zum Freund, der nicht aus Gründen der eigenen Lustbefriedigung den Kontakt sucht und auch nicht den Freund zur Befriedigung der eigenen Interessen missbraucht, sondern sich verantwortlich fühlt und zur konstruktiven Wechselbeziehung bereit ist.[18] Dieser zweckfreie Altruismus, die auf Emotionalität angelegte Bezie-

---

15 Vgl. Sandel 1993.

16 Vgl. Forst 1994, 333 ff.

17 Diese zugegebenermaßen sehr verkürzte Wiedergabe der „Nikomachischen Ethik" des Aristoteles soll allein dem Zwecke dienen, die Verbindung zwischen dem aristotelischen Denken und der kommunitaristischen Gesellschaftsvorstellung anzudeuten und die philosophischen Wurzeln kommunitaristischen Denkens ansatzweise transparent zu machen.

18 Ich nehme hier Bezug auf die in der „Nikomachischen Ethik" von Aristoteles vorgenommene Typisierung von Freundschaft im 8. Kapitel. Ähnlich wie Aristoteles unter einer vollendeten

hung ist es, die mehr Wärme in die erkaltete, nur scheinbar freie, liberale Gesellschaft zurückbringen soll.[19] Doch wie ist ein solch hehres Ansinnen umsetzbar, da Freundschaft nicht verordnet werden kann und vom Prinzip her auf Freiwilligkeit beruht?

Kommunitaristen sind der Ansicht, dass zumindest ein Rahmen als Voraussetzung freundschaftlicher Beziehungen bewusst geschaffen werden kann. Die Konzeption der „Good Society", die eine umfassende Integration des Individuums in seiner jeweiligen Herkunftsgemeinschaft vorsieht, die nicht wählbar und deren Mitgliedschaft nicht freiwillig ist, weil man in sie hineingeboren wird, will die Voraussetzung dafür bieten, dass das Individuum dauerhafte und verlässliche Beziehungen zu anderen eingehen kann. Aus dieser Prioritätensetzung entspringt für Amitai Etzioni die Konsequenz, dass das Konzept der Zivilgesellschaft in der „Good Society" aufgehen muss. Denn nur primäre Sozialisationsagenturen wie beispielsweise die Familie und religiöse Gemeinschaften können die Aufgabe erfüllen, dem Individuum durch Wertevermittlung die innere Stimme der Moral zugänglich zu machen. Wohl gerade deshalb nehmen sie im kommunitaristischen Denken eine besonders gewichtige Position ein.

Allen anderen Gemeinschaften, die sich in konzentrischen Kreisen um diese gesellschaftlichen Keimzellen schmiegen, wie Nachbarschaft, Schule, Gemeinde und schließlich auch der Nation, kommt die Aufgabe zu, die moralische Stimme zu stabilisieren. Die zur Ausbildung sozialer Beziehungen notwendige Vertrautheit und Verantwortlichkeit kann nur dort hergestellt werden, wo die gesellschaftliche Anonymität durchbrochen wird. Deshalb verweisen Kommunitaristen auf die Notwendigkeit der Herstellung und Stärkung von „Face-to-Face-Communities", die sich lokal bilden, ihre Angelegenheiten autonom mit Hilfe der nötigen Kenntnis örtlicher Gegebenheiten behandeln und aufgrund ihrer Unmittelbarkeit die moralische Integrität der jeweiligen Gemeinschaft zu sichern wissen. Um schließlich diese Gesellschaft, bestehend aus mehreren selbst verwalteten, selbst organisierten und selbstverantwortlichen Gruppierungen, zusammenzuhalten, bedarf es spezieller Bindemittel. Sie können durch individuelle Gruppenloyalität und Verantwortungsbereitschaft gestützt und erzeugt werden, wobei staatliche Institutionen und Gesetze eben diese Tugenden wecken, fördern und erhalten sollen. Der Staat kommt somit um normative Vorentscheidungen und Interventionen zugunsten des Gemeinwohls nicht herum. Darüber hinaus sollen in diesen überschaubaren Lebenseinheiten bürgerschaftliche Ressourcen gefördert werden, die bisher als eher unpolitisch gegolten haben, wie beispielsweise die Freude und das Bedürfnis, sich mit anderen zu unterhalten, Empathiefähigkeit, Kompromissbereitschaft und das Gefühl, dass sich alle Mitglieder mit ihren Fähigkeiten für die Gemeinschaft einbringen können, welche als gleichermaßen wertvoll und wichtig angesehen werden.

Der freundschaftlichen Beziehung wird aus kommunitaristischer Perspektive somit die zentrale Funktion der Kompensation des Verhältnisses von Individuum und Gesel-

---

Freundschaft nur den Typ 3 versteht, die Freundschaft als Tugend des einander Wohlgesonnenseins und zweckfrei miteinander Verbundenseins, heben Kommunitaristen hervor, wie wichtig diese radikal verinnerlichte, moralisch verbindliche und auf Dauerhaftigkeit angelegte Form sozialer Beziehungen ist. Vgl. hierzu Wils 1998.

19 Vgl. auch Etzioni 1994.

schaft sowie von Privatheit und Öffentlichkeit zugewiesen. Auf der Handlungsebene wirkt sie vernetzend, integrierend, stabilisierend und ausgleichend, während ihr auf der symbolischen Ebene die Aufgabe der gegenseitigen Vermittlung von gemeinsamen Werten zuwächst. Weniger stark betont wird dabei die Freiwilligkeit von Freundschaft durch die individuelle Wählbarkeit von Freunden, da Freundschaft sehr viel stärker systematisch zum Konzept „Gemeinschaft" zugeordnet wird statt zum privaten persönlichen Bereich des Einzelnen. Es wird davon ausgegangen, dass Gemeinschaftshandeln in den „Face-to-Face-Communities" dann besonders solidarisch und reibungslos funktionieren kann, wenn sich die einzelnen Akteure emotional miteinander auf der Basis der gemeinsamen Lebenswelt verbinden können. Denn typischerweise dominiert Gemeinschaftshandeln in kleinen Gruppen mit persönlichem Charakter.

Ein Beispiel aus der kommunitaristischen Praxis, das „Co-Housing-Projekt in Eco-Village", mag diese Form des Zusammenlebens veranschaulichen, welche die alten Trennlinien zwischen Privatsphäre und Öffentlichkeit zugunsten einer breiteren Partizipation der einzelnen Mitglieder genauso infrage stellt, wie die Einzelkämpfermentalität, die dem heutigen Lebensstil nachgesagt wird.

Die Idee entspringt der Erfahrung einer als problematisch empfundenen Anonymität in der modernen Stadt und dem Bedürfnis, ein „small town feeling in a big town" zu erzeugen. Die Häuser entsprechen umweltfreundlichen Standards, haben Einfamilienhauscharakter, bieten jedoch Blickkontakt zum Nachbarn. Die Siedlung ist an öffentliche Verkehrsmittel angebunden, wobei jedoch auf die Erhaltung der landschaftlichen Idylle Wert gelegt wird. Die Nachbarschaft setzt sich nicht zufällig zusammen, stattdessen wird darauf geachtet, dass sich Mittelstandsfamilien niederlassen, weil durch diese soziale Auslese eine gewisse Homogenität garantiert und eine damit verbundene soziale Konfliktbeschränkung gewährleistet werden soll. Das Herz dieser Wohnsiedlung bildet ein im Zentrum angesiedeltes Gemeinschaftshaus, in dem alle Bewohner fünf gemeinsame Mahlzeiten einnehmen, die in wechselndem Turnus von verschiedenen Familien zubereitet werden. Ebenso werden die Beaufsichtigung der Kinder, Gartenarbeiten und andere Instandsetzungsaufgaben gemeinschaftlich organisiert. Neben diesen praktischen Tätigkeiten im Umfang von vier Wochenstunden pro Erwachsenem wird erwartet, dass sich alle Mitglieder in Gemeinschaftskomitees engagieren, in denen alle wichtigen, die Gesamtgemeinschaft betreffenden Entscheidungen getroffen werden.

„Co-housing" ist eine moderne Variante der Dorfgemeinschaft, die sich zum Ziel gesetzt hat, eine stabile, kinderfreundliche und warmherzige Gemeinschaft unter vormals Fremden zu fördern und den verantwortungsbewussten Umgang miteinander zu gewährleisten. In einer solch intimen Atmosphäre dienen gemeinschaftliche Aufgaben dazu, die Notwendigkeit von Solidarität und Verantwortungsbewusstsein füreinander tatkräftig und aktiv erlebbar zu machen.[20] Dass solch „anheimelnde Intimität" nicht nur zu freundschaftlichen Beziehungen und positiv empfundener Gemeinschaftlichkeit führen kann, sondern auch dazu, dass die „Moral Majority" unter dem Deckmantel,

---

20 Ausführlichere Informationen zu diesem und weiteren Projekten der kommunitaristischen Basisarbeit lassen sich nachlesen in: Hauler/Schick/Wasser 2001.

nur das Beste für jeden Einzelnen zu wollen, ein Einfallstor für moralischen Fundamentalismus und das Ende der Freiheit des Einzelnen sein kann, sollte als existente Gefahr der Überhöhung der Gemeinschaft auf Kosten des Individuums mitbedacht werden.

Ebenso besorgt stimmen kann, dass es im kommunitaristischen Denken so etwas wie eine Gesellschaft als öffentlichen Raum, der von der Privatsphäre getrennt ist, nicht mehr gibt: Die Gesellschaft wird zur Gemeinschaft der Gemeinschaften, Rechtsbeziehungen werden, wo immer möglich, durch die Betonung gemeinsamer Werte ersetzt.

Dennoch muss darauf hingewiesen werden, dass der gemeinschaftlich gesetzte Rahmen nicht zwangsläufig unflexibel und starr ist. Vielmehr können sich Werte wandeln und soziale Rollen verändern. Die Großgemeinschaft der Nation ist jedoch nach Auffassung des kommunitaristischen Philosophen Alasdair MacIntyre aufgrund der großen Prägekraft der nationalen Geschichte und durch ihren per se überindividuellen Charakter nicht beliebig und schon gar nicht veränderbar. Die verstärkt fokussierte Einbindung des einzelnen Menschen in Kollektive und die damit erzeugte Entstehung eines gemeinsamen Wertekanons soll das Individuum, anders als liberale Freiheitsrechte und anonym organisierte, nur punktuell bindende Interessengemeinschaften dies jemals könnten, überrational und damit emotional berühren und die einzelnen Gruppen an ein Ganzes binden. Deshalb scheint es nicht erstaunlich, wenn Alasdair MacIntyre in diesem Zusammenhang Überlegungen dazu anstellt, ob nicht auch Patriotismus als Tugend begriffen werden müsse.[21]

Patriotismus als Tugend ist für ihn gerade nicht die Zustimmung zu einer bestimmten universellen Idee, wie Freiheit, Demokratie und Menschenrechte, sondern die Loyalität gegenüber der eigenen Nation, in die man hineingeboren wird. Einschränkend weist er jedoch darauf hin, dass sich Patriotismus vor allem auf die besonderen Vorzüge, Merkmale und Errungenschaften der eigenen Nation richtet. Der so verstandene Patriotismus als Loyalität gepaart mit Dankbarkeit gegenüber der eigenen Nation unterscheidet sich für MacIntyre nicht von jenem loyalen Grundgefühl, welches man gegenüber der Familie, Freunden, Institutionen wie Schule oder gegenüber einem Baseball-Club empfinden sollte.[22] In konflikthaften Situationen muss diese Treue dann auch zum Tragen kommen, indem beispielsweise zur Sicherung des Überlebens der Nation oder zur Wahrung besonderer nationaler Interessen die Bereitschaft, für seine Gemeinschaft in den Krieg zu ziehen, selbstverständlich eingefordert wird. Ebenso gilt es, die nationale Ansicht vom „guten Leben" und die in der Gemeinschaft der Nation praktizierte Moralität gegenüber anderen Nationen parteiisch zu verteidigen.

Freilich unternimmt MacIntyre immer wieder den Versuch, die geschichtlich entwickelten amerikanischen Werte und Moralvorstellungen so darzustellen, dass sie mit universellen Werten wie Freiheit, Gerechtigkeit und Demokratie vereinbar sind. Schließlich möchte er einerseits der Gefahr entgehen, möglicherweise als Verfechter negativ behafteter nationalistischer Vorstellungen angesehen zu werden und anderer-

---

21 Vgl. MacIntyre 1995, 100 ff.
22 Vgl. MacIntyre 1995, 100 ff.

seits moralisch rechtfertigen, dass man sich als Amerikaner patriotisch zu gerieren hat. Unbestritten bleibt dennoch, dass MacIntyre die Nation zur Person stilisiert, der man dann zur Seite stehen muss, wenn sie bedroht wird, genauso wie man es für recht und billig hält, einem Freund in einer schwierigen Situation beizustehen.

Die Crux mit dem Pluralismus, oder: Freund und Feind sind zwei Seiten derselben Medaille

Freundschaft als Prinzip des Gemeinschaftshandelns lässt sich dort am ehesten verwirklichen, wo hochgradig homogene Gruppierungen bestehen, weil es Individuen wohl weniger schwer fallen dürfte, mit Gleichgesinnten analoge Verhaltens- und Denkkategorien auszubilden und sich solidarisch zu erklären. Denn Solidarität als generelles Prinzip der Mitmenschlichkeit erstreckt sich prinzipiell immer nur situativ auf eine bestimmte Gruppe. Man ist nicht mit allen solidarisch, sondern nur mit denjenigen, mit denen man sich „gleich" fühlt. Dieses Gleichheitsgefühl kann durch enge emotionale Beziehungen erzeugt werden, aber auch durch eine ähnliche Interessenlage. Daneben enthält der Begriff der Solidarität auch noch eine zweite Komponente. Unter denen, die sich solidarisch fühlen, gibt es immer auch Interessendifferenzen, die durch das Gefühl der Solidarität übersprungen oder zumindest so abgemildert werden können, dass kein Konflikt entsteht. Dadurch wirkt Solidarität nach außen abgrenzend und nach innen bindend. Trotzdem sollte man Solidarität nicht mit dem älteren Begriff der Brüderlichkeit verwechseln. Brüderlichkeit impliziert eine enge, gefühlvolle Art der Verbundenheit zu Gemeinschaften, in die man hineingeboren wird. Sie wird von Kommunitaristen konservativer Gesinnung eingefordert, während Solidarität eine moderne Variante der sozialen Bindung darstellt, da sie auf der freien Entscheidung des Einzelnen beruht, mit wem er sich solidarisch verhalten möchte und von welcher Dauer sein Engagement sein soll. Allerdings ist eine so verstandene Solidarität auch mit spontanem, zeitlich begrenztem und damit keineswegs dauerhaftem Engagement vereinbar, wie beispielsweise mit dem Mitwirken in einer Bürgerinitiative zur Beseitigung eines konkreten Missstandes.

Dieses punktuelle Engagement in einer Interessengemeinschaft wird jedoch von Kommunitaristen als nicht erstrebenswerte Form von Gemeinschaft wenig gefördert oder gutgeheißen, obwohl ihr der Charakter von Freiwilligkeit sehr viel stärker zukommt als den Herkunftsgemeinschaften. Besondere Präferenz genießen auf alle Fälle kleinere Solidaritätsgruppen, die auf Dauerhaftigkeit angelegt sind und deren Zusammenhalt mit starker sozialer Kontrolle inklusive Über- und Unterordnungstendenzen einhergehen. Soziale Kontrolle geht Hand in Hand mit dem Propagieren von starren Vorstellungen davon, was von der Mehrheit als Normalbiographie angesehen wird, was zur Folge hat, dass bestimmte Konstruktionsprinzipien von Gemeinschaft und die in ihr herrschenden Machtverhältnisse und Rollenvorgaben als natürlich gewachsen oder gar gottgegeben hingenommen werden. Im Zeichen der Flexibilisierung und Pluralisierung von Lebensstilen und individuellen Lebensführungskonzeptionen muss dies allerdings als antiquiert angesehen werden. Doch nicht nur nach innen können Gruppierungen auf der Basis von freundschaftlichen Beziehungen emanzipatorische Defizite aufweisen, zusätzlich ist eine Vorstellung davon, wie diese in sich geschlossenen Gruppierungen innerhalb eines Staates friedlich nebeneinander existieren sollen, im pluralistischen Sinne ebenfalls mehr als fragwürdig. Denn homogene, auf der Basis von emotionaler Zusammengehörigkeit geschlossene Gemeinschaften können nur durch die Abgrenzung nach außen formiert werden: Die Bezeichnung des einen konkreten Anderen als Freund impliziert bereits, dass es auch solche Andere gibt, die fremd bleiben und damit mehr Feind als Freund sind. Der liberale Kommunitarist Michael Walzer bemüht sich darum, mit seinem Konzept der Sphärentrennung dieser gesamtgesellschaftlichen Fragestellung und der möglichen Undurchlässigkeit von Gemeinschaften zu begegnen,[23] während andere Kommunitaristen dieses Problem erst gar nicht wahrnehmen. Deshalb behaupten Kritiker zu Recht, dass die Betonung von gemeinschaftsstiftenden Werten, Tugenden und Traditionen zu Spaltungsfaktoren werden können, wenn Homogenitätsansprüche mit Heterogenitätsrealitäten, wie multikulturellen Gesellschaften oder vermehrter Migration und Mobilität, konfrontiert sind. Wenn man jedoch den Schritt unternimmt und Solidarität genauso wie Toleranz als eine soziale Bindung definiert, durch welche die Gemeinsamkeit von Menschen dazu in der Lage ist, das Trennende zu überbrücken, eröffnet sich die Möglichkeit, sich verbunden zu fühlen trotz Ungleichheit von Interessen und Lebensformen. Im Unterschied zur Solidarität impliziert Toleranz jedoch nur das Gewährenlassen von Unterschiedlichem, während Solidarität sehr viel stärker auf materielle oder symbolische Unterstützung angelegt und damit als der stärkere Begriff zu sehen ist.

Trotzdem ist mit dem Verständnis von Solidarität, das Ungleichheit bei gleicher Interessenlage für möglich hält, ein Modell sozialer Bindung geschaffen, welches in der Moderne weniger verfällt, sondern durch den Wegfall künstlich geschaffener Grenzen durch Rollenvorgaben und Traditionen erst geschaffen werden kann, wie der Soziologe Karl Otto Hondrich[24] feststellt. Dass solche Gemeinschaften unter Umständen sehr viel fragiler, bisweilen zeitlich begrenzt und am Ausgestalten bestimmter Projekte orientiert sind, mag den Anschein erwecken, sie seien nicht tatsächlich gesellschaftsstabilisierend. Dennoch scheinen sie dem Lebenskonzept des heutigen Individuums, das vor der Herausforderung steht, sich in viele verschiedene wie auch immer geartete Gemeinschaften einzubringen, weit angemessener, wenn nicht gar dienlicher, um die geforderte multiple Identität ausbilden zu können. Schließlich ist die konstruktive Phantasie des Einzelnen und des Kollektivs gefragt, um den entstandenen Freiraum zur Schaffung neuer oder Belebung alter Gesellungsformen kreativ auszufüllen. Zu diesem Schluss kommt auch die eingangs erwähnte Soziologin Ursula Nötzoldt-Linden, wenn sie auf das bisher unentdeckte Potential von „differenzierten Freundschaften" verweist, die binden sollen, ohne zu fesseln, den anderen nicht instrumentalisieren, sondern wertschätzend mit einbeziehen.[25]

---

23 Vgl. Walzer 1992.
24 Vgl. Hondrich/Koch-Arzberger 1992.
25 Nötzoldt-Linden 1994, 13 f.

24

Literaturverzeichnis

Beck, Ulrich: Risikogesellschaft. Auf dem Weg in eine andere Moderne, Frankfurt a.M. 1986.

Dingeldey, Irene: Das Modell der Gerechtigkeit zwischen Individualismus und Gemeinschaft, Weingarten 1997.

Ernst, Heiko: Das Ich der Zukunft, in: Psychologie Heute 18 (1991), H. 12, 20-26.

Etzioni, Amitai: Jenseits des Egoismusprinzips, Stuttgart 1994.

Forst, Rainer: Kontexte der Gerechtigkeit, Frankfurt a.M. 1994.

Hauler, Anton/Schick, Stephanie/Wasser, Hartmut: Kommunitarismus und Politische Bildung. Handreichungen, Hamburg 2001.

Hondrich, Karl-Otto/Koch-Arzberger, Claudia: Solidarität in der modernen Gesellschaft, Frankfurt a.M. 1992.

Joas, Hans: Gemeinschaft und Demokratie in den USA. Die vergessene Vorgeschichte der Kommunitarismus-Diskussion, in: Brumlik, Micha/Brunkhorst, Hauke (Hg.): Gemeinschaft und Gerechtigkeit, Frankfurt a.M. 1993.

MacIntyre, Alasdair: Der Verlust der Tugend. Zur moralischen Krise der Gegenwart, Frankfurt a.M. 1995.

Nötzoldt-Linden, Ursula: Freundschaft. Zur Thematisierung einer vernachlässigten soziologischen Kategorie, Opladen 1994.

Sandel, Michael J.: Die verfahrensrechtliche Republik und das ungebundene Selbst, in: Honneth, Axel (Hg.): Kommunitarismus. Eine Debatte über die moralischen Grundlagen moderner Gesellschaften, Frankfurt a.M., New York 1993.

Shell, Kurt: Individualismus oder Gemeinsinn? Zur Genese der Kommunitarismus-Debatte in den USA, in: Wasser, Hartmut (Hg.): Gemeinsinn und Bürgerpartizipation: Wunsch oder Wirklichkeit?, Weingarten 1988.

Simmel, Georg: Soziologie. Untersuchungen über die Formen der Vergesellschaftung [1908], Berlin 1968.

Walzer, Michael: Sphären der Gerechtigkeit. Ein Plädoyer für Pluralität und Gleichheit, Frankfurt a.M. 1992.

Wils, Jean- Pierre: Freundschaft, in: Ethik und Unterricht, H.1, 1998.

Anton Hauler

Zur Rolle der USA am Beginn des europäischen Integrationsprozesses.

Eine Analyse curricularer Vorgaben unter fachwissenschaftlicher Perspektive

Ausgehend von der Zeitenwende des Jahres 1989/1990 zeichnen sich zu Beginn des 21. Jahrhunderts – verstärkt und beschleunigt durch den Terroranschlag auf die Twin-Towers – bereits deutliche strukturelle und funktionale Veränderungen im politischen Gefüge der internationalen Politik ab. Die Osterweiterung der Europäischen Union, die Ausdehnung der NATO und die damit einhergehenden Funktions- und Bedeutungsverschiebungen sind nur besonders herausragende Beispiele. Der weltpolitische Wandel der unmittelbaren Gegenwart fordert die Bürgerinnen und Bürger in ihrer politischen Analysefähigkeit und in ihrem politischen Urteilsvermögen in bislang unbekanntem Ausmaß heraus, waren doch in jüngster Vergangenheit die Rahmenbedingungen der internationalen Politik durch die bipolare Grundstruktur des Kalten Krieges klar vorgegeben.

Bei der Beurteilung der aktuellen Lage sind jedoch nicht nur Kenntnisse über das gegenwärtige Geschehen von Bedeutung, vielmehr spielt auch das Wissen bzw. Nicht-Wissen um die historische Entwicklung der heutigen politischen Strukturen eine nicht ganz unwichtige Rolle. Dem historisch-politischen Unterricht kommt deshalb mit dem Bemühen, Wissen um das, was ist und wie es gekommen ist, zu vermitteln, eine zentrale Aufgabe zu. Im Folgenden versuche ich deshalb, am Beispiel des Marshall-Planes und dessen Initialfunktion für den europäischen Integrationsprozess das Spannungsverhältnis zwischen fachwissenschaftlichem Erkenntnisstand und curricularen Vorgaben näher zu untersuchen und nach der Plausibilität der vorgenommenen didaktischen Reduktion zu fragen. Zunächst untersuche ich in einem ersten, fachwissenschaftlichen Teil die Frage, welchen Anteil die Vereinigten Staaten an den ersten konkreten Schritten auf dem Weg zur europäischen Einigung hatten. In einem zweiten, didaktischen Teil gehe ich dann an einem Beispiel aus dem baden-württembergischen Lehrplan für Gemeinschaftskunde an Realschulen der Frage nach, inwieweit der aktuelle Stand der Fachwissenschaft in curricularen Vorgaben eine angemessene Berücksichtigung gefunden hat.

1 Der Marshall-Plan und der Beginn der europäischen Integration

Im Rahmen der nur wenige Jahre zurückliegenden Feierlichkeiten zum 50. Jahrestag der Marshall-Plan-Rede vom 5. Juni 1947 wurde der historisch-politische Stellenwert dieses Projekts hervorgehoben und insbesondere auf dessen geradezu existentielle Bedeutung für (West-)Deutschland wie für die damit beginnende transatlantische Kooperation hingewiesen.[1] Meist vergessen oder nur am Rande erwähnt wird dabei allerdings der Einfluss, der vom Marshall-Plan-Projekt auf die ersten konkreten Schritte des europäischen Einigungswerkes ausging. Dabei ist gerade heutzutage, wo sich der europäische Integrationsprozess im Zeichen der Osterweiterung und institutioneller Reformimperative in einer kritischen Phase befindet, eine realistische Sicht der europäischen und deutschen Nachkriegsgeschichte von großer Wichtigkeit, hängen doch Vergangenheitsdeutungen, Gegenwartswahrnehmungen und Zukunftserwartungen eng miteinander zusammen.

1.1 Europäische Integration und Marshall-Plan im öffentlichen Bewusstsein

Auf welche Schwierigkeiten Lehrende beim Versuch stoßen können, den Beginn des europäischen Integrationsprozesses richtig anzusetzen, zeigt das folgende Schaubild.[2] Wenn auch vielfach kopiert und durch „Multiplikatoren" verbreitet, den Beginn des europäischen Einigungswerkes wie in diesem Schaubild in den Römischen Verträgen aus dem Jahre 1957 zu sehen, gleicht letztlich dem Versuch, die Geschichte einer Ehe erst mit der Geburt des zweiten oder dritten Kindes beginnen zu lassen!

Auch wenn es darum geht herauszustellen, von wem die entscheidenden Impulse zu europäischen Kooperationsformen ausgingen, gibt es zahlreiche lückenhafte und harmonisierende Darstellungen. So wird beispielsweise in einem weit verbreiteten Unterrichtswerk für das Fach Geschichte so getan, als ob die deutsch-französische Annäherung *allein* durch das gegenseitige Streben beider Völker nach Verständigung bewirkt worden sei.[3]

Schließlich tauchen im öffentlichen Bewusstsein zum Marshall-Plan bisweilen Vorstellungen und Erinnerungen auf, die ihn entweder als exklusive Hilfsmaßnahme für Deutschland ansehen oder aber als bewährtes Wundermittel zur Lösung unterschiedlichster Wirtschaftskrisen rund um den Globus werten. Angesichts dieser disparaten und vielfach diffusen Vorstellungswelten dürfte es von Interesse sein, die tatsächlichen Wirkfaktoren und Zusammenhänge, die den europäischen Integrationsprozess eingeleitet und befördert haben, genauer zu untersuchen.

---

1 Beispielhaft die einschlägige „Dokumentation" in der Süddeutschen Zeitung vom 31.5./1.6. 1997.

2 Renner/Czada, 1992, 9. Das Schaubild in diesem von der Bundeszentrale für politische Bildung als Lizenzausgabe vertriebenen „Arbeitsbuch für Schule und Erwachsenenbildung" weist neben dem schlicht fehlerhaften Beginn des europäischen Integrationsprozesses noch einen weiteren kapitalen Fehler auf, das Fehlen der Unterzeichnung des Maastrichter Vertrags vom Dezember 1991.

3 Vgl. von... bis 1990, 88.

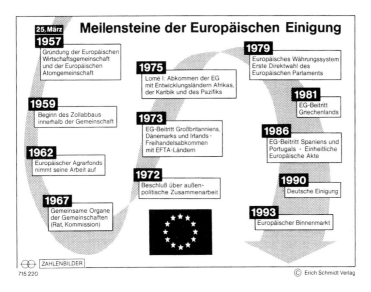

Aus: Renner/Czada 1992, 9

1.2 Entstehungsbedingungen des Marshall-Plans

„Am Anfang war die internationale Politik".[4] Mit dieser Feststellung umschreibt der Trierer Politologe Werner Link nicht nur das bis heute gültige – und nur gelegentlich vergessene – politische Bewegungsgesetz der (alten) Bundesrepublik Deutschland, sondern auch des real existierenden europäischen Einigungswerkes. Der europäische Einigungsprozess und die Entstehung zweier deutscher Staaten verliefen im Kräftefeld globaler Entwicklungen. Der Beginn konkreter Formen europäischer Zusammenarbeit erfolgte in der unmittelbaren Nachkriegszeit vor dem Hintergrund des ökonomischen Niedergangs Europas einerseits und des entstehenden Ost-West-Gegensatzes andererseits. Der Marshall-Plan war das entscheidende wirtschaft*spolitische* Instrument der amerikanischen Außenpolitik, das das westeuropäische Einigungswerk auf den Weg brachte und vorantrieb. Denn, so John F. Dulles, der amtierende Außenminister: „There was no hope for Europe without integration".[5] „Westdeutschland" – in Anführungszeichen gesetzt, weil zunächst gar nicht existent – wuchs in diesem historischen Prozess eine Schlüsselrolle zu, denn der Marshall-Plan, der europäische Einigungsprozess und der entstehende westdeutsche Teilstaat bildeten in dieser historischen Situa-

---

4   Link 1989, 571.

5   Dulles, John F.: Memo of Discussions at the 159th Meeting of the National Security Council, August 13, 1953, FRUS 1952-1954, VII, 1, 502, zit. n.: Neuss 2000, 15.

tion eine funktional aufeinander bezogene Trias zur Formierung des Westens gegenüber dem Osten.

Der 8. Mai 1945 markiert nicht nur – nach dem totalen Krieg – die totale Niederlage
des nationalsozialistischen Deutschlands und die Auflösung des Deutschen Reiches. Er
verdeutlicht vielmehr auch einen unübersehbaren Entwicklungtrend in der internationalen Politik: das definitive Ende westeuropäischer Großmachtpolitik auf der einen
Seite wie andererseits die Etablierung der Vereinigten Staaten von Amerika und der
Sowjetunion als neue globale Supermächte. Deren Nachkriegspolitik wird für das bis
in die Grundfesten erschütterte Europa im Allgemeinen und die deutschen Besatzungszonen im Besonderen zur dominanten Struktur bildenden Kraft: machtpolitisch,
ökonomisch wie auch kulturell.

1.3 Amerikanische Europa- und Deutschlandpolitik nach 1919

Ein Blick auf die Europa- und Deutschlandpolitik der USA nach 1919 lässt die Kontu-
ren und Kontinuitäten der amerikanischen Außenpolitik besser sichtbar werden. Im
Gefolge des wirtschaftlichen Aufstiegs der USA seit dem Ende des 19. Jahrhunderts
ging es dem Land mit der weltweit größten Industrieproduktion bereits nach dem Ersten Weltkrieg in erster Linie darum, den Handel kontinuierlich auszuweiten und neue
Märke in Übersee zu schaffen. Die wichtigste Strategie zur Erreichung dieses Zieles
war die „Open Door Policy".[6] Dies bedeutet, wie der Gießener Historiker Hans-Jürgen
Schröder feststellt, dass die „USA gegenüber Europa nach dem Ersten Weltkrieg keineswegs eine so genannte isolationistische Politik [verfolgten]. Vielmehr betrieben sie
mit *ökonomischen* Mitteln in den zwanziger Jahren eine aktive Stabilisierungspolitik,
die in ihren Wirkungen weit über den wirtschaftlichen Bereich hinausging."[7] Dreh-
und Angelpunkt dieser Stabilisierungspolitik war Deutschland,[8] das somit im Zentrum
der traditionell indirekten und informellen amerikanischen Außenpolitik stand.

Ein amerikanisches Krisenmanagement, das über die dargelegte ökonomische Einflussnahme in Europa hinausging, war in der Zwischenkriegszeit auch deshalb nicht
opportun, weil „Europa insgesamt noch zu stark, die Tradition des autonomen Natio-
nalstaats noch zu dominierend und die Mächte subjektiv noch zu überzeugt von ihrem
Großmachtstatus"[9] waren.

---

6 Diese Politik der „Offenen Tür" – vereinfacht gesagt: des Freihandels – sollte global neue Absatz-
märkte erschließen. Ihre wirtschafts- und staatspolitische Räson gründete auf der Überzeugung,
dass sich unter den formalen Bedingungen handelspolitischer Gleichheit die überlegene amerikanische Produktivkraft durchsetzen und weltweit politischen Einfluss ermöglichen werde.

7 Schröder 1987, 4.

8 Vgl. Schröder 1987, 4.

9 Conze 1995, 300.

1.4 Europa und Deutschland nach dem Zweiten Weltkrieg

Der Ausgang des Zweiten Weltkriegs veränderte die aufgezeigten Rahmenbedingungen jedoch in einer geradezu revolutionären Art und Weise. Nazi-Deutschland war weitgehend zerstört und in Besatzungszonen mit ungewisser Zukunft aufgeteilt. Aber auch Großbritannien und Frankreich waren in ihrer ökonomischen Substanz derart geschwächt und von amerikanischer Hilfe abhängig, dass von ihrem tradierten Großmachtstatus nur noch Hüllen übrig blieben. Das so entstandene mittel- und westeuropäische Machtvakuum bot auf der einen Seite der nach wie vor hochgerüsteten und sich expansiv gerierenden Sowjetunion die Chance, ihren machtpolitischen Einflussbereich auszuweiten. Auf der anderen Seite – aber jenseits des Atlantiks – befand sich die neue Weltmacht USA, die ihre Führungsrolle in der Welt auf das Atomwaffenmonopol und ihre dynamische industrielle Produktivkraft gründen wollte.

Schon die europäische Nahrungs- und Versorgungskrise des Jahres 1946/47 führte aber zunehmend klarer vor Augen, dass die amerikanische Vision einer eher ökonomisch gedeuteten „One World" mit den machtpolitischen Realitäten der sowjetischen Expansionspolitik immer weniger zu vereinbaren war und somit richtungsweisende Entscheidungen unaufschiebbar wurden. Die Zuspitzung der Lage lässt sich an drei symptomatischen Entwicklungen verdeutlichen: an der Entstehung der Politik der „Eindämmung", am Versorgungsnotstand in den westdeutschen Zonen und an der so genannten „Dollarlücke".

Mit dem Ende des Zweiten Weltkriegs hatte die Anti-Hitler-Koalition den gemeinsamen Feind besiegt, aber damit auch das einigende Band verloren. Bereits vier Tage nach der Kapitulation Deutschlands warnte der britische Premier Churchill Präsident Truman in einem Telegramm vor der „Russischen Gefahr" und dem „Eisernen Vorhang", der längs der russischen Front niedergegangen sei.[10] Aus dem gemeinsamen Kampf *gegen* Deutschland begann sich nach und nach eine Auseinandersetzung *um* Deutschland und Europa zu entwickeln.

Erste sichtbare Risse im alliierten Zweckbündnis zeigten sich dann spätestens im Frühjahr 1946, als der Dissens in der Reparationsfrage nicht mehr zu übertünchen war. Anders als nach dem Ersten Weltkrieg wurden Umfang sowie Art und Weise deutscher Reparationsleistungen sehr rasch vom Kalkül „globale[r] Machtpolitik"[11] bestimmt, und die unvereinbare ideologische Interessenlage der beiden Supermächte führte alsbald zu einer „reparationstechnische[n] Teilung"[12] Deutschlands und Europas. Augenfällig wurde das Zerwürfnis der ehemaligen Kriegspartner demonstriert, als die sowjetische Regierung (im Verbund mit Frankreich) dem angloamerikanischen Drängen nach einer gemeinsamen wirtschaftspolitischen Institution in Deutschland nicht nachkam, und die USA im Mai 1946 die Reparationslieferungen, die aus ihrer Zone an die Sowjetunion gingen, einstellten. Bereits im Februar hatte der amerikani-

---

10 In: Ruhl 1984, 90.

11 Mai 1995, 301.

12 Fisch 1992, 285.

sche Russlandexperte und Diplomat George F. Kennan in seinem berühmt gewordenen „langen Telegramm" aus Moskau die Motive der sowjetischen Außenpolitik analysiert und in ihrem Kern auf eine aggressive marxistisch-leninistische Ideologie zurückgeführt. Er empfahl deshalb seiner Regierung, den darnieder liegenden europäischen Staaten unter die Arme zu greifen sowie Führung und Sicherheit zu vermitteln.[13] Der damit einhergehende Übergang von einer amerikanischen Politik der „Schwächung" Deutschlands zu einer der „Schonung" (West-)Deutschlands[14] war mit den extensiven Reparationsansprüchen der Sowjets nicht mehr in Einklang zu bringen.

Angesichts der unverkennbaren Konfrontationsstrategie Stalins entwickelte sich Kennans Expertise in Washington nach und nach zur vorherrschenden außenpolitischen Leitlinie. Als der amerikanische Außenminister Byrnes sich dann am 6.9.1946 in Stuttgart für ein weiteres amerikanisches Engagement in Europa und den Wiederaufbau Deutschlands aussprach, deutete sich auch auf offizieller Ebene eine Neuorientierung der amerikanischen Außenpolitik an.[15]

Auf die mehr oder weniger direkte sowjetische Einflussnahme im griechischen Bürgerkrieg sowie die Pressionsversuche gegenüber der Türkei antworteten die USA im März 1947 konsequent mit konkreter Eindämmungspolitik im Sinne George F. Kennans. Sie nahmen die alleinige Führungsverantwortung im Westen wahr und entschieden sich für umfangreiche wirtschaftspolitische Hilfsmaßnahmen in Höhe von 400 Millionen Dollar. Damit der Entscheid der demokratischen Administration im republikanisch dominierten Kongress eine Mehrheit finden konnte, begründete Präsident Truman die erforderlichen Maßnahmen in dramatischen Worten.

Er erklärte in seiner Kongressbotschaft über die Lage im Mittelmeergebiet am 12.3.1947, in der gegenwärtigen Situation müsse sich fast jede Nation zwischen einer Lebensweise in Freiheit oder einer durch Terror und Unterdrückung geprägten Existenz entscheiden. Präsident Truman fuhr fort: „Ich bin der Ansicht, dass es die Politik der Vereinigten Staaten von Amerika sein muss, die freien Völker zu unterstützen, die sich der Unterwerfung durch bewaffnete Minderheiten oder durch politischen Druck von außen widersetzen."[16] Diese Rede ging als „Truman-Doktrin" in die Geschichte ein und markierte im Selbstverständnis der amerikanischen Administration wie auch der politischen Öffentlichkeit „einen Wendepunkt der amerikanischen Außenpolitik."[17]

Der zweite Ursachenkomplex, der zu einer Revision der amerikanischen Außenpolitik führte, entstand aus der desolaten Lage in den (angloamerikanischen) Besatzungszonen. Während im Jahre 1947 die industrielle Produktion in Frankreich und Großbri-

---

13 Auszüge aus dem Drahtbericht aus Moskau vom 22.2.1946, in: Kennan 1968, 569 f.
14 Vgl. Fisch 1992, 300.
15 Für den Erlanger Historiker Michael Stürmer vollzog Amerika mit der Byrnes-Rede „die Wende von der Kriegskoalition mit der Sowjetunion zur Eindämmung Stalins", vgl. Stürmer 1996.
16 Europa-Archiv, August 1947, 820.
17 Truman 1956, 115.

tannien bereits wieder das Vorkriegsniveau erreichte[18] und dort auch die Ernährungssituation zwar heikel, aber doch erträglich war[19], entwickelten sich die Verhältnisse in den angloamerikanischen Besatzungszonen geradezu katastrophal.

Angesichts des Unvermögens, sich auf eine gemeinsame Besatzungspolitik zu einigen, hatten die Alliierten sich jeweils auf ihre eigene Besatzungszone konzentriert und dort versucht, einerseits Entschädigungen für die erlittenen Kriegsverluste einzutreiben, andererseits die Not leidende Bevölkerung zu versorgen. Ein zunehmend widersprüchlicher werdendes Unterfangen, das in seiner kontraproduktiven Wirkung durch den Mangel an Lebensmitteln und Wohnraum in industriellen Zonen sowie durch ungenügende Transportkapazitäten verstärkt wurde.

Der ungewöhnlich strenge Winter 1946/47 führte dann unabweisbar vor Augen, dass die wirtschaftlichen Erschütterungen in Europa und dort vor allem in Deutschland wesentlich gravierender waren als ursprünglich angenommen und die alliierte Planwirtschaft der ersten Nachkriegsjahre nicht in der Lage war, die Arbeitsteilung und den Handel in und zwischen den Zonen „wirksam zu organisieren"[20].

Obwohl Briten und Amerikaner bis Ende 1946 ihre Zonen mit insgesamt 565 Millionen Dollar[21] subventioniert hatten, sank in der britischen Zone – nach anfänglichen Erholungstendenzen – die Industrieproduktion bis Dezember 1946 wieder auf 33 % des Vorkriegsniveaus; im März 1947 waren es schließlich nur noch 29 % dessen, was 1936 produziert worden war.[22] Dies entsprach der Pro-Kopf-Produktion des Jahres 1865.[23]

Als Folge dieses totalen Produktionseinbruchs stand einem Großteil der Bevölkerung nur noch die Hälfte der Vorkriegskalorienmenge zur Verfügung, mindestens ein Drittel sollte sogar mit 1000 bis 1760 Kilokalorien, also nur noch 30 % bis 60 % des Vorkriegssatzes auskommen.[24] General Clay umriss im Frühjahr 1946 die Problematik:

> „[...] without food we cannot produce coal: without coal we cannot support transport and industry; without coal we cannot produce the fertilizer necessary to improve future food supply. Only food can prime the pump [...]. A continuation of such conditions over a long period of time will destroy any hopes of creating a democratic Germany which believes in the rights of the individual, and will develop [...] a sullen and passive resistance, which may make impossible a politically free Germany for many years."[25]

Der Hunger war damit im westlichen Deutschland von einem individuellen Problem, das überall in Europa zu beobachten war, zu einem ökonomischen und politischen Schlüsselproblem vor allem in der britischen und amerikanischen Zone geworden. In

---

18 Vgl. Hillgruber 1987, 180 f.

19 Vgl. Monnet 1978, 292.

20 Hardach 1994, 91.

21 Vgl. Hardach 1994, 25.

22 Vgl. Hardach 1994, 28 f.

23 Vgl. Trittel 1986, 20.

24 Vgl. Trittel 1986, 20.

25 Zit. n. Trittel 1986, 18.

den Worten des britischen Militärgouverneurs Brian H. Robertson (24.2.1948): „Der Hunger ist die Gefahr – und nicht der Kommunismus."[26]

In der sowjetisch besetzten Zone dürfte dagegen die Nahrungsmittelversorgung in den ersten Nachkriegsjahren etwas besser gewesen sein als in der britischen,[27] und auch das Niveau der industriellen Produktion entwickelte sich dort bis zur Währungsreform in einer den anderen Zonen vergleichbaren Größenordnung.[28] Die rigorose Reparationspolitik der Sowjetunion sorgte jedoch dafür, dass der Lebensstandard „auf niedrigstem Niveau" blieb und die „ausgelaugte Wirtschaft [...] von der Substanz"[29] lebte.

Ein drittes Moment trug an der Jahreswende 1946/1947 zur Zuspitzung der Lage in Westeuropa bei: die „Dollarlücke". Mit der Kapitulation Japans war nicht nur der Zweite Weltkrieg zu Ende gegangen, sondern es endeten auch die Pacht-Leih-Verträge, die Frankreich und England mit den USA für die Zeit des Krieges zur Finanzierung ihrer Importe an Konsumgütern und Ausrüstung geschlossen hatten. Die durch den eingeräumten Kreditrahmen ermöglichten Importe Frankreichs beliefen sich auf über 2,5 Milliarden Dollar.[30] Zu diesen Verbindlichkeiten kam nun hinzu, dass mit dem beginnenden Wiederaufbau in Europa die Nachfrage nach Lebensmitteln, Rohstoffen und Fertigwaren enorm anstieg, das europäische Warenangebot jedoch weit hinter den Erfordernissen zurückblieb. So wurden die USA mit ihren gewaltigen Produktionskapazitäten „zu einem von allen Seiten umworbenen Lieferanten des Weltmarktes"[31]. Diese Situation wurde noch dadurch verschärft, dass die ehemaligen europäischen Weltmächte von dem wenigen, was sie produzierten, kaum etwas auf dem amerikanischen Markt absetzen konnten, so dass in der transatlantischen Handelsbilanz binnen Kürze eine gewaltige „Dollarlücke" (1947: 7,5 Mrd. $) entstand, die zunächst nur durch neue amerikanische Kredite überbrückt werden konnte. Ludolf Herbst sieht in diesem Zahlungsbilanzdefizit „eine der wesentlichen Ursachen der Wiederaufbaukrise in Westeuropa."[32] Die „Dollarlücke" lähmte jedoch nicht nur den europäischen Wiederaufbau, sondern schien indirekt auch die Umstellung der amerikanischen Kriegswirtschaft auf eine zivile Produktion zu erschweren, da ohne grundlegende Besserung in Europa die für die USA wichtigen westeuropäischen Märkte wegzubrechen drohten.

---

26 Zit. u. übers. n. Trittel 1986, 20.

27 Vgl. Weber 1980, 31.

28 Vgl. Mai 1995, 395. Detaillierte Informationen finden sich bei: Matschke 1988.

29 Fisch 1992, 107. Die strukturellen Folgewirkungen der Sowjetisierung der SBZ zeigten sich dann, als die „Ostzone" nach der Währungsreform nicht in der Lage war, dem wirtschaftlichen Aufschwung im Westen Deutschlands zu folgen.

30 Vgl. Monnet 1978, 288.

31 Hardach 1994, 36.

32 Herbst 1989, 39.

1.5 Die Marshall-Plan-Rede: Neuformierung und öffentlichkeitswirksame Begründung der amerikanischen Auslandshilfe

Da der industrielle Wiederaufbau in Frankreich und England nur schleppend vorankam und sich in den deutschen Besatzungszonen immer mehr Hoffnungslosigkeit und Verzweiflung breit machten, verdichtete sich zu Beginn des Jahres 1947 in der amerikanischen Administration zunehmend die Erkenntnis, dass außer den USA niemand in der Lage war, der desolaten Lage in (West-)Europa konstruktiv zu begegnen.

Die amerikanische Regierung war folglich in der schwierigen Situation, einerseits klar zu erkennen, dass zur Stärkung Westeuropas gegenüber dem Osten finanzielle Hilfsmaßnahmen in Milliardenhöhe weiterhin unabdingbar waren. Zum anderen wusste sie aber, dass ein derartiges Engagement in der politischen Öffentlichkeit der USA und folglich auch im Kongress nicht gerade populär war. Letzteres vor allem deshalb, weil im öffentlichen Bewusstsein der USA nicht zu Unrecht der Eindruck entstanden war, dass die bisherigen Dollarhilfen relativ wirkungslos wie in einem Fass ohne Boden versickert waren – ganz gleich, ob es sich um die amerikanischen Darlehen an Frankreich und Großbritannien oder um die finanziellen Aufwendungen der USA für ihre Besatzungszone im Rahmen eines Hilfsprogramms für die besetzten Gebiete gehandelt hatte.[33] So beliefen sich die Aufwendungen für amerikanische Wirtschaftshilfe vom Ende des Krieges bis Ende 1947 auf rund 11 Milliarden Dollar[34] – und eine Besserung der Lage war nicht in Sicht. Präsident Truman gab deshalb seit Herbst 1946 differenzierte Lageanalysen und konzeptionelle Empfehlungen in Auftrag,[35] um die offensichtlich ineffektive Auslandshilfe zu modifizieren.

Eine nachhaltige Wirkung in der politischen Öffentlichkeit der Vereinigten Staaten erzielte im Umkreis der geschilderten Vorgänge der Bericht des früheren Präsidenten Herbert Hoover, der im Februar 1947 im Auftrag Trumans mit einer Expertenkommission die deutsche Ernährungslage sondiert hatte. Hoover kam zu dem Schluss, dass die Nahrungsmittelversorgung in den westeuropäischen Nachbarländern Deutschlands „fast ihren normalen Vorkriegszustand erreicht" hatte, während bestimmte deutsche Bevölkerungsgruppen in ihrem Versorgungsniveau „in einem gefährlichen Ausmaß unter den anderen Nationen liegen."[36] Er schlug deshalb Präsident Truman eine grundsätzliche Neuorientierung der amerikanischen Besatzungspolitik vor und plädierte – wie die amerikanische Militärregierung vor Ort – für einen Abbau der Kontrollen und eine Verringerung der deutschen Lasten, damit Deutschland in absehbarer Zeit von amerikanischen Subventionen unabhängig und zur Lokomotive im europäischen Eini-

33 Das Programm „Government Aid and Relief for Occupied Areas" (GARIOA) gewährte zu Beginn der Nachkriegszeit Deutschland, Japan, Korea und Österreich Wirtschaftshilfe.

34 Vgl. Hardach 1994, 38.

35 Vgl. Hardach 1994, 120.

36 Hoover-Bericht über die deutsche Ernährungslage, in: Europa-Archiv, Mai 1947, 590.

gungsprozess werden könne: ein Argument, das auf den amerikanischen Kongress großen Eindruck machte.[37]

Ein Problem blieb in Hoovers Konzept jedoch unberücksichtigt: die Sicherheitsinteressen Frankreichs gegenüber einem wieder erstarkten Deutschland. Den französischen Bedürfnissen kamen Überlegungen von John F. Dulles entgegen, die er in einem Vortrag zu dem provokanten Thema „Europe must Federate or Perish" der politischen Öffentlichkeit unterbreitete.[38] Dulles war durch Begegnungen mit Jean Monnet mit den außenpolitischen Ängsten der Franzosen vertraut und betonte deshalb viel stärker als Hoover den europäischen Rahmen, der zunächst durch Integration geschaffen werden müsse und in den dann Westdeutschland einzubinden sei.

Folgt man den wenigen Kommentaren, die George Marshall zu dem mit seinem Namen verbundenen Projekt abgab, so bildete schließlich das Scheitern der Moskauer Außenministerkonferenz im April 1947 den aktuellen Anlass,[39] die konzeptionelle Umgestaltung der amerikanischen Außenpolitik zu forcieren und die als „Marshall-Plan" bekannt gewordenen Vorschläge zum Wiederaufbau Europas zu lancieren.

Erschüttert über die Zustände in Westeuropa und endgültig frei von Illusionen über die tatsächliche Politik der Sowjetunion beauftragte Marshall unmittelbar nach seiner Rückkehr aus Moskau George F. Kennan, eine Planungsgruppe im State Department einzurichten, um möglichst rasch Vorschläge für ein europäisches Wiederaufbauprogramm zu entwerfen. Eile schien geboten, denn, so Marshall am 28.4.1947 in einer Radioansprache an die Nation: „Der Patient verfällt, während die Ärzte beraten."[40] In derselben Rede deutete Marshall aber auch bereits an, *wo* die amerikanische Administration den Hebel in erster Linie ansetzen werde, um die europäische Wirtschaft wieder in Gang zu bringen: in Deutschland.[41] Die wirtschaftliche Genesung in Europa sei ausgeblieben, so seine Ausführungen, obwohl in Deutschland und Österreich zahlreiche und gut ausgebildete Arbeitskräfte sowie viele Rohstoffe und Industrieanlagen vorhanden seien.[42]

Kennan konnte also in der Planungsgruppe des State Departments auf eine Reihe konzeptioneller Vorarbeiten zurückgreifen. In einem Memorandum vom 16.5.1947 hob er dann den engen Zusammenhang hervor, der zwischen der Lösung der wirtschaftlichen Probleme in Deutschland, dem europäischen Wiederaufbau und der politischen Stabilisierung in Europa bestehe. Als ersten Schritt schlug er ein europäisches Kohlepro-

---

37 Vgl. Hardach 1994, 28 f.

38 Vgl. Dulles, John F.: Adress to the National Asscociation, 1.2.1947, in: Vital Speeches of the Day, Vol. 13, 234-236, zit. n.: Neuss 2000, 34.

39 Vgl. Gimbel 1976, 179.

40 Zit. n. Kennan 1968, 328.

41 In einer weiteren, mehr analytischen Studie über seine Inspektion der angloamerikanischen Besatzungszonen berichtete Herbert Hoover im März 1946: „Die gesamte europäische Wirtschaft ist durch den Austausch von Rohstoffen und Fertigwaren eng mit der deutschen Wirtschaft verbunden. Die Produktivität in Europa kann nicht wiederhergestellt werden, ohne Deutschlands Fähigkeit, zu dieser Produktivität beizutragen, wiederherzustellen." (Zit. n.: Herbst 1991, 34).

42 Vgl. Berger/Rischl 1995, 484.

gramm vor, nicht nur, um in einem begrenzten Kooperationsrahmen rasche ökonomische und somit auch psychologische Erfolge zu erzielen, sondern auch, um den vielfältigen französischen Vorbehalten durch die Garantie deutscher Kohlelieferungen entgegenzuwirken.[43]

Konzeptionelle Vorstellungen über das *Wie* eines Aufbauprogramms waren in den Überlegungen von William Clayton enthalten, dem Staatssekretär für Wirtschaftsfragen im State Department. Seiner Ansicht nach gründeten die wirtschaftlichen Probleme Europas weniger in den materiellen Zerstörungen als in der kriegsbedingten Unterbrechung der interregionalen und internationalen Arbeitsteilung. Seiner Meinung nach sollte die amerikanische Regierung sich deshalb darum bemühen, den Handel innerhalb Europas wieder zu beleben, die „Dollarlücke" zu überwinden und Europas Wirtschaft wieder in die Weltwirtschaft zu integrieren.[44]

Die Rede Außenminister Marshalls am 5.6.1947 bildete dann eine Synthese dieser und einer Reihe anderer Vorschläge zum Wiederaufbau Europas, wobei Marshall es verstand, innen- und außenpolitische Bedürfnisse klug zu berücksichtigen. Vor Studierenden der Harvard-Universität[45] erklärte er einleitend, die Weltlage sei sehr ernst und überaus schwierig zu beurteilen. Er fuhr fort, dass man erst in den letzten Monaten erkannt habe, dass gravierender als die sichtbare Zerstörung in Europa die Tatsache sei, dass durch den Krieg das gesamte europäische Wirtschaftssystem aus den Angeln gehoben worden sei. Deshalb werde der wirtschaftliche Regenerierungsprozess in Europa länger dauern als ursprünglich angenommen. Amerika werde den Europäern während der nächsten drei oder vier Jahre großzügige Nahrungsmittelhilfen gewähren, um Hunger, Armut, Verzweiflung und Chaos zu beseitigen. Diese Hilfsmittel seien jedoch nicht nur zur Linderung von Not, sondern auch zum Aufbau von Regenerationskräften gedacht. Grundvoraussetzung amerikanischer Hilfe sei jedoch, dass sich die Europäer zunächst untereinander auf ein Bündel prioritärer Maßnahmen einigten und eigenständig ein gemeinsames Wiederaufbauprogramm entwürfen. Die Initiative bei der Erstellung von Plänen zur Nutzung des amerikanischen Hilfsangebots müsse von Europa selbst ausgehen.[46]

1.6 Der Beginn der westeuropäischen Kooperation

Einer alten Grundregel der Rhetorik gehorchend hatte Marshall die wichtigste Botschaft seiner Rede an deren Schluss gestellt, nämlich die Bedingung, amerikanische

---

43 Vgl. Hardach 1994, 42.

44 Vgl. Hardach 1994, 44.

45 Vgl. Hardach 1994, 45. Hardach ist der Meinung, dass eine offizielle diplomatische Initiative des State Departments die amerikanische Rolle im geplanten Europäischen Wiederaufbauprogramm zu sehr betont hätte, weshalb Marshall eine Einladung an die Harvard-Universität zum Anlass genommen und das ERP-Programm in diesem Rahmen der Weltöffentlichkeit präsentiert habe.

46 Zusammenfassung nach: Vorschläge Marshalls zur amerikanischen Hilfeleistung für die europäischen Länder. Text der Rede vom 5. Juni 1947 an der Harvard-Universität, in: Europa-Archiv, August 1947, 821.

Wirtschaftshilfe nur dann weiterhin zu gewähren, wenn die europäischen Staaten bereit und in der Lage seien, ein gemeinsames European Recovery Program (ERP), also ein Europäisches Wiederaufbauprogramm, aufzustellen. Von dieser Verknüpfung ging der entscheidende Anstoß zu konkreten und nachhaltigen Formen europäischer Kooperation aus, als deren Kern die Gründung der „Organisation for European Economic Cooperation" (OEEC) anzusehen ist. Ludolf Herbst hat diesen vielfach ignorierten, für die Wahrnehmung der aktuellen Integrationsprobleme jedoch wichtigen Sachverhalt auf die prägnante Formel gebracht: „Der Startschuss für einen Zusammenschluss Westeuropas fiel nicht in Europa, sondern in den Vereinigten Staaten von Nordamerika."[47]

Ein weiteres rhetorisches Gestaltungsmittel lässt sich an der Rede Marshalls verdeutlichen: Wichtige, aber heikle Inhalte werden oft ausgespart. Während Marshall selbst im Vorfeld seiner Rede auf Deutschland als wirtschaftspolitischen Dreh- und Angelpunkt eines Erfolg versprechenden Hilfsprogramms für Europa hingewiesen hatte, findet sich in der Harvard-Rede kein einziges Wort davon. Die amerikanische Administration war sich nämlich darüber im Klaren, dass die von ihr anvisierte neue Europa- und Deutschlandpolitik mit den alten und neuen Wirtschafts- und Sicherheitsinteressen Frankreichs kollidieren würde, das – in den Worten von Jean Chauvel, des damaligen Generalsekretärs des französischen Außenministeriums, – Deutschland in Teile zerlegen und den Rhein dem französischen Gesetz unterwerfen wollte.[48]

Wie oben erläutert, waren bereits in dem Hilfsversprechen der Amerikaner erste Handlungsimpulse enthalten, die zum einen auf eine institutionalisierte Zusammenarbeit der Europäer abzielten, zum andern auf die Ausarbeitung koordinierter Selbsthilfemaßnahmen sowie die Einbeziehung Deutschlands, das es ja staatsrechtlich gar nicht mehr gab. Von einem Marshall-*Plan* konnte man am 5.6.1947 eigentlich nicht sprechen, nicht nur weil konkrete und systematisierte Vorstellungen in dieser Phase in den USA (noch) nicht existierten, sondern vor allem, weil es ja in erster Linie die Sache der Europäer selbst sein sollte, ein europäisches Wiederaufbauprogramm zu entwerfen und zu administrieren.

Der politische Diskussions- und Entscheidungsprozess von der Harvard-Rede bis zur Verabschiedung des entsprechenden Auslandshilfegesetzes durch den amerikanischen Kongress Anfang April 1948 zeigt jedoch, wie schwer es den Europäern fiel, konzeptionell mehr auf die Beine zu stellen als unverbindliche Absichtserklärungen und ein Bündel nationaler Bedürfnislisten; hier zeigt sich bereits in mancher Hinsicht eine Tradition, die bis auf den heutigen Tag fortwirkt.

Bevor jedoch inhaltliche und organisatorische Fragen eines europäischen Wiederaufbauprogramms auf der Tagesordnung standen, war zu klären, welche Staaten sich daran beteiligen würden; schließlich hatte Marshall in Harvard von den „Ländern Europas" ohne irgendwelche Einschränkungen gesprochen. Nach der Harvard-Rede hatte die amerikanische Administration die Franzosen und Briten vorab über die konkreten

---

47 Herbst 1989, 35.
48 Vgl. Weisenfeld 1986, 13.

Bedingungen amerikanischer Hilfeleistungen informiert: über die bereits bekannte Erwartung an die Europäer, ein *gemeinsames* Wiederaufbauprogramm zu erstellen, aber auch darüber, dass die USA bei der Verwendung der von ihnen stammenden Finanzmittel ein gewichtiges Wort mitreden wollten. Die britischen und französischen Außenminister Bevin und Bidault luden daraufhin ihren sowjetischen Kollegen Molotow zu einer Außenministerkonferenz nach Paris ein. Zur allgemeinen Überraschung ging die sowjetische Regierung auf das Angebot ein. Auch Bulgarien, Finnland, Polen, die Tschechoslowakei und Ungarn signalisierten Interesse. In Paris stellte sich jedoch rasch heraus, dass die amerikanischen Bedingungen, so wie sie von Bevin und Bidault nolens volens vertreten wurden, mit sowjetischen Souveränitätsansprüchen unvereinbar waren, was zum Abbruch der Konferenz führte. Damit entwickelte sich das europäische Wiederaufbauprogramm zu einem rein westeuropäischen Unterfangen, obwohl das Tischtuch zwischen den USA und der Sowjetunion noch nicht endgültig zerschnitten war.[49] Damit war aber auch der letzte Versuch gescheitert, „die deutsche Frage gesamteuropäisch und einvernehmlich zu lösen."[50]

Nach dem Ausscheiden der Sowjetunion und, in ihrem Schlepptau, der ostmitteleuropäischen Staaten fanden sich am 12.7.1947 schließlich 16 westeuropäische Staaten in Paris bereit, das „Committee of European Economic Cooperation" (CEEC) zu bilden, um einen gemeinsamen westeuropäischen Wiederaufbauplan auszuarbeiten. Es waren dies Belgien, Dänemark, Frankreich, Griechenland, Großbritannien, Irland, Island, Italien, Luxemburg, die Niederlande, Norwegen, Österreich, Portugal, Schweden, die Schweiz und die Türkei.

Das Resultat ihrer Beratung beschränkte sich zunächst – wie bereits erwähnt – auf einige vage Zielformulierungen und eine Zusammenstellung nationaler Wunschlisten, was aus der Sicht der amerikanischen Beobachter als Basis künftiger europäischer Kooperation nicht ausreichend war. Es bedurfte schließlich eines gerüttelten Maßes amerikanischen Drucks und einer zweiten Sitzung der CEEC, um die am Marshall-Plan beteiligten Europäer zur Schaffung einer ständigen Organisation zu bewegen. Der Schritt zu einer ersten institutionalisierten Kooperationsform wurde wohl erst in dem Moment möglich, als im Januar 1948 klar wurde, dass der amerikanische Kongress das europäische Hilfsprogramm ablehnen würde, wenn der europäische Integrationsprozess keine substantiellen Fortschritte im Sinne der Amerikaner machte[51].

Am 3.4.1948 wurde im amerikanischen Kongress das Europäische Wiederaufbauprogramm in Form eines Gesetzes verabschiedet. In der Folge gründeten die am Programm beteiligten Westeuropäer mit der „Konvention über die europäische wirtschaftliche Zusammenarbeit" die „Organization for European Economic Cooperation", die OEEC. Ihr wurden drei Aufgaben zugewiesen: Sie sollte erstens das Europäische

---

49 Vgl. Mai 1995, 437 f.

50 Mai 1995, 436.

51 Noch im März 1948 befürworteten nur etwas mehr als die Hälfte der Amerikaner den Marshall-Plan, weshalb manches für Günter Bischofs These spricht, wonach Marshalls „wahrscheinlich wichtigster Beitrag" zum Erfolg der ERP darin liegt, seine enorme Popularität im Gesetzgebungsprozess positiv eingesetzt zu haben. Vgl. Bischof 1997, 10.

Wiederaufbauprogramm vorbereiten und durchführen, zweitens sich in ihrem Bereich um die Beseitigung von Handelsschranken jeglicher Art bemühen sowie drittens die Bedingungen für ein multilaterales Zahlungssystem schaffen, um national, regional und global die durch den Krieg verloren gegangene Arbeitsteilung wiederherzustellen. Um den amerikanischen Einfluss auf die Durchführung des Hilfsprogramms sicherzustellen, schufen die USA ihrerseits eine eigenständige Behörde im Rang eines Ministeriums, die „Economic Cooperation Administration" (ECA). Sie hatte das Programm gegenüber dem Kongress zu vertreten sowie die Verteilung der Mittel in den europäischen Teilnehmerstaaten in einem umfassenden Sinne zu organisieren. 850 Mitarbeiter und Mitarbeiterinnen in der Washingtoner Zentrale der ECA und etwas über 2000 in der europäischen Vertretung in Paris und in den jeweiligen Ländermissionen sorgten rasch dafür, dass sich das amerikanische Pendant zur OEEC zu einem mächtigen politischen Apparat entwickelte.[52]

Die Tatsache, dass der amerikanische Kongress die notwendigen Finanzmittel jeweils nur für ein Jahr bewilligte, verstärkte die amerikanische Einflussnahme auf die wirtschaftspolitische Entwicklung in Westeuropa, so dass die USA in der frühen Nachkriegszeit als „gütiger Hegemon"[53] und substantieller „Föderator" im europäischen Integrationsprozess gelten können.

2 Zur curricularen Bedeutung der Rolle der USA für den Beginn des europäischen Integrationsprozesses

2.1 Zur Gegenwarts- und Zukunftsbedeutung des Themenfeldes

Da in unserer medial geprägten Lebenswelt Informationen und Nachrichten meist durch den Filter „bad news are good news" ausgewählt werden, entsteht bei vielen Bürgern und erst recht bei Schülern auch im Hinblick auf den europäischen Integrationsprozess leicht der Eindruck, derzeit entwickle sich die Europapolitik besonders mühsam und schwerfällig, während sich das europäische Einigungswerk in der Vergangenheit vergleichsweise reibungslos entfaltet habe. Aus derartigen Fehleinschätzungen resultieren vielfach falsche Erwartungen und vorschnelle Frustrationen, die sich vor allem bei Jugendlichen als Hindernisse für die Anbahnung und Fortentwicklung einer angemessenen Analyse- und Urteilsfähigkeit erweisen.

So ist es für eine sachgerechte Einschätzung des aktuellen Entwicklungsstandes des europäischen Integrationsprozesses wie zur Beurteilung von dessen zukünftigem Potential und erst recht zur Ausbildung von ersten Ansätzen einer realitätsbezogenen europäischen Identität unverzichtbar, den historischen Verlauf des europäischen Einigungswerkes als einen äußerst mühsamen und schwierigen sowie von internationalen Rahmenbedingungen *mit*bestimmten Prozess kennen und beurteilen zu lernen. Dass

---

52 Vgl. Hardach 1994, 96.

53 Vgl. Haftendorn 1999.

für ein tiefer gehendes Verständnis des europäischen Integrationsprozesses dem Entwicklungsprozess von bloßen Absichtserklärungen und unverbindlichen Europaplänen, wie sie in der europäischen Geschichte von Sully bis zum europäischen Widerstand im 2. Weltkrieg auftauchten, zu ersten konkreten Schritten und institutionellen Vereinbarungen eine besondere Bedeutung zukommt, liegt aus fachwissenschaftlicher Perspektive, wie im ersten Teil dargelegt, auf der Hand. Ebenso der Umstand, dass in dieser so wichtigen Anfangsperiode des europäischen Kooperationsprozesses die Vereinigten Staaten eine eminent wichtige Rolle spielten. Nicht umsonst weist der Historiker Ludolf Herbst in seinem kleinen, für das Verständnis des Gegenstandes aber ungemein wichtigen Bändchen „Option für den Westen" (1989) unmissverständlich darauf hin, dass der „Startschuss für einen Zusammenschluss Westeuropas [...] nicht in Europa [fiel], sondern in den Vereinigten Staaten von Nordamerika."[54] Dass dies keine Einzelposition, sondern fachwissenschaftlicher Konsens ist, zeigt auch das Fazit von Beate Neuss. Sie schreibt in der Zusammenfassung ihrer Habilitationsschrift „Geburtshelfer Europas? Die Rolle der Vereinigten Staaten im europäischen Integrationsprozess 1945-1958" (2000), in der sie das vorliegende Schrifttum und neuere Quellen auswertet: „Am Anfang des Weges zu einer Europäischen Union standen die Vereinigten Staaten von Amerika. Sie strebten die möglichst schnelle, möglichst umfassende und möglichst enge Integration der westeuropäischen Staaten an."[55] Inwieweit haben aber solche wissenschaftlichen Erkenntnisse Eingang in den Geschichts- und Politikunterricht gefunden?

2.2 Die Anfänge des europäischen Integrationsprozesses im aktuellen Bildungsplan für Realschulen in Baden-Württemberg

Zunächst ist festzustellen, dass im baden-württembergischen Bildungsplan für Realschulen dem Unterrichtsinhalt *Europäische Integration* in Klasse 10 ein angemessenes Stundenkontingent eingeräumt wird. So umfassen im Fach Geschichte und Gemeinschaftskunde die Lehrplaneinheit 2 „Europa auf dem Weg zur Einigung" bzw. „Das Zusammenwachsen Europas" jeweils zehn Unterrichtsstunden.[56] Dazu kommt formal[57] noch unter der Rubrik „Fächerverbindende Themen" als potentielles Thema „Europa – Chance und Verantwortung".

---

54 Herbst 1989, 35.

55 Neuss 2000, 25.

56 Vgl. Kultus und Unterricht 1994, 376 ff.

57 Dieser Aspekt kann bei einer unterrichsbezogenen Analyse des Themenfeldes weitgehend vernachlässigt werden, da die Erfahrung zeigt, dass in der Praxis diese gut gemeinten Themenvorschläge zu fächerverbindendem Arbeiten weitgehend unberücksichtigt bleiben. Nicht umsonst wird in der laufenden Lehrplanreform der Umsetzung des fächerverbindenden Unterrichtens durch weitergehende Vorgaben (Fächerverbund) Nachdruck verliehen.

40

Auszug aus dem Lehrplan Geschichte, Jgst. 10

Lehrplaneinheit 2: Europa auf dem Weg zur Einigung

Europapläne	Texte aus dem europäischen Widerstand Haager Konferenz Europarat
Die deutsch-französische Verständigung als Voraussetzung und Folge des europäischen Einigungsprozesses ...	Schuman-Plan, Montanunion Politik Adenauers

---

Wie der Auszug aus der einschlägigen Lehrplaneinheit zeigt, findet sich in der linken Spalte, in der die verbindlich zu unterrichtenden Unterrichtsinhalte aufgelistet werden, lediglich die zwar obligatorische, aber vage Vorgabe „Europapläne", die die Lehrplangestalter mit unverbindlichen Hinweisen in der rechten Lehrplanspalte konkretisieren. Erstaunlicherweise fehlt der Marshall-Plan, das *European Recovery Program*, völlig. Das Problematische an den in den Hinweisen angebotenen Inhaltsausprägungen ist, dass sich die im europäischen Widerstand konzipierten Europavorstellungen nach 1945 eben *nicht* realisieren ließen, sondern überall nationalstaatliche Strukturen wieder etabliert wurden. Und auch die Gründung des Europarats war aus der Sicht der europäischen Bewegung mit vielfältigen integrationspolitischen Enttäuschungen verbunden, haben doch die Briten und andere (neutrale) Staaten bei der Abstimmung über das Statut des Europarates die Schaffung einer starken supranationalen Institution verhindert. Dieser für Frankreich so wichtige Integrationsfortschritt erfolgte dann mit der Gründung der Montan-Union.

Als Zwischenergebnis lässt sich festhalten, dass in der Lehrplaneinheit zur Entstehung des europäischen Einigungsprozesses im baden-württembergischen Bildungsplan für Geschichte der Klasse 10 keinerlei curriculare Vorgaben dazu vorhanden sind, den Schülern Kenntnisse und historisch-politische Einsichten über den schwierigen Anfang des europäischen Integrationsprozesses zu vermitteln. Die Rolle der USA als gewichtiger Promotor dieser Entwicklung fällt – an dieser Stelle – gänzlich unter den Tisch. Angesichts dieser einerseits vagen, andererseits den realpolitischen Einigungsprozess nur unzureichend widerspiegelnden Lehrplanvorgaben verwundert es nicht, wenn in verschiedenen Schulbüchern dieser Aspekt des europäischen Einigungswerkes sehr idealisiert dargestellt wird. In einem bis vor kurzem weit verbreiteten Schulbuch heißt es beispielsweise:

> „Nach 1945 entstanden in beiden Völkern starke Bewegungen, die zu einer Aussöhnung drängten. Frankreich hielt einen Teil Deutschlands besetzt und war nun eigentlich in der Position des Stärkeren. Ausgehend von privaten Gruppen und Einzelpersonen, erreichte das Streben nach Verständigung bald auch einen offiziellen Charakter."[58]

Eine Darstellung, die dem fachwissenschaftlichen Konsens in dieser Frage eklatant widerspricht! So betonte der französische Historiker Raymond Poidevin immer wie-

---

58 von... bis 1990, 88.

der, dass „die beiden französischen Initiativen des Jahres 1950 nicht einer mächtigen
proeuropäischen Strömung [entsprangen]; vielmehr schienen sie aus einer durch die
internationale Entwicklung erzeugten Zwangslage geboren.“[59]

Auszug aus dem Lehrplan Geschichte, Jgst. 10

*Lehrplaneinheit 1: Die deutsche Teilung als Spiegelbild der ideologischen Gegen-
sätze zwischen Ost und West*

Konfrontation zweier Machtblöcke	Kalter Krieg Bedeutung für den Wiederaufbau Europas
Marshall-Plan und Währungsreform …	Aufbau der Wirtschaft, Arbeitsplätze

---

Der Marshall-Plan fehlt natürlich im Lehrplan Geschichte Kl. 10 nicht völlig. Wie der
Auszug aus der Lehrplaneinheit 1 für Geschichte in Klasse 10[60] zeigt, wird der Marshall-Plan jedoch – auch durch die curriculare Verbindung mit der Währungsreform –
auf eine rein *ökonomische* Wiederaufbauhilfe beschränkt. Der integrationspolitisch
bedeutsame Umstand, dass die Marshall-Plan-Gelder von den USA nur unter der *politischen* Bedingung gewährt wurden, dass die Europäer zu einer substantiellen und
nachhaltigen Zusammenarbeit bereit seien, bleibt ausgespart. Dies gilt auch und noch
immer für ein jüngst erschienenes Schulbuch für das Fach Geschichte. Dort heißt es
beispielsweise: „Der amerikanische Außenminister Marshall entwickelte einen Plan
zur Unterstützung des Wiederaufbaus in den europäischen Ländern durch Warenliefe-
rungen und finanzielle Mittel.“[61] Dies ist nur die halbe historische Wahrheit und für
das Verständnis des europäischen Integrationsprozesses auch der weniger wichtige
Aspekt.

2.3 Der Stellenwert des Marshall-Plans in der aktuellen Lehrplanreform für Realschulen in Baden-Württemberg

Um den Rahmen dieser Arbeit nicht zu sprengen, können hier nur holzschnittartig ein
paar vorläufige Eindrücke zur künftigen Entwicklung der europäischen Dimension in
der historisch-politischen Bildung an baden-württembergischen Realschulen benannt
werden. Zunächst überrascht, dass nach dem derzeitigen Stand der Planung[62] im Fach
Geschichte die historische Entwicklung des europäischen Integrationsprozesses keine

---

59 Poidevin 1990, 257 f.
60 Vgl. Kultus und Unterricht 1994, 376.
61 Expedition Geschichte 2001, 9.
62 Die folgenden Ausführungen beziehen sich auf die im Internet unter <www.bildungsstandards-
    bw.de> (25.03.2003) veröffentlichten Bildungsstandards. Für das Fach Geschichte (RS) gilt hier
    der Stand der Lehrplanentwicklung vom 02.08.2002, für den Fächerverbund Erdkunde-Politik-
    Geschichte EPW der Stand vom 10.10.2002.

Berücksichtigung mehr findet, mit der einen Ausnahme, dass – wie bisher – der Marshall-Plan unter dem Themenbereich „Nachkriegsentwicklung in Deutschland" subsumiert wird.

Als Folge dieser Entscheidung sind alle „Europa-Themen" in dem neuen Fächerverbund *Erdkunde-Politik-Wirtschaft (EPW)* konzentriert, eine lehrplantechnische Vorentscheidung, für die vordergründig durchaus manches spricht. Wenn jedoch der Beginn des europäischen Integrationsprozesses weiterhin gänzlich ausgespart bleibt und andere europapolitische Entwicklungsschritte („Motive für die Einrichtung einer europäischen Gemeinschaft für Kohle und Stahl" sowie „Zielsetzungen des Vertrags von Maastricht") unter dem richtungsweisenden curricularen Rahmenthema „Nationale und internationale *wirtschaftliche* Handlungsfelder und Herausforderungen"[63] eingeordnet werden, besteht die Gefahr, dass die nachfolgende Generation den europäischen Integrationsprozess ausschließlich als ein überwiegend ökonomisches Projekt kennen lernt. Diese Befürchtung wird noch dadurch verstärkt, dass durch den künftigen Fächerverbund Erdkunde, Politik, Wirtschaft (EPW) für EPW-Lehrkräfte die Distanz zur Geschichte als Studienfach wie als Unterrichtsfach zwangsläufig vergrößert wird.

Die monierte einseitige wirtschaftliche Perspektive auf die Geschichte des europäischen Integrationsprozesses findet auch auf der Ebene der aktuellen Europapolitik eine Fortsetzung. So wird das Themenfeld „Sinn und Probleme der EU-Erweiterung" unter der Überschrift „Weltweite wirtschaftliche Verflechtungen und Globalisierung" präsentiert. Auch hier wird eine ökonomische Engführung eines epochalen historisch-politischen Entwicklungsschrittes riskiert. Warum hingegen der „Binnenmarkt", der ökonomische Kern der Europäischen Union, keine explizite curriculare Zielfunktion erhält, bleibt schleierhaft. Welche fatalen Auswirkungen derartige Lehrplandefizite über die curriculare Steuerungsfunktion für Lehrbücher, die Leitmedien des historisch-politischen Unterrichts, entfalten können, habe ich am Beispiel des Marshall-Plans bereits veranschaulicht.

2.4 Zusammenfassende Thesen

Obwohl in der Fachwissenschaft die Bedeutung der Anfangsphase der europäischen Integration im Allgemeinen und die wegweisende Rolle der USA im Besonderen hervorgehoben wird, erfährt dieser Themenbereich in den aktuellen Lehrplänen der Fächer Geschichte und Gemeinschaftskunde in Klasse 10 an baden-württembergischen Realschulen keine angemessene Berücksichtigung, was weitreichende Folgen für die inhaltliche Strukturierung von Lehrbüchern nach sich zieht.

Nach dem derzeitigen Stand der Lehrplanentwicklung für Realschulen in Baden-Württemberg (Bildungsreform 2004) wird der historisch-politische Aspekt des europäischen Einigungswerkes inhaltlich noch stärker reduziert, aus dem Unterrichtsfach Geschichte gänzlich ausgelagert und im neu geschaffenen Fächerverbund Erdkunde, Politik, Wirtschaft (EPW) einseitig unter einer überwiegend ökonomischen Perspek-

---

63 Hervorhebung A. H.

tive entfaltet. Damit verringert sich jedoch für die Schülerinnen und Schüler die Chance, die europäische Dimension ihres Daseins auch zureichend aus der historischen und politischen Perspektive zu begreifen. Es bleibt zu hoffen, dass der noch laufende Prozess der Bildungsplanreform 2004 für Anregungen und Korrekturen tatsächlich offen ist.

Eine Anregung und einen ersten Impuls zur Überprüfung des vorliegenden Konzepts bietet beispielsweise Kennans These: „There is no solution of the German problem in terms of Germany, there is only a solution in terms of Europe.‟[64]

Literaturverzeichnis

Berger, Helge/Rischl, Albrecht: Die Rekonstruktion der Arbeitsteilung in Europa. Eine neue Sicht des Marshallplans in Deutschland 1947-1951, in: Vierteljahreshefte für Zeitgeschichte 3 (1995), 473-519.

Bischof, Günter: Der Marshall-Plan in Europa 1947-1952, in: Aus Politik und Zeitgeschichte, B 22-23 (1997), 3-17.

Conze, Eckart: Hegemonie durch Integration? Die amerikanische Europapolitik und ihre Herausforderung durch de Gaulle, in: Vierteljahreshefte für Zeitgeschichte 2 (1995), 297-340.

Expedition Geschichte 4, Realschule Baden-Württemberg, Klasse 10, Frankfurt a.M. 2001.

Fisch, Jörg: Reparationen nach dem Zweiten Weltkrieg, München 1992.

Gimbel, John: The Origins of the Marshall Plan, Stanford 1976.

Haftendorn, Helga: Der gütige Hegemon und die unsichere Mittelmacht: deutsch-amerikanische Beziehungen im Wandel, in: Aus Politik und Zeitgeschichte, B 29-30 (1999), 3-11.

Hardach, Gerd: Der Marshall-Plan. Auslandshilfe und Wiederaufbau in Westdeutschland 1948-1952, München 1994.

Herbst, Ludolf: Das Deutschland-Problem und die Anfänge der europäischen Integration, in: Salewski, Michael (Hg.): Nationale Identität und Europäische Einigung, Göttingen, Zürich 1991, 32-46.

Herbst, Ludolf: Option für den Westen. Vom Marshallplan bis zum deutsch-französischen Vertrag, München 1989.

Hillgruber, Andreas: Europa in der Weltpolitik der Nachkriegszeit 1945-1966, München 1987.

Kennan, George F.: Memoiren eines Diplomaten. 1925-1950, Stuttgart 1968.

Kultus und Unterricht. Amtsblatt des Ministeriums für Kultus und Sport Baden-Württemberg: Bildungsplan für die Realschule, Lehrplanheft 3 (1994), 376 ff.

Link, Werner: Die Außenpolitik und die internationale Einordnung der Bundesrepublik Deutschland, in: Weidenfeld, Werner/Zimmermann, Hartmut (Hg.): Deutschland-Handbuch. Eine doppelte Bilanz 1949-1989, Bonn 1989, 571-588.

Mai, Gunther: Der Alliierte Kontrollrat in Deutschland 1945-1948. Alliierte Einheit – deutsche Teilung?, München 1995.

Matschke, Werner: Die industrielle Entwicklung in der sowjetischen Besatzungszone (SBZ) von 1945 bis 1948, Berlin 1988.

Monnet, Jean: Erinnerungen eines Europäers, München, Wien 1978.

Neuss, Beate: Geburtshelfer Europas? Die Rolle der Vereinigten Staaten im europäischen Integrationsprozeß 1945-1958, Baden-Baden 2000.

---

64 Kennan Paper, March 8, 1949, FRUS 1949, III, 87 f., zit. n.: Neuss 2000, 47.

Poidevin, Raymond: Die europapolitischen Initiativen Frankreichs des Jahres 1950 – aus einer Zwangslage geboren?, in: Herbst, Ludolf u.a. (Hg.): Vom Marshallplan zur EWG, München 1990, 257-262.

Presse- und Informationsamt der Bundesregierung: Europa in 1000 Stichworten. Von Agenda 2000 bis Zollunion, 4., neubearb. A., Bonn 1992.

Renner, Günter/Czada, Peter: Vom Binnenmarkt zur Europäischen Union. Arbeitsbuch für Schule und Erwachsenenbildung, Bühl 1992.

Ruhl, Klaus-Jörg (Hg.): Neubeginn und Restauration. Dokumente zur Vorgeschichte der Bundesrepublik Deutschland 1945-1949, München 1984.

Schröder, Hans-Jürgen: Marshallplan, amerikanische Deutschlandpolitik und europäische Integration 1947-1950, in: Aus Politik und Zeitgeschichte, B 18 (1987), 3-17.

Stürmer, Michael: Amerika – eine europäische Macht. Die Stuttgarter Rede des amerikanischen Staatssekretärs Byrnes vor fünfzig Jahren als Beginn, in: Neue Zürcher Zeitung Nr. 207 vom 6.9.1996.

Trittel, Günter J.: Die westlichen Besatzungsmächte und der Kampf gegen den Mangel 1945-1949, in: Aus Politik und Zeitgeschichte, B 22 (1986), 18-29.

Truman, Harry S.: Memoiren, Bd. II: Jahre der Bewährung und des Hoffens (1946-1953), Bern 1956.

von... bis. Geschichtsbuch für Realschulen in Baden-Württemberg, 10. Schuljahr: Von 1945 bis heute, Paderborn 1990.

Weber, Hermann: Kleine Geschichte der DDR, Köln 1980.

Weisenfeld, Ernst: Welches Deutschland soll es sein? Frankreich und die deutsche Einheit seit 1945, München 1986.

Susanne Popp

„Wenn sie manchmal wie Marmorstatuen aussehen, dann war genau das ihr Wunsch." (J. J. Ellis)

Imaginationen der Vergangenheit zwischen Illusion und Authentizität in Leutzes „Washington Crossing the Delaware"

> We shall not cease from exploration
> And the end of all our exploring
> Will be to arrive where we started
> And know the place for the first time.
>
> T. S. Eliot[1]

1 Einleitung

„Kein Ereignis der amerikanischen Geschichte, das zu seiner Zeit so unwahrscheinlich war, hat in der Rückschau so unvermeidlich ausgesehen wie die amerikanische Revolution"[2], konstatierte Joseph J. Ellis im Vorwort seines viel gerühmten Bandes „Founding Brothers. The Revolutionary Generation" (2000). Die Erfindung[3] eines nicht nur halbwegs akzeptablen, sondern historisch möglichst prestigeträchtigen „Ursprungs der (eigenen) Nation" zählt zu den üblichen geschichtskulturellen Praktiken des „nation building" und war häufig von dem Bestreben bestimmt, den Anfang vom Ende her zu verklären und jeden Anschein von Kontingenz aus dem Tableau der erinnerungswürdigen historischen Entwicklung zu tilgen. Nicht wenige solcher teleologisch konzipierten Konstrukte konnten im Bereich der Nationalhistorie relativ unbeschadet das längst entschwundene Zeitalter der Geschichtsphilosophie überdauern und erfreuen sich hier und da noch heute erstaunlicher Vitalität. Hierzu trugen und tragen nicht zuletzt manche Historienbilder bei, die erwünschte Imaginationen des „nation building" *visuell* und damit affektiv besonders wirksam in der nationalen Memoria und ihren Identitätskonzepten verankern konnten.

„The myth of the birth of a nation provides the structure through which Americans understand their history"[4], resümierte Oliver Robertson seine Studien zur geschichtskulturellen Präsenz des 4. Juli 1776 in der amerikanischen Öffentlichkeit. Eine ebenso einflussreiche Imagination der „Geburt" oder des „Ursprungs der amerikanischen Nation" ist mit der populären „Ikone" des amerikanischen Patriotismus, dem monumen-

---

1 Für Hartmut Wasser in Freundschaft und Dankbarkeit.
2 Ellis 2002, 13.
3 Zum Thema der „Erfindung" der Nation vgl. besonders Anderson 1998.
4 Robertson 1980, 54; Gaehtgens 1988, 31-35.

talen Historienbild „Washington Crossing the Delaware" (1850/51) von Emanuel Gottlieb Leutze (1816-1868), gegeben.[5] Die dramatische Darstellung jener heroischen Flussüberquerung zählt in der an Historienimagination und Heldenverehrung keineswegs armen amerikanischen Geschichtskultur zu den meistreproduzierten Gemälden. Es ist nach wie vor fest im nationalen Bildgedächtnis verankert, auch wenn die Anziehungskraft der Washington-Ikonographie gegenwärtig etwas nachzulassen scheint.[6] Bis in die 80er Jahre des 20. Jahrhunderts fand man das Bild in jedem amerikanischen Schulgeschichtsbuch und Klassenzimmer; es wurde Teil der bleibenden Schulerinnerungen der amerikanischen Bevölkerung und formte auf diese Weise deren Bild von der eigenen Nation.[7]

Weniger bekannt hingegen ist in den USA wie in Deutschland, dass diese nationale „Ikone" in den Jahren 1850/51 im Anschluss an das Scheitern der deutschen Revolution von 1848/49 in einem Düsseldorfer Atelier entstanden ist. Das Gemälde reflektiert somit nicht allein die zugespitzten Herausforderungen nationaler Integration in den Vereinigten Staaten in der krisenhaften Situation zu Beginn der 50er Jahre, als mit der Vollendung der Westexpansion der Streit um die Sklaverei den nationalen Zusammenhalt ernstlich zu gefährden begann. Vielmehr spiegelt das Werk auch die *deutsche* Geschichtserfahrung eines deutsch-amerikanischen Malers wider, der in Deutschland auf den Sieg der nationalliberalen Revolution gehofft hatte, damit ihm sein Herkunftsland endlich zur Heimat werden könne.

Die folgenden Ausführungen befassen sich zunächst vor dem deutsch-amerikanischen Hintergrund von Leutzes „Washington Crossing the Delaware" mit ausgewählten geschichts- und politikdidaktischen Aspekten (2), die das Bild für die historisch-politische Bildung empfehlen, ordnen das Werk sodann in den Kontext der Entstehung der amerikanischen Nationalikonographie ein (3) und erläutern einige, wie es scheint, zen-

---

5 Zur Geschichte der verschiedenen Bildfassungen vgl. z.B. Groseclose 1975b. – Die erste Fassung des Bildes (348 x 616 cm, Öl/Lw) entstand 1850, wurde aber vor der Fertigstellung bei einem Atelierbrand stark beschädigt. Eine Versicherung beglich den Schaden und kam somit in den Besitz des Bildes. Wider Erwarten konnte Leutze das Bild restaurieren und zeigte es 1851 mit großem Erfolg in deutschen Städten. 1852 wurde es auf der Berliner Kunstausstellung mit einer Goldmedaille ausgezeichnet und elf Jahre später von der Bremer Kunsthalle angekauft. – In den Jahren 1850/51 erstellte Leutze im Auftrag eines französischen Kunsthändlers eine zweite Fassung für den amerikanischen Markt (379 x 648 cm, Öl/Lw), die sich seit 1897 im Besitz des Metropolitan Museum of Art in New York befindet und gegenwärtig als Dauerleihgabe im Museum des Washington Crossing State Park am Originalschauplatz des dargestellten Geschehens gezeigt wird. – Massenhafte Verbreitung fand das Bild in den Vereinigten Staaten seit 1853 durch einen Kupferstich von Girardet nach einer eigens für diesen Zweck gefertigten Vorlage von Leutze (142 x 211 cm, Öl/Lw, 3. Fassung). Vgl. auch die Abbildung einer kleinformatigen unvollendeten Replik (62,2 x 111,7 cm, Öl/Lw; 1850 (?), Privatbesitz) in Gaehtgens 1988, T 89 [o. S.]. – Zu Werkverzeichnissen des Leutze-Oeuvre vgl. Groseclose 1973, Bott 1996 sowie speziell zu dem in Europa geschaffenen Oeuvre Gaehtgens 1992, 147-184.
  Zu Leutzes Biographie und zu diesem Gemälde vgl. auch Bott 1996, 138-151, Groseclose 1975a, 1975b, Groseclose/Baumgärtel 1998, Howat 1967/68, Popp 2002, Stehle 1964, Wierich 2001.

6 Persönliche Mitteilung von Hartmut Wasser.

7 Vgl. Groseclose 1975b, 70.

trale Botschaften dieser ikonischen Äußerung (4), bevor sie zuletzt spezielle Aspekte des Verhältnisses von Historienimagination und historischer Authentizität in dieser Darstellung beleuchten.

2 Vice versa[8]: deutsch-amerikanische Bezüge und geschichtsdidaktische Aspekte

Als Kind von neun Jahren war Emanuel Gottlieb Leutze mit seinen Eltern von Schwäbisch Gmünd nach Pennsylvania ausgewandert, wobei neben wirtschaftlichen auch politische Gründe maßgeblich waren. Denn das „Abschieds-Gedicht", das ein Gmünder Freund dem Vater des Künstlers im Jahre 1825 zueignete, begann mit folgender Strophe:

> „Zieh' hin ins Land der Freiheit;
> denn dort wehet
>   Des Glükes strahlendes Panier!
> In Philadelphia,[9] mein Freund! da gehet
>   Das Recht auf Stelzen nicht, wie hier.–
> Dort gilt das Bürgerwohl – die gute Sache –
> Die freie Red' – man nimmt nicht an ihr Rache. [...]"[10]

In der „Neuen Welt" entwickelte sich der junge Mann rasch zu einem talentierten Maler, der mit Unterstützung eines Mäzens im Jahre 1841 nach Deutschland zurückkehren konnte, um an der Düsseldorfer Kunstakademie Historienmalerei zu studieren. In dieser Stadt sollte er auch die revolutionären Ereignisse von 1848/49 erleben, wobei er auf die Niederlage jener politischen Kräfte hoffte, deren Restauration seine Eltern aus ihrer schwäbischen Heimat fortgetrieben hatte. Die persönliche politische Enttäuschung und ein daraus resultierendes historisches Orientierungsbedürfnis, gewiss aber auch der neuerliche Strom von diesmal fast einer Viertel Million deutscher Emigranten, die sich zu Beginn der 50er Jahre nach Amerika aufmachten,[11] bilden einen wichtigen Hintergrund für dieses Werk.

Eine weitere Verbindung zur deutschen Geschichte zeigt sich darin, dass die erste Bildfassung von 1863 an im „Washington-Saal" der Bremer Kunsthalle ausgestellt war, bis sie im Kriegsjahr 1942 einem alliierten Bombenangriff zum Opfer fiel. Entsprach die Bremer Zuordnung des Werkes zur Washington-Ikonographie einem Bildverständnis, das bis heute vorherrschend geblieben ist, gilt doch zugleich, dass „Washington Crossing the Delaware" ebenso einen Platz im deutschen Bildgedächtnis der Revolution von 1848/49 wie auch im Kontext der Geschichte deutscher Auswande-

---

8   Vgl. den Titel von Bott/Bott 1996.

9   Mit Bezug auf die „Declaration of Independence"; S. P.

10   Nach d. Original, abgedr. in Almanach 1984, 42.

11   Vgl. Wierich 2001, Anm. 4.

rung und deutsch-amerikanischer Austauschbeziehungen im 19. Jahrhundert[12] beanspruchen kann.

Was den deutschen Geschichtsunterricht und die historisch-politische Bildung in diesem Lande betrifft, muss man aber keineswegs auf die deutschen Verbindungen von Maler und Werk rekurrieren, um jener „Ikone" des amerikanischen Patriotismus einen Platz im Curriculum einzuräumen: Die Relevanz des Bildes für die Geschichtskultur und das historisch-nationale Selbstverständnis der gegenwärtig dominanten „Welt-" und „Supermacht" ist angesichts der Bedeutung der deutsch-amerikanischen Beziehungen für die deutsche Geschichte nach 1945 ein hinreichender Grund. Überdies darf die Kenntnis von herausragenden Historienbildern anderer Nationen und Geschichtskulturen zum Kernprofil jener interkulturellen Kompetenzen gerechnet werden, die gerade im Politik- und Geschichtsunterricht vermittelt werden können, zumal der Blick auf die „Nationalikonen" der „Anderen" das Bewusstsein von den Besonderheiten des je *eigenen* „nation building" und seiner geschichtskulturellen Manifestationen fördert. So sind auch 14-Jährige durchaus in der Lage, adäquate historisch-politische Assoziationen zu entwickeln, wenn man ihnen beispielsweise Jacques-Louis Davids „Ballhausschwur", Emanuel G. Leutzes „Washington Crossing the Delaware" und Anton von Werners „Kaiserproklamation in Versailles"[13] als unterschiedliche Varianten der nationalen Erinnerung an die Entstehung der eigenen Nation zum Vergleich darbietet.

Fachdidaktisches Interesse verdient das „Delaware"-Bild nicht zuletzt auch wegen der Darstellung eines afroamerikanischen Kriegsteilnehmers im „Boot der Nation". Die Beteiligung der „black patriots" am amerikanischen Unabhängigkeitskrieg wird im deutschen Geschichtsunterricht sehr oft „vergessen", obgleich dieser Aspekt ein außerordentlich wichtiges und problematisches Thema der Gründung und Geschichte der Vereinigten Staaten repräsentiert, dessen Auswirkungen bis in die Gegenwart hereinreichen.[14]

Schließlich spiegelt das Bild die speziellen Migrationserfahrungen des Künstlers. Mit Rücksicht auf die zahlenmäßig keineswegs kleine Gruppe von Schülern und Schüle-

---

12 Vgl. hierzu Bott 1996 und besonders den Katalog zur Ausstellung „Vice Versa" (Bott/Bott 1996).

13 Zur „Kaiserproklamation" vgl. z.B. Popp 2000.

14 Zur afroamerikanischen Figur des Prince Whipple vgl. unten den 3. Abschnitt. – Afroamerikaner waren übrigens auf beiden Seiten der Krieg führenden Parteien beteiligt. Nach der ersten amerikanischen Volkszählung, die im Jahre 1790 im Auftrag des Kongresses durchgeführt wurde, gab es in der jungen Republik fast 700.000 afroamerikanische Einwohner (ca. 20 % der Gesamtbevölkerung), die zu 90 % versklavt waren. Vgl. hierzu Ellis 2002, 24 und 143 sowie das 3. Kapitel: „Das Schweigen". Die Vernachlässigung der afroamerikanischen Kriegsteilnehmer auf republikanischer Seite ist auch in den Vereinigten Staaten nicht unbekannt. So wurde beispielsweise erstmals im Jahre 1998 eine Münze der Edition der „1-Dollar-Sonderprägung" dem Thema „Schwarze Patrioten im Unabhängigkeitskrieg" (Nr. 38/179) gewidmet.
Die politische Brisanz von Leutzes Entscheidung, einen Afroamerikaner in das „Boot der Patrioten" zu setzen, erschließt sich indirekt aus der gegen Ende des 19. Jahrhunderts massenhaft verbreiteten Kunstdruck-Fassung von Currier & Ives, die die Figur des „black patriot" getilgt hatte. Vgl. die Abb. in <http://www.seacoastnh.com/blackhistory/crossingcilg.html> (zuletzt geprüft am 02.07.2003).

rinnen mit einem familiären Migrationshintergrund verdient auch dieser Aspekt fachdidaktische Aufmerksamkeit. Obgleich es selbstverständlich sehr unterschiedliche Formen von Migrationsschicksalen und biographischen Verarbeitungsmodi gab und gibt, so ist doch die Variante, die Leutze für sich gewählt hat, von exemplarischem Interesse. Er entwickelte ein Verständnis der *amerikanischen* Geschichte, das die mehr oder minder unfreiwillig erfolgte familiäre Emigration aus der „Alten Welt" als genuin „amerikanisches" Merkmal erscheinen ließ; damit konnte der Künstler den Verlust der angestammten Heimat als ein *Ankommen* in der eigentlichen *Heimat* freiheitsliebender Bürger interpretieren. Leutze war ein Verfassungspatriot. Wenn er einem Gmünder Freund in einem Brief schrieb, dass er „[...] immer [...] zum deutschen Vaterland oder zum deutschen Geist, wie wir [die Liberalen; S. P.] darüber denken, die Treue bewahren"[15] werde, verneinte er eine nationale Bindung, die sich allein auf kulturelle oder ethnische Zugehörigkeit gründet, und stellte ihr die Loyalität eines *Bürgers* entgegen, die normativ begründet und auf die politische und soziale Qualität des jeweiligen Gemeinwesens bezogen ist. Vielleicht kann dieses biographisch leicht nachvollziehbare Beispiel die Lernenden bei der für sie erfahrungsgemäß recht schwierigen, im Hinblick auf multiethnische Lebenszusammenhänge aber notwendigen Aufgabe unterstützen, die Konzepte des Verfassungspatriotismus und der Verfassungsnation angemessen zu verstehen und zu beurteilen.

Aus geschichtsdidaktischer Perspektive aber wird jegliche Auseinandersetzung mit Historienbildern von der Zielvorstellung begleitet sein, die Schülerinnen und Schüler mit dieser wichtigen und wertvollen Quellengattung vertraut zu machen. Die Lernenden sollen – auch im Interesse einer Förderung ihrer kritischen Medienkompetenzen – zum einen verstehen lernen, dass sie dort, wo sie scheinbar ein offenes „Fenster zur Vergangenheit" vorfinden, nicht auf die Ebene der „res gestae", sondern auf eine „historia rerum gestarum" und damit auf eine Geschichts*deutung* aus der Vergangenheit stoßen.[16] Zum anderen aber sollen sie begreifen, dass „Vorstellungen von der Geschichte" ebenso wirksame Faktoren der historischen Entwicklung sein können wie die „res gestae" (im üblichen Sinne) selbst: Für die Geschichte einer Nation sind mitunter die Vorstellungen, die sich die Bevölkerung von der eigenen nationalen Historie macht, nicht minder relevant als z.B. konkrete innen-, außen- oder verfassungspolitische Entscheidungen.

---

15 Zit. n. Groseclose 1975b, 73.
16 Vgl. zum Thema „(Historien-)Bilder als Quellen für den Geschichtsunterricht" z.B. Bergmann 1999, Buntz/Popp 1995, Erdmann 2002a, 2002b, Geschichtsbilder 2001, Petersen 1985, Popp 2000, 2002, Praxis Geschichte 2002, Sauer 2000, Würfel 1992.

50

3 Der Kontext: die Entstehung der amerikanischen National-ikonographie

In der Sammlung „Ça ira" veröffentlichte Ferdinand Freiligrath (1810-1876) im Jahre 1846 das Gedicht „Vor der Fahrt", dessen sechs Strophen nach der Marseillaise gesungen werden sollten. Die erste, dritte und fünfte Strophe lauten:

„Jenseits der grauen Wasserwüste
Wie liegt die Zukunft winkend da!
Eine grüne lachende Küste,
Ein geahndet Amerika!
Ein geahndet Amerika!
Und ob auch hoch die Wasser springen, –
Ob auch Sandbank uns droht und Riff:
Ein erprobt und verwegen Schiff
Wird die Mutigen hinüberbringen!

[Refrain] Frisch auf denn, springt hinein! Frisch auf, das Deck bemannt!
Stoßt ab! Stoßt ab! Kühn durch den Sturm! Sucht Land und findet Land! [...]

So fährt es aus zu seinen Reisen,
So trägt es Männer in den Streit. –
Mit den Helden haben die Weisen
Seine dunkeln Borde geweiht!
Seine dunkeln Borde geweiht!
Ha, wie Kosciuszko dreist es führte!
Ha, wie Washington es gelenkt!
Lafayettes und Franklins denkt,
Und wer sonst seine Flammen schürte! [Refrain] [...]

O stolzer Tag, wenn solche Siege
das Schiff des Volkes sich erstritt!
Wenn, zu Boden segelnd die Lüge,
Zum ersehnten Gestade es glitt!
Zum ersehnten Gestade es glitt!
Zum grünen Strand der neuen Erde,
Wo die Freiheit herrscht und das Recht,
Wo kein Armer stöhnt und kein Knecht,
Wo sich selber Hirt ist die Herde. [Refrain] [...]."[17]

Das Gedicht ist einer der zahlreichen Belege dafür, dass Themen der amerikanischen Geschichte, wie z.B. die Unabhängigkeitserklärung oder eine verklärte Figur des Helden Washington, der hier am Steuer des Schiffes „Revolution des Volkes" erscheint, im ideologischen Kontext der deutschen Revolution von 1848/49 lebhaft präsent waren und mit der französischen Revolutionstradition verbunden wurden. Denn der Text folgt im Vers- und Strophenbau der bekannten „Hymne" der Französischen Revolution, die Claude-Joseph Rouget de Lisle im Jahre 1792 in Strasbourg komponiert hat.

Von besonderer Bedeutung aber ist das Poem in unserem Zusammenhang, weil namhafte Leutze-Experten darin die entscheidende Anregung für Leutzes „Delaware"-Bild

17 Freiligrath, Bd. 4 [1905], 119 ff.

vermuten.[18] Der Maler und der Dichter waren im Jahre 1848 in Düsseldorf miteinander bekannt geworden, wo auch Leutze sich in seinem persönlichen Rahmen für die Ziele der Revolution engagierte, indem er im Anschluss an das Düsseldorfer „Einheitsfest" (6. August 1848)[19] den Künstlerverein „Malkasten" gründete, der die liberalen Ideen von Einheit und Freiheit im Modell der Selbstorganisation von Kunstschaffenden realisieren sollte.[20] Auch setzte Leutze 1850 als Vorstandsvorsitzender des „Malkasten" gegen heftigen Widerstand konservativer Vereinsmitglieder die Aufnahme von Freiligrath durch[21] – und der Dichter wiederum zog sich aus eigenem Antrieb aus dem Verein zurück, als der Streit um seine Person den Bestand der Organisation zu gefährden drohte, die sein Freund ins Leben gerufen hatte.

Emanuel G. Leutze war in den Jahren 1848/49 längst als erfolgreicher „unabhängiger", d.h. außerhalb des akademischen Kunstbetriebes tätiger Maler im Düsseldorfer Kreis „freier Künstlergemeinschaften" etabliert. Nur wenige Monate nach seiner Aufnahme in eine Historien-Klasse im Jahre 1841 hatte er die von Wilhelm von Schadow (1788-1862) geleitete Akademie wieder verlassen, deren künstlerisches und politisches Klima er als sehr beengend empfand, und gemeinsam mit anderen Künstlern ein eigenes Atelier gemietet.

Wie andere amerikanische Maler-Kollegen auch[22] war Leutze an diese deutsche Ausbildungsstätte herangetreten, weil sie wegen ihres Leiters und im Zusammenhang mit der „Düsseldorfer Malerschule" einen ausgezeichneten internationalen Ruf genoss.[23] Auch pflegte man in diesem Haus einen Historien-Stil, der sich bestens für den Kunstmarkt und die öffentliche Auftragsvergabe in den Vereinigten Staaten zu eignen schien, wo man nicht an formalen Experimenten interessiert war, sondern auf jene Detailgenauigkeit, handwerkliche Perfektion, formale Raffinesse, technische Akkuratesse und effektsichere, dramatisch-pathetische Komposition größten Wert legte, wie sie für die Düsseldorfer Akademie-Malerei typisch waren.

Viele der jungen amerikanischen Maler, die in der Mitte des 19. Jahrhunderts ein Kunststudium in Europa aufnahmen, partizipierten an jenem Prozess der „Selbstentdeckung der Nation durch die Künste"[24], der in den Vereinigten Staaten gezielt durch öffentliche Aufträge, wie etwa für die Ausstattung neu entstehender Repräsentativbauten

---

18 Vgl. Groseclose 1975a und 1975b, 76.

19 Die liberale Mehrheit der Frankfurter Nationalversammlung hatte für den 6. August 1848 anlässlich der Übertragung der obersten militärischen Befehlsgewalt an den Reichsverweser Erzherzog Johann von Österreich nationale Feierlichkeiten an den Standorten ihrer Heeresmacht angeordnet.

20 Vgl. zum „Einheitsfest", zum Künstler-Verein „Malkasten" und zur Rolle Leutzes z.B. Schroyen 1997 und besonders Hütt 1995, 71-99.

21 Vgl. Hütt 1995, 95-100.

22 An der Akademie studierte z.B. auch der Maler Albert Bierstadt (1830-1868), der aus Solingen stammte und wie Leutze in jungen Jahren emigriert war.

23 Vgl. zur Düsseldorfer Malerschule z.B. Gaehtgens 1988, zu amerikanischen Malerkolonien in Düsseldorf Andree/Rickel-Immel 1976 und Hütt 1995, 140 ff.

24 Neumeyer 1974, 10. – Zum Zusammenhang von Nationalbewusstsein und amerikanischer Kunst vgl. auch Adams 1988 und Christadler 1988.

52

(z.B. das Kapitol), gefördert wurde.[25] Das Ziel war die Entwicklung einer genuin
amerikanischen Nationalikonographie: Sie sollte die „Geschichtslosigkeit" der jungen
Nation überwinden und mit emotional wirksamen „Leitbildern" des „patriotischen
Amerikaners" zur nationalen Integration beitragen. Bot diese historische Situation jungen ambitionierten Malern auch gute Karrierechancen, so fanden sie doch in ihrem
Heimatland weder stilbildende Malerschulen noch geeignete Ausbildungsstätten. Daher reisten sie nach Europa, um dort das erforderliche künstlerische Rüstzeug und
nicht zuletzt auch das Prestige eines akademisch ausgebildeten Historienmalers zu er-
werben, mit dem sie glaubten, in ihrer Heimat besser reüssieren zu können.

Nicht anders verhielt es sich mit dem Deutsch-Amerikaner Leutze, der in Düsseldorf
(1841-1858) konsequent an der Entwicklung einer genuin *amerikanischen* Historienmalerei arbeitete.[26] Er nahm zwar die formal-technischen und stilistisch-kompositori-
schen Anregungen der Düsseldorfer Historienmalerei auf, ignorierte aber deren Themen: Weder religiös-biblische Geschichten noch fromme Allegorien, weder eine Ver-
herrlichung des universal-christlichen Mittelalter-Reiches und der Hohenstaufen noch
eine mythische Germanen-Welt fanden in sein Werk Eingang. Vielmehr gestaltete er
Sujets der europäischen Geschichte im Bedeutungsfeld eines „Kampfes um politische
und religiöse Freiheit" (z.B. Spanische Inquisition und Reconquista, Reformation und
Revolution in England)[27] und reklamierte sie zugleich als *amerikanische* Historien.

In einem Text für das „Bulletin" der American Art-Union skizzierte der Maler sein
amerikanisches Historienprogramm am Beispiel eines Besuches in der Schwäbischen
Alb seiner Kindheit:

„There the romantic ruins of what were once free cities, with their grey walls and frowning tow-
ers, in which a few hardy, persevering burghers bade defiance to their noble oppressors, whose
territories often extended to the walls and surrounded their towns, led me to think how glorious
had been the course of the institutions of our own country.[28] Nearly crushed and totally driven
from the old world, it could not be vanquished, and found a new world for its home. This course
represented itself in pictures to my mind, forming a long cycle, from the first dawning of free institutions in the middle ages, to the reformation and revolution in England, the causes of emigration, including the discovery and settlement of America, the early protestation against tyranny, to
the Revolution and the Declaration of Independence."[29]

---

25 Zur Ausstattung von öffentlichen Gebäuden mit Historienmalerei vgl. z.B. Christadler 1988, 37 ff.
   – John Trumbull (1756-1843) z.B. stattete 1826 die Rotunde des Kapitols mit vier monumentalen
   Historien aus.

26 Zur Programmatik des Historien-Oeuvre vgl. Groseclose 1973, Groseclose, 1975b, 70.

27 Die französische Geschichte – sowohl des Absolutismus wie der Revolution – hat hingegen keinen Platz in Leutzes Oeuvre gefunden; vgl. hierzu die Werkverzeichnisse in Groseclose 1973,
   Bott 1996, Gaehtgens 1992.

28 Gemeint sind die Vereinigten Staaten.

29 Leutze 1851, 95. – Ein nahezu gleich lautender Text gleichen Inhalts war bereits 1847 als Bericht
   in der 3. Ps. Sg. veröffentlicht worden (vgl. Tuckerman 1847, 177), was die programmatische Bedeutung der Äußerung unterstreichen könnte. – Es ist nicht auszuschließen, dass Leutze – angesichts seiner deutschen Abstammung und seines langjährigen Aufenthaltes in Deutschland – mit
   einem solchen Statement seine amerikanischen Förderer wie auch die Magnaten des übersee-
   schen Kunstbetriebes seiner ungebrochenen amerikanischen Gesinnung versichern wollte, um

Diese Ausführungen setzen zunächst den Begriff „Amerika" mit einer Geschichte der Emigration der politischen und religiösen „Freiheit" aus der „Alten" in die „Neue Welt" gleich und erklären somit die zeitgenössischen Emigranten zu „animae naturaliter americanae", genuinen „Amerikanern". Zugleich werden mit dieser Lesart traditionelle europäische Geschichtsthemen als „amerikanische" (Vor-)Geschichte ausgewiesen, wodurch die neu zu schaffende National-Ikonographie die angestrebte historische Tiefenschärfe erhält. Schließlich aber schreibt diese Geschichtsversion der amerikanischen Nation eine universalhistorische Führungsrolle zu: Da nach Leutzes Auffassung die historische Progression der Freiheit das teleologische Ziel der Weltgeschichte bildet, steht jene Nation, die zuerst die „Freiheit" verwirklicht hat, nicht nur an der Spitze des menschheitsgeschichtlichen Fortschrittsprozesses, sondern bildet aufgrund ihrer Existenz auch eine für alle Welt sichtbare Garantie, dass die Progression der Freiheit nicht nur eine philosophische Spekulation darstellt: „Amerika" ist mit dem Sieg im Unabhängigkeitskrieg der Hoffnungsträger aller Völker auf ihrem Weg zur Freiheit geworden.[30]

Leutzes Re-Interpretation europäischer Historien als „amerikanische" zeigt sich exemplarisch bei der Behandlung des Kolumbus-Themas.[31] Der Genuese, der in den Verei-

---

potenziellen Nachteilen bei der Vergabe öffentlicher Aufträge entgegenzuwirken. Zu Leutzes Schwierigkeiten mit der Etikettierung als „deutscher Maler" in den Vereinigten Staaten vgl. Stehle 1964, 288; zum zeitgenössischen amerikanischen Kunstbetrieb vgl. z.B. Frohne 1988, zu Leutzes Rücksichten auf angenommene amerikanische Erwartungen vgl. Bott 1996, Gaehtgens 1992, 174 oder Howat 1967/68, 291 ff. Bei Howat werden Augenzeugenberichte wiedergegeben, aus denen hervorgeht, dass Leutze bei der Auswahl der Modelle für das „Delaware"-Bildes sorgfältig auf „typisch amerikanische" Körpergestalten und Gesichter achtete – was aber nicht verhindern konnte, dass man in Übersee „unAmerican visages" im Bild kritisierte (vgl. Wierich 2001, Anm. 4).

30 Es steht zu vermuten, dass Leutze sich in Düsseldorf intensiv mit der Hegelschen Geschichtsphilosophie beschäftigte (vgl. Wierich 2001) und statt des „Weltgeistes" das Prinzip der „Freiheit" als „Sinn" der Geschichte einsetzte, was Hegel vermutlich nicht sehr sympathisch gewesen wäre, hätte er davon noch Kenntnis erhalten. – Unter den amerikanischen Historikern, deren Werke Leutze für seine künstlerische Arbeit studierte, befanden sich mit George Bancroft und William H. Prescott Vertreter einer idealistischen „universal history", die – in Opposition zu zeitgenössischen puritanisch-religiösen Geschichtsauffassungen – auch dem *profanen* Geschichtsprozess eine teleologische Richtung und einen immanenten Sinnzusammenhang zuschrieben, der sich – selbstredend – in der Geschichte der Vereinigten Staaten offenbaren und erfüllen sollte (vgl. z.B. Prescott 1843, Bancroft 1854).

31 Leutze malte mindestens sechs Kolumbus-Bilder. Bekannt wurden vor allem „Columbus Before the Council at Salamanca" (1841, Verbleib unbekannt), „Columbus Returning in Chains to Cadiz" (1842, Collection Frances K. Talbot, Philadelphia), „Columbus Before Queen Isabella and King Ferdinand" bzw. „King Ferdinand Removing the Chains from Columbus" (1843, Mann Galleries), „Columbus at the Gate of the Monastery of La Rabida" (1844; Verbleib unbekannt), „The Departure of Columbus from Palos in 1492" (1853/1855; vermutlich im Besitz eines unbekannten Sammlers), „First Landing of Columbus in America" (1863; Verbleib unbekannt). – Zur Etablierung von Kolumbus als nationaler Identitätsfigur vgl. Gaehtgens/Ickstadt 1992, 11-26. – Bezüglich der historischen Studien Leutzes ist beim Kolumbus-Thema auf Irving (1828) zu verweisen.

nigten Staaten zeitgleich mit George Washington[32] zu einer nationalen Identifikations-
und Integrationsfigur stilisiert wurde, erscheint bei Leutze weniger als Exponent herausragender *europäischer* Entdeckungsleistungen denn als „großes Individuum", das
wiederholt mit der Unfreiheit und Beschränktheit der „Alten Welt" in Konflikt geraten
ist. Das Leutze-Opus präsentierte Kolumbus tendenziell als „Proto-Amerikaner".

„Washington Crossing the Delaware" dagegen ist an der „Zeitenwende" von Leutzes
amerikanischer Geschichtsversion situiert: Kurz vor dem Sieg bei Trenton stand die
universale Idee der Freiheit davor, in die historische Realität einzutreten. Doch das
„Ende der Geschichte" war damit keineswegs erreicht; vielmehr feierte das berühmte
Kapitolfresko „Westward the Course of Empire Takes Its Way"[33] (oder: „Westward
Ho!"; 1861/62) die Besiedlung des amerikanischen Westens als Erfüllung des „Manifest Destiny"-Konzepts: Ein anderes „auserwähltes Volk" hielt Einzug in ein „Gelobtes Land". Anschließend setzte sich die Progression der Freiheit im Inneren fort: In
seinem letzten Kapitolfresko behandelte Leutze fünf Jahre nach der „Emancipation
Proclamation" (1863) das Thema der Abschaffung der Sklaverei. Doch wegen des
plötzlichen Todes des Malers blieb das Werk unvollendet.

Insgesamt zeigen Leutzes Historien-Opus und besonders das „Delaware"-Gemälde geradezu mustergültig die Grundmuster der neu entstehenden amerikanischen Nationalikonographie, für die „[k]lassischer Republikanismus, christliche Ethik, protestantische Heilserwartung, Naturrechts- und Vertragstheorie des Liberalismus und Nationalismus [...]"[34] den ideologischen Rahmen bildeten, wobei die Emigrationserfahrungen
des Malers besondere Akzente setzten.

4   Das Bild: die nationale Botschaft

Generationen von Amerikanerinnen und Amerikanern begegneten und begegnen in
dem Historienbild „Washington Crossing the Delaware" einer ebenso einfachen wie
anschaulichen, attraktiven und affirmativen Botschaft: Ein „guter Amerikaner" fasst
den „Willen zur Nation" (Meinecke)[35], der die dargestellten Patrioten durchdringt, als
persönliches Vorbild und fortdauernde Verpflichtung gegenüber der Nation auf: Wann
immer diese mit *res adversae* zu kämpfen hat – jeder sitzt im Boot, jeder wird gebraucht. Wie die dargestellten Patrioten sollen auch ihre Nachfahren in scheinbar hoff-
nungslosen Situationen auf die historische Mission der amerikanischen Nation ver-

---

32 Vgl. auch die Hauptstadt *Washington* im District of *Columbia*. Zur Washington-Mythologie vgl.
z.B. Brookhiser 1996.

33 Der Titel des Freskos (ca. 610 x 915 cm) ist der letzten Strophe des Gedichtes „On the Prospect of
Planting Arts and Learning in America" (1726) von George Berkeley (1685-1753) entnommen.
Für diesen ersten öffentlichen Auftrag war der Künstler mit seiner Familie in die Vereinigten
Staaten zurückgekehrt. – Zur Ikonographie der amerikanischen Westexpansion vgl. Ickstadt 1988,
80-86 sowie Truettner 1991 (Ausstellungskatalog). Vgl. auch Wasser [2004].

34 Christadler 1988, 36.

35 Vgl. Meinecke 1915, 5 (mit Bezug auf die Gründung der amerikanischen Nation).

trauen und gegebenenfalls das eigene Leben entschlossen, mutig und solidarisch über die Grenzen von Klassen und „Rassen" hinweg für das Wohl der Republik einsetzen. Vergleicht man den „Willen zur Nation", der die Figuren in diesem Bild zu beflügeln scheint, das rund ein Dreivierteljahrhundert nach dem dargestellten Ereignis entstanden ist, mit dem historischen Verlauf der amerikanischen Geschichte zwischen der Erklärung der Unabhängigkeit und der Gründung des amerikanischen Bundesstaates, erweist sich Leutzes Deutung als „wishful thinking", das den Anfang vom Ende her „verzaubert". Bekanntlich war die Gründung des Bundesstaates eine Folge des siegreich beendeten Unabhängigkeitskrieges und keineswegs dessen ursprünglicher Antrieb oder erklärtes Ziel.[36] Ellis weist darauf hin, dass „[...] allein der Begriff ‚Amerikanische Revolution' [...] ein völlig fiktives Gefühl von nationalem Zusammenhalt [suggeriert; S. P.], das zum damaligen Zeitpunkt nicht vorhanden war [...]".[37]

Des Weiteren fixiert die Delaware-Variante der „Geburt der Nation" dieses Ereignis auf einen Zeitpunkt *vor* dem Beginn der französischen Militärhilfe für die Neuengland-Regimenter, die man überdies einem absolutistisch regierenden Monarchen zu verdanken hatte. Die Wahl jenes frühen „Geburtsdatums" besitzt den identitätspolitischen Vorteil für die nationale Memoria, dass der amerikanische Sieg über die britische Kolonialmacht ausschließlich als eigenständige Leistung erinnert werden kann. Vielleicht spielte diese Tradition auch im Vorfeld des jüngst vergangenen Angriffskrieges der USA gegen den Irak eine Rolle, als die USA Frankreich vorwarfen, es verfehle mit seiner „kriegsmüden" Haltung die Pflicht der historischen Dankbarkeit bezüglich seiner Befreiung im Jahre 1944. Darauf konnte die französische Seite – unverkennbar ironisch – mit dem Hinweis auf die Unterstützung antworten, die französische Kontingente der „Continental Army" vom Jahre 1778 an geleistet hätten.

Das monumentale Gemälde, das die Figuren im Vordergrund annähernd lebensgroß darstellt, bezieht sich auf die Überquerung des Flusses Delaware in der Weihnachtsnacht vom 25. zum 26. Dezember 1776 durch das John Glover's Regiment of Marblehead Sailors.[38] George Washington (1732-1799), der Oberbefehlshaber der Truppen der 13 Festland- oder Neuengland-Kolonien, führte es selbst an. Mit einer guerillaähnlichen Taktik ließ der bislang militärisch erfolglose General[39] rund 2500 Soldaten mit Pferden und schwerem Kriegsgerät in tiefer Nacht bei eisigem Sturm auf einer nur Einheimischen bekannten Fährroute nordwärts über den Delaware an das Ufer von

---

36 Zur Geschichte der amerikanischen Revolution vgl. besonders Ellis 2002, aber z.B. auch Howard 2001. Es bestand größte Gefahr, „[...] dass sich die frühe amerikanische Republik in eine reine Sammlung selbstständiger Einzelstaaten oder Regionen auflösen und wie alle Republiken vor ihr weit vor der Erreichung des Gelobten Landes den Geist aufgeben würde" (Ellis 2002, 19 f.).

37 Ellis 2002, 17. – Vgl. zur Darstellung der Gründungsgeschichte der USA in US-amerikanischen Schulgeschichtsbüchern Kotte 1997, 1998.

38 Eine Beschreibung der Überquerung und des Angriffs gab der beteiligte General Henry Knox in einem Brief an seine Gattin (28.12.1776) (vgl. Howat 1967/68, 297).

39 Washington verlor „[...] in Wirklichkeit mehr Schlachten, als er gewann, und verbrachte die ersten beiden Jahre des Krieges damit, kostspielige taktische Fehler zu machen, die fast dazu führten, dass die Amerikanische Revolution gleich zu Anfang verloren ging [...]." (Ellis 2002, 180).

New Jersey übersetzen. Er wollte ein britisch-hessisches Truppenlager im Überraschungsangriff einnehmen, das rund 15 km von der Landestelle entfernt bei Trenton nahezu unbewacht im Weihnachtsfrieden lag. Der Plan ging auf, und wenige Tage später gelang Washington mit dem Sieg bei Princeton (3.1.1777) sogar ein zweiter Erfolg. Doch es bedurfte noch rund fünf weiterer Kriegsjahre, bis die Neuengland-Regimenter am 19. Oktober 1781 die militärische Auseinandersetzung mit der britischen Kolonialmacht für sich entschieden hatten.

Der Historienmaler Leutze stützte seine ikonische Interpretation des historischen Geschehens auf die zeitgenössische amerikanische Nationalhistorie, die seit dem frühen 19. Jahrhundert jener dramatischen Flussüberquerung und dem ihr folgenden Sieg bei Trenton die Rolle einer entscheidenden Wende des Kriegsverlaufs zu Gunsten der „Continental Army" zuschrieb und in diesem Kontext General Washington zum legendären Kriegshelden und „Vater der Nation" stilisierte.

Im Bildzentrum sieht man eine „V(-ictory?)"-Konstruktion, die einerseits von der Kontur des sich entfaltenden Sternenbanners (in der Form von 1777)[40] und andererseits von einer halb aufgerichteten Figur am Bug des zentralen Bootes bestimmt wird. Im Mittelpunkt dieses kompositorischen Spannungsfeldes steht – in Denkmalpositur – die aufrechte Gestalt des Generals, der ein Fernrohr bei sich trägt und doch mit bloßem Auge angespannt und konzentriert auf die angepeilte Landestelle und damit auf die Zukunft hinblickt. Die Linienführung der Ruderpinnen und die kompositorische Anordnung der elf Begleiter im Boot betonen die herausragende Stellung des Generals, die zudem durch die Lichtgestaltung des Himmels unterstrichen wird. Eine Aura umgibt die scharf konturierte Silhouette der Hauptfigur und lässt sie als nationalen und universalhistorischen Hoffnungsträger erscheinen.

Die Gesichtszüge des Generals sind nach einer Replik der berühmten Houdon-Büste gestaltet; sie flößen dem Betrachter noch immer großes Vertrauen in die Fähigkeiten dieses Mannes ein, jedwede Gefahrensituation mit ebenso verantwortungsbewusstem wie souveränem Planen und Handeln zu retten. In diesem militärischen und politischen Führer, so will es scheinen, erfüllte sich eine historische „Vorsehung" („providence"[41]) für die amerikanische Nation und die Menschheit.

Während sich am rechten Bildrand die Boote der „Continental Army" bis zum Horizont erstrecken, sieht man links in der Ferne das angestrebte Ufer im Stil eines locus amoenus als „Gelobtes Land" gestaltet. Die Landestelle bleibt hingegen unsichtbar: Die dargestellte Szene beschreibt das Ringen um eine in der Morgenröte verheißungsvoll aufscheinende Zukunft, nicht aber die Ankunft darin. Diese Zukunftsspannung

---

40 Es handelt sich um das so genannte „Betsy-Ross"-Banner mit 13 Streifen und einem Kreis von 13 Sternen, das erst im Sommer 1777 in Gebrauch kam.

41 Vgl. z.B. auch den Rundbrief von George Washington aus dem Jahre 1783 an die Regierungen der Einzelstaaten: „[...] die Bürger Amerikas [...] haben nunmehr durch die kürzlich erfolgte vorteilhafte Friedensregelung die Bestätigung erhalten, dass sie absolute Freiheit und Unabhängigkeit besitzen; von jetzt an sind sie als *Akteure auf einer höchst bemerkenswerten Bühne* zu betrachten, welche die *Vorsehung* eigens für die Darbietung menschlicher Größe und menschlichen Glücks bestimmt zu haben scheint." (Zit. n. Ellis 2002, 183 f.; Hervorhebung S. P.).

vermittelt allen späteren Betrachtern den Appell, die Leistung jener Patrioten als fortdauernde Verpflichtung aufzufassen – wie viele Jahre auch immer die Delaware-Überquerung dann zurückliegen mag.

Die Anziehungskraft des Bildes liegt nicht allein in der Intensität, mit der George Washington zum historisch berufenen Kriegshelden und Gründer der Nation stilisiert
wird, sondern auch in der engen Verbindung von souveräner Führung und republika-
nisch-demokratischen Idealen. Der General, der am 22. Dezember 1783 seinen Auftrag an den Kongress zurückgegeben hatte und hierdurch zum überragenden Beispiel
eines republikanischen Führers geworden war, dem man die Macht anvertrauen
konnte, weil er bereit war, sie loszulassen, ist zwar deutlich exponiert, aber nicht von
der Gruppe seiner Begleiter im Boot isoliert, wie man dies von anderen, älteren oder
zeitgenössischen, Darstellungen der Delaware-Überquerung kennt, wie z.B. bei John
Trumbull oder Thomas Sully, die Washington hoch zu Pferde sitzend zeigten. Leutze
gestaltete einen „primus inter pares", der sich auf derselben Ebene wie seine Begleiter
befindet und ersichtlich auf die Unterstützung seiner Mitstreiter angewiesen ist, die
zudem nicht als Soldaten, sondern als Patrioten präsentiert werden. Mag auch Washingtons Profil von allen Figuren im Vordergrund am höchsten über die Horizontlinie
hinausragen, so beherrscht doch das Betsy-Ross-Banner die gesamte Gruppe;[42] es bildet ein kraftvolles kompositorisches Gegengewicht zum „Führertum" Washingtons
und ordnet dieses zeichenhaft der Idee der republikanischen Nation unter.[43]

Nur zwei Figuren der zentralen Gruppe um Washington sind identifiziert: Der Mann,
der rechts von Washington das Banner im Sturm aufrecht hält, soll James Monroe
(1758-1836) sein, der spätere fünfte Präsident der Vereinigten Staaten (1817–1825).
Den rudernden Mann aber, von dem man links im Bild neben Washingtons Knie fast
nur den Kopf sieht, hält man für Prince Whipple (gest. 1797), den berühmten afroamerikanischen New Hampshire-Kriegsteilnehmer auf Seiten der Neuengland-Regimenter.
Ihm wurde im Jahre 1976 eine amerikanische Briefmarke gewidmet, die mit dem entsprechenden Bildausschnitt aus Leutzes Gemälde an die „black patriots" des Revoluti-

---

42 Die starke kompositorische Stellung des Banners reflektiert möglicherweise Leutzes Erfahrungen
    mit dem Gebrauch der Flagge bei der deutschen Revolution von 1848/49. Vgl. Gaehtgens, Bar-
    bara 1988, 74.

43 Im Bezug auf die Auseinandersetzungen zwischen föderalistischen und republikanischen Positio-
    nen in der Geschichte der Vereinigten Staaten bis zur Entstehung des Bildes (vgl. Ellis 2002, 27
    ff.) ist das in „Washington Crossing the Delaware" dargestellte Ideal unmissverständlich der föde-
    ralistischen Seite zuzurechnen, für welche die „höheren" Ziele der amerikanischen Nation stets
    den Vorrang vor individuellen Interessen und damit auch vor dem Ideal einzelstaatlicher Auto-
    nomie hatten. In Leutzes Bild dominiert der universalgeschichtliche Sinnhorizont von „Amerika"
    als Stufe des menschheitsgeschichtlichen Entwicklungsprozesses über den republikanischen Ge-
    danken des Kampfes gegen eine moralisch korrupte Kolonialmacht; dies zeigt sich nicht zuletzt
    darin, dass der Maler eine Szene für die „Geburt der Nation" wählte, die keine kriegerische Aus-
    einandersetzung und damit auch keinen militärischen Feind als „Gegenspieler" zeigt. Überdies
    war George Washington der einflussreichste Exponent der föderalistischen Fraktion.

onskrieges erinnern wollte.[44] Von diesem Prince Whipple heißt es,[45] dass er von seinen wohlhabenden afrikanischen Eltern („Prince") zur Erziehung in die Vereinigten Staaten geschickt, dort aber gefangen gesetzt und als Sklave verkauft worden sei. General Whipple, ein Unterzeichner der Unabhängigkeitserklärung, habe ihn schließlich aus Mitgefühl gekauft und im Zuge des Revolutionskrieges freigelassen, nachdem Prince seinen Herrn überzeugt habe, dass es für einen Sklaven wenig Sinn mache, für die amerikanische Unabhängigkeit und Freiheit zu kämpfen. Ohne Zweifel darf man diese bekannte Anekdote, sei sie nun wahr oder gut erfunden, dem zeitgenössischen Diskurs der amerikanischen Abolitionisten zurechnen.

Bemerkenswert an diesen beiden Figuren ist, dass die historischen Personen zwar am Unabhängigkeitskrieg, nicht aber an der Überqueeung des Delaware teilgenommen haben, wohingegen beteiligte Patrioten, wie z.B. James Madison (1751–1836), der spätere vierte Präsident der Vereinigten Staaten (1809–1817), offenbar nicht in das „Boot der amerikanischen Nation" aufgenommen wurden, das Leutze hier vorstellt.

Da sowohl James Monroe als auch Prince Whipple unmittelbar neben der Hauptfigur und damit sehr hochrangig platziert sind, darf man mit einer bewussten Setzung des Künstlers rechnen. Was Prince Whipple betrifft, so signalisiert die Darstellung nach dem traditionellen Kode der Historienmalerei zwar eine mindere Ranghöhe der Figur, weil sie fast gänzlich verdeckt ist,[46] doch muss es in diesem Fall als entschieden wichtiger gelten, dass Leutze um das Jahr 1850 einen Afroamerikaner in die Szene der „Geburt der Nation" integrierte. Damit sprach er sich unmissverständlich und öffentlichkeitswirksam für die Abschaffung der Sklaverei aus.[47]

Die kontrafaktische Präsenz von James Monroe wird m.W. in der einschlägigen Spezialliteratur nicht diskutiert, obwohl diese Figur als einzige neben derjenigen des Generals über die Horizontlinie des Bildes hinausreicht und mit dem Sternenbanner das Symbol der Nation im Sturm aufrecht hält. Manches könnte dafür sprechen, dass das Interesse an Monroe indirekt mit der Emigration der Familie Leutze zusammenhängt. Denn dieser Präsident war im Jahre 1823 mit der so genannten „Monroe-Doktrin" den transatlantischen Ansprüchen der Heiligen Allianz energisch entgegengetreten, und dieses Bündnis galt vielen politischen Emigranten, die nach 1815 Europa und Deutschland mehr oder minder freiwillig verlassen hatten, als besonderes Ärgernis. Ihnen mag Monroes entschieden abweisende Haltung gegenüber den Ansprüchen dieses europäischen Thron-und-Altar-Bündnisses als höchst verdienstvolles Hochhalten

---

44 Vgl. die Abbildung der Briefmarke in: <http://www.whipple.org/photos/princestamp.html> (zuletzt geprüft am 16.05.2003).

45 Die Überlieferung zu Prince Whipple ist unsicher. Vielfach beziehen sich die Hinweise auf das Werk eines führenden zeitgenössischen afroamerikanischen Abolitionisten (vgl. Nell 1855). Vgl. auch Purcell 1999.

46 Winsley Homer (1836-1910) war der erste amerikanische Maler, der afroamerikanische Figuren in derselben Größe und Würde darstellte wie „weiße".

47 Die Ureinwohner des Kontinents wurden von Leutze als Vertreter einer untergehenden Kultur aufgefasst und daher nicht in das Nation-Konzept integriert.

der amerikanischen Ideale der Freiheit (vielleicht: im Symbol der Nationalflagge) erschienen sein.[48]

Das anachronistisch eingefügte Sternenbanner, das sich gerade zu entfalten scheint, der Stern am Himmel[49] und die historisch ebenfalls inkorrekt wiedergegebene Morgenröte – die Überquerung vollzog sich im Schutze der Nacht – verkünden die unmittelbar bevorstehende „Geburt der Nation". Das Motiv des Sterns verknüpft das dargestellte Ereignis assoziativ mit dem „Heil" und der „Erlösung", die der Menschheit in der *Weihnachtsnacht*[50] zuteil geworden sind, und schreibt der Gründung der amerikanischen Nation einen heilsgeschichtlichen Rang als zweite „Erlösung" zu, die die politische und individuelle „Freiheit" in die Welt bringt und damit bewirkt, dass die Menschheit in Zukunft wieder „[u]nenterbt[51] durch die Schöpfung blick[en]" kann, wie dies Ferdinand Freiligrath (1810-1876) in dem zitierten Gedicht „Vor der Fahrt" formuliert hatte. Die Morgenröte erklärt das dargestellte Ereignis zum Anbruch eines „neuen Morgens" der Menschheitsgeschichte, der die immanente Teleologie des Geschichtsprozesses in seiner Ausrichtung auf die „Freiheit" offen zutage treten lässt.[52]

---

48 Im Hinblick auf George Washingtons berühmtes Motto der Einheit nach innen und der Unabhängigkeit nach außen ist in Erwägung zu ziehen, ob die beiden Figuren nicht diese Prinzipien des Protagonisten repräsentieren: Prince Whipple – mit aktuellem Bezug auf die zeitgenössisch sich verschärfende Sklavenfrage – den Grundsatz der inneren Einheit und James Monroe die Norm der äußeren Unabhängigkeit, die für Washington stets eine strikte Neutralität und Distanz in Bezug auf europäische Angelegenheiten bedeutet hatte (vgl. Ellis 2002, 177 f.).

49 Der Stern ist auf vielen Reproduktionen nicht gut zu sehen; er befindet sich in der Verlängerung des senkrecht aufgerichteten Armes der Figur am Bug des Bootes und unterstützt formal die V-Konstruktion.

50 In den Rahmenvignetten des Freskos „Westward Ho!" findet man zudem das Motiv der Heiligen Drei Könige.

51 Gemeint ist im Sinne der Aufklärungsgeschichtsphilosophie die Überwindung des „Sündenfalls".

52 Neben den genannten semantisch aufgeladenen Abweichungen von den historischen Gegebenheiten gibt es eine Fülle von anderen „Errata", die vermutlich keine bedeutungstragende Funktion für die ikonische Äußerung haben. Dies gilt für die meisten Monita, die von US-amerikanischen Kommentatoren beklagt werden: So wurden Pferde, anders als im Bild gezeigt, nicht auf Booten übergesetzt, die dicht mit Soldaten belegt waren, und man benutzte einen anderen Bootstyp als den dargestellten; die Uniform Washingtons hat in Details, die Bekleidung der anderen Bootsinsassen aber grundsätzlich anders ausgesehen als auf dem Bild; der dargestellte Fluss gibt nicht den Delaware (sondern eher den Rhein) wieder, die Uferformation ist der Phantasie des Malers entsprungen – und vieles andere mehr.
Hierzu sei an dieser Stelle nur angemerkt, dass selbst dann, wenn der Maler sich größerer historischer Detailtreue befleißigt hätte, er doch niemals in der Lage gewesen wäre, die Szene historisch annähernd korrekt wiederzugeben. Denn der illusionistische Stil muss immer eine solche Fülle an Einzelheiten bieten und einen derart hohen Grad an Konkretion der dargestellten Welt liefern (zugleich aber auch ästhetische Regeln und Darstellungskonventionen berücksichtigen!), dass Leutze die Szene auch dann weitestgehend hätte erfinden müssen, wenn er eine ausreichende Basis von (nicht vorhandenen) *visuell hinlänglich detaillierten Bild*quellen zur Verfügung gehabt hätte. Er hätte erfinden müssen, weil das ikonische Zeichensystem grundsätzlich auf die Darstellung von *Konkreta* im Sinne singulärer Größen beschränkt ist (vgl. Titzmann 1990). D.h., das ikonische System kann nicht abstrahieren, sondern muss der Washington-Figur ein bestimmtes

Das Delaware-Gemälde unterscheidet in der dargestellten Welt drei verschiedene Wirklichkeitsmodi. Außer Washington sind alle Figuren der zentralen Gruppe im Bildvordergrund ikonisch einer „Welt" zugeordnet, die von den Drangsalen der aktuellen Situation geprägt ist. Die Bootsinsassen müssen sich vor dem Wind schützen, kauernd ihr Gleichgewicht auf dem Boot halten oder gegen die Gefahren des Wassers und der Eisschollen ankämpfen. Kaum vermögen sie ihren Blick über den Fluss, die nächstliegende Gefahrenquelle, zu erheben; Anstrengung zeichnet ihre Gesichter und Körperhaltungen.

Die Washington-Figur hingegen ist dieser Gegenwartsdimension entrückt. Sie steht aufrecht, als ob sich der General auf einem Denkmalsockel und nicht auf einem schwankenden Boot befände, und der Ansturm des Windes verschont ihn; nicht die Unbilden des Wetters, sondern der heroische „Hauch" oder „Atem" der Geschichte bewegt den Mantelumhang. Der Betrachter kann schwerlich vom konzentrierten Gesichtsausdruck Washingtons allein ausgehend auf die verzweifelte Lage schließen, in der sich die übrige Bootsbesatzung befindet. Die Figur des Generals ist im Modus einer vorweggenommenen Zukunft gestaltet, in der man den glücklichen Ausgang der dargestellten Unternehmung längst kennt und Washington nicht mehr anders denn als nationale „Ikone" wahrnehmen kann, auch wenn der General in der dargestellten Szene von solchem Ruhm noch weit entfernt war. Leutze hat hier gewissermaßen ein Historienbild im Historienbild geschaffen und damit ein ikonisches Zeichen kreiert, das dieser geschichtlichen Figur eine transhistorische Bedeutung zuschreibt.

Zugleich aber spiegelt die stilistische „Entrückung" des „obersten Gründungsvaters" der amerikanischen Republik geschichtskulturelle Praktiken wider, die Leutze gekannt haben muss. Washington war in Amerika längst zur Pop[53]-„Ikone" geworden. Seit den 1790er Jahren sah man „[...] Washingtons Bild überall: auf Gemälden, Stichen, Medaillons; auf Münzen, Tafelsilber, Tellern und Haushaltsutensilien. Und seine Bekanntheit schien für die Ewigkeit gemacht zu sein. [...] Er war der amerikanische Zeus, Moses und Cincinnatus in einer Person."[54] Somit verbirgt sich hinter der betonten „Unwirklichkeit" der Washington-Figur indirekt eine spezielle *geschichtskulturelle* Authentizität.

Ein dritter Wirklichkeitsmodus ist mit dem Stern und auch der Morgenröte gegeben, die das ferne Ufer und die Fluchtlinie der Boote umschließt, während Washington und seine Begleiter sich farblich in einer „anderen Welt" befinden und offensichtlich die Botschaften der „Himmelszeichen" nicht wahrnehmen können. Kommuniziert das Bild mittels der Gestaltung der Washington-Figur ein historisches Wissen, das in der dargestellten Welt noch nicht vorhanden war, so vermitteln Stern und Morgenröte die universalhistorische Bedeutung der Szene: Die Hoffnung aller Völker auf Freiheit wird sich erfüllen. Die sakralen Deutungselemente, die die universalhistorische Perspektive

---

Aussehen, dem Himmel eine spezielle Farbe, dem Boot eine eindeutige Form geben und entscheiden, ob die Flagge halb, ganz oder gar nicht entfaltet ist, – ganz gleich, was die Quellenlage hergibt.

53 Im Sinne von „popular culture".

54 Ellis 2002, 168.

dieser Darstellung tragen und zugleich dem Selbstverständnis der historischen Akteure entsprechen, erinnern an die Einsicht, die Ernst Troeltsch und Max Weber schon um 1900 formuliert haben, dass nämlich die Demokratie in Nordamerika aus der Religion entstanden sei, in Europa aber gegen sie, woraus ein grundlegender „transatlantischer Unterschied" über die Epoche der Säkularisierung hinaus resultiert.[55]

In der teleologisch-universalhistorischen Lesart liegt der wichtigste Bezug der ikonischen Äußerung zur gescheiterten deutschen Revolution. Die Botschaft lautete zum einen, dass die Niederlage der deutschen Liberalen nur eine vorläufige sein könne, weil die Progression der Freiheit den immanenten Sinn der menschlichen Geschichte bilde, wofür die erfolgreiche amerikanische Revolution als universalgeschichtlicher Garant einstehen könne. Zum anderen erinnerte Leutze mit dem konkreten Beispiel der Delaware-Überquerung daran, dass der Sieg der Freiheit gerade dann sehr nahe sein könne, wenn die Lage sich scheinbar als völlig hoffnungslos darstellt; man dürfe nur den Mut nicht aufgeben. Schließlich aber entbot das Bild auch jenen deutschen Landsleuten, die nach dem Scheitern der Revolution ihre Heimat verließen bzw. verlassen mussten, einen deutsch-amerikanischen Willkommensgruß von einem der ihren, der bereits erfahren hatte, dass man in Amerika die ersehnte Freiheit und damit „patria" und „natio" zugleich finden könne.[56]

Die zeitgenössischen deutschen Besprechungen des Bildes, das zu Beginn der 50er Jahre erfolgreich in einigen deutschen Städten gezeigt wurde, wollten jedoch weder deutsch-amerikanische noch aktuelle politische Zusammenhänge erkennen.[57] Sie führten die große Resonanz des Bildes beim deutschen Publikum ausschließlich auf die perfekte Gestaltung einer spannenden *amerikanischen* Historie zurück. Dass jedoch Leutzes politische Haltung und Botschaften durchaus wahrgenommen wurden, erschließt sich aus einem resignativen Brief, den der Künstler am 10. Juni 1858 an seinen Gmünder Freund Julius Erhardt schrieb:

> „Mein Weg führt mich diesen Winter nach Amerika zurück, so schwer es auch für meine [deutsche; S. P.] Frau sein wird muß ich doch hinüber ich darf es nicht länger aufschieben ich werde ganz peremptorisch verlangt,[58] und in Deutschland blühen meine Rosen doch mal nicht. ich bin zu viel Amerikaner Republikaner als dass ich dazu geeignet wäre für die deutschen Großen zu malen, ich habe meine Erfahrungen gemacht und hoffe daraus klüger geworden zu sein Mein letztes Bild[59] hat in Berlin in höheren Kreisen deßwegen nicht gefallen, weil es nicht schmeichelhaft genug für die Herrschaften war, rein menschlich zu sein ist ihnen nicht genug sie wollen nur als Heroen als übermenschlich dargestellt sein und wünschen doch Gegenstände in welchen sie mehr thierische als göttliche Eigenschaften entfalten wenn ich es auch als Intellektmensch übers herz bringen kann zu schmeicheln das heißt nur die schönste Seite zu sehen so kann ich mich als Historicker doch nie dazu bequemen Lügen zu verewigen."[60]

---

55 Vgl. hierzu Haller 2002 und in diesem Band den Beitrag von Kremp.

56 Vgl. auch Groseclose 1975b, 70 f.

57 Vgl. z.B. die anonyme Besprechung in: Grenzboten 11 (1852), Bd. 4, 157 f.

58 Ein Hinweis auf den Auftrag für das Kapitol.

59 Es ist unklar, um welches Gemälde es sich hier handelt.

60 Quelle: Stadtmuseum Schwäbisch Gmünd, Leutze-Faszikel, Transkription des handschriftlichen Textes (deutsche Kurrentschrift) S. P.

5 Bezüge zur Historie: die Authentizität des schönen Scheins

Mimetisch orientierte Historienbilder wie das „Delaware"-Gemälde organisieren das visuelle Wahrnehmungserlebnis illusionistisch: Der Betrachter soll den Eindruck gewinnen, er könne durch ein „Fenster" in die Vergangenheit blicken und als Augenzeuge am historischen Geschehen partizipieren. Die ästhetische Tilgung der Differenzen zwischen späterer Gegenwart und vergegenwärtigter Vergangenheit, sinnlicher Imagination und absenter Realität, künstlerischer Fiktion und authentischer Wiedergabe soll der jeweiligen Geschichtsversion ein Optimum an historischer Glaubwürdigkeit, appellativer Relevanzzuschreibung und emotionaler Suggestivkraft verleihen. Dabei dient das illusionistische Spiel mit der dokumentarischen Geste der Verschleierung von historischer Distanz, der Abwehr rationaler Kritik und der Festigung der impliziten ideologischen Positionen, die über das visuelle Wahrnehmungssystem mit affektiv besetzten Vorstellungsinhalten verknüpft werden sollen.[61]

Eingangs wurde mit Blick auf verschiedene politik- und geschichtsdidaktische Aspekte des Gegenstandes betont, wie wichtig es sei, dass Schülerinnen und Schüler die Kompetenz erlangen, den Konstruktcharakter und die Rhetorik der scheindokumentarischen Darstellungsweise von illusionistischen Historienbildern zu durchschauen. Im Hinblick auf Leutzes „Washington Crossing the Delaware" kann man jedoch feststellen, dass das Bild gerade auf der besonders ideologieverhafteten Ebene des „schönen Scheins" den historisch fassbaren Gegebenheiten mitunter sehr nahe kommt.

Schon die ersten geschichtlichen Darstellungen der amerikanischen Revolution präsentierten die historischen Akteure als „[...] Schauspieler in einem historischen Drama, dessen Drehbuch [...] von den Göttern geschrieben war."[62] Nach dieser Version der „res gestae" hat sich die amerikanische Geschichte nicht „ereignet", sondern „vorsehungsgemäß" „erfüllt". Doch auch die historischen Akteure selbst – allen voran George Washington – waren bereits zu einem Zeitpunkt, als der Ausgang der historischen Prozesse, auf welche ihr Ruhm sich später gründen sollte, noch mehr als ungewiss war, von einem Selbstverständnis getragen und auf eine Außenwirkung bedacht, die ihre Rolle bei der Auseinandersetzung mit den Briten und der anschließenden

---

61 Leutze war sich übrigens des instrumentell-dienenden Charakters der „res gestae" für seine Historienmalerei klar bewusst. In einem Brief, in dem er die historizistische Detailbesessenheit der „Düsseldorfer Schule" kritisch kommentierte, sprach er davon, dass es für ihn keinen Unterschied mache, ob die Historie, mit der er eine Idee „illustriere", auf ein geschichtliches Ereignis rekurriere oder frei erfunden sei. Vgl. Leutze in Howat 1967/68, 294 f.: „The consistency and severity in the mechanical portion of art taught at this school [Düsseldorfer Akademie; S. P.] [...] soon confirmed me in the conviction that a thorough treatment of a picture required that the anecdote should not be so much the subject, as the means of conveying some one clear idea, which is to be the inspiration of the picture. But the artist, as a poet, should first form the clear thought as the groundwork, and then adopte or create some anecdote from history or life [...]." (Hervorhebung S. P.).
Zur affektiven Besetzung von Vorstellungsinhalten aus neurobiologischer Sicht vgl. z.B. Roth 1997, 210 ff., 250 ff. sowie 322 f.
62 Ellis 2002, 13.

Staatsgründung in den Rahmen eines welthistorisch bedeutsamen „Manifest Destiny"
einordnete. Bereits ab 1776, so Ellis, begannen die historischen Protagonisten

> „[...] für die Nachwelt zu posieren, nicht nur sich gegenseitig, sondern auch an uns Briefe zu
> schreiben, insbesondere gegen Ende ihrer jeweiligen Laufbahn. Wenn sie manchmal wie Marmor-
> statuen aussehen, dann war genau das ihr Wunsch. [...] Wenn sie sich manchmal wie Schauspie-
> ler in einem historischen Drama benahmen, dann ist genau das die Auffassung, die sie oft von
> sich selbst hatten. In einem sehr realen Sinne sind wir für ihre Leistungen mitverantwortlich, denn
> wir sind das Publikum, für das sie spielten; ihr Wissen um uns als Zuschauer trug dazu bei, sie in
> Bestform zu halten."[63]

Auf dieser Ebene der historischen Sachverhalte erreichen die drei verschiedenen
Wirklichkeitsmodi in Leutzes Darstellung der Überquerung des Delawares eine größt-
mögliche Authentizität der Wiedergabe der historischen Dimension. Die Idee, General
Washington als Nationaldenkmal im Lichte eines neuen „Menschheitsmorgens" den
Fluss überqueren zu lassen, gibt vermutlich Washingtons Auffassung vom Geschehen
trefflich wieder, wenn er daran gedacht haben sollte, wie er die Aktion historisch präsentieren und deuten würde, falls sie von Erfolg gekrönt sein sollte.[64]

Leutzes Washington-Darstellung ist auch insofern historisch adäquat, als der General
seit 1776

> „[...] – das heißt, auch schon bevor es überhaupt ein Land gab, – als ‚Vater des Landes' [bezeich-
> net wurde; S. P.]. Als er das Präsidentenamt übernahm [...], war die Mythologie, die den Ruf Wa-
> shingtons umrankte, wie Efeu um eine Statue gewachsen, sie hatte den Mann tatsächlich in eine
> Aura der Allmacht gehüllt und die Unterscheidung zwischen seinen menschlichen Qualitäten und
> seinen heroischen Leistungen unmöglich gemacht."[65]

Damit muss die eingangs erfolgte Behauptung differenziert werden, das Bild präsen-
tiere die „Geburtsstunde der Nation" im Konzept einer verklärenden Ex-post-facto-
Konstruktion. Dieser Befund gilt zwar unverändert für den Geschichtsverlauf selbst,
nicht aber für das Selbstverständnis der historischen Akteure im Zuge des Geschehens.
Im imaginären Licht einer zukünftigen Memoria sahen sie sich selbst vermutlich annähernd so, wie Leutze dies in der Gestaltung der Washington-Figur zum Ausdruck
brachte.

Für den Fall einer erfolgreichen Revolution und Staatsgründung tilgten die historischen Akteure frühzeitig in den Dokumenten ihrer Selbstdarstellung alle Elemente des
historisch Zufälligen und Kontingenten, damit das als Erfüllung eines göttlichen Willens oder einer geschichtsimmanenten Teleologie erscheinen konnte, was

> „[...] in Wirklichkeit eine Sache der Improvisation [war; S. P.], in der reiner Zufall, pures Glück
> und ebensolches Pech sowie konkrete Entscheidungen, die in der Hitze bestimmter militärischer
> und politischer Krisen getroffen wurden, über das Ergebnis entschieden."[66]

---

63 Ellis 2002, 33.
64 Vgl. mit aktuellem Bezug zu Gegenwart Kreye 2003: „Amerika sucht für den Krieg gegen den
    Irak schon jetzt einen Platz in der Geschichte."
65 Ellis 2002, 167.
66 Ellis 2002, 16.

Geschichtsdidaktisch (in einem weiteren Sinne) gesehen ist eine solche Strategie leicht nachvollziehbar: Kontingenzen, „Zufälle" müssen im Prozess der historischen Sinnkonstruktion in einem mühsamen, von Unsicherheit und Zweifeln belasteten Vorgang hin- und hergedeutet werden, bis ein adäquates Sinnsubstrat extrahiert werden kann, das sich als konsensfähig und traditionsmächtig zu erweisen verspricht. Besser ist es allemal, a priori eine „überhistorische Sinngebung" als Deutungsrahmen zu etablieren, wenn man die Wertschätzung der Nachfahren für das Erbe, das sie erhalten und tradieren sollen, sichern möchte.

Mag die „Manifest Destiny"-Lesart der Gründung der Nation auch den Wert des vergangenen Geschehens in der Memoria steigern und stabilisieren, so fordert sie doch zugleich einen hohen Preis, indem sie den faszinierenden Blick auf die „[...] die wahrhaft atemberaubende Unwahrscheinlichkeit der Leistung [...]"[67] verstellt, die die „Gründergeneration" vollbracht hat. Denn die koloniale Erhebung war schon darin ein historisch höchst außergewöhnlicher Vorgang, dass sich die 13 Verbündeten der stärksten Militärmacht der damaligen Welt entgegenstellten. Diese sollte im 19. Jahrhundert alle Nationen besiegen, die mit ihr um den Anspruch als erste Hegemonialmacht konkurrierten. Nicht minder überraschend war der Sieg der Kolonien, auch wenn dabei neben der partiellen französischen Unterstützung die anfängliche britische Nachlässigkeit eine wichtige Rolle gespielt hatte.[68]

Schließlich aber stand es keineswegs als Menetekel an der Wand geschrieben, dass es der „Revolutionsgeneration" nach ihrem Sieg über die Kolonialmacht gelingen würde, die befreiten Kolonien, die immerhin für ihre jeweilige Selbstbestimmung gekämpft hatten, in *Bundesstaaten* eines – historisch damals beispiellosen – republikanischen Gemeinwesens zu verwandeln. Um der Nation willen musste man sich erneut einer zentralen Gewalt unterwerfen, und die Aussichten auf einen dauerhaften Zusammenhalt waren für viele Jahrzehnte alles andere als gut. Zu jener Zeit aber, als Leutze sein „Delaware"-Bild schuf, schien die Gefahr des Auseinanderbrechens größer als je zuvor, und der Maler hat nicht zuletzt mit der gewollten Einbeziehung von Prince Whipple sein amerikanisches Publikum daran erinnert, dass die Frage der Sklaverei von Beginn an sehr eng mit der Amerikanischen Revolution verbunden, mit deren Prinzipien aber immer unvereinbar gewesen war.

Oben konnte festgestellt werden, dass die Gestaltung George Washingtons als Nationaldenkmal, die Darstellung der Flussüberquerung als Offenbarung des „Manifest Destiny" (vgl. Stern und Morgenröte) und die Differenzierung von drei Wirklichkeitsmodi durchaus historisch authentische Züge tragen, wenn man auf das Selbstverständnis der Protagonisten und deren Rücksichten auf eine zukünftige Memoria blickt. Zugleich kann man erkennen, dass Leutzes Version der „Geburt der Nation" notgedrungen darin ihre Grenzen hat, dass sie die Überquerung als „Erfüllung" einer „Vorsehung" für das amerikanische Volk deutet. Denn sie löscht damit jeden Rest einer

---

67 Ellis 2002, 16.

68 „Wenn die britischen Befehlshaber den Krieg in seinen frühesten Phasen nachdrücklicher verfolgt hätten, dann hätte es durchaus sein können, dass die Kontinentalarmee sofort vernichtet und die amerikanische Unabhängigkeitsbewegung im Keim erstickt worden wäre." (Ellis 2002, 15).

historischen Kontingenz aus dem Tableau des Geschehens, womit es unmöglich wird, jene Leistung von Washington und anderen „Gründervätern" angemessen abzubilden, die etwa Ellis voll Bewunderung betrachtet: Die „Founding Brothers" haben gegen alle realistische Erwartung das höchst *Unwahrscheinliche* in eine zukunftsfähige historische Wirklichkeit verwandelt.[69]

Auch wenn es zeitgenössisch vielleicht denkbar gewesen wäre, dass ein Historienmaler eine nationale Gründungshistorie als „Gegengeschichte" im Modus einer „glorreichen Kontingenz" und damit in einer kritischen Lesart (Rüsen) darstellte, so gilt dies sicher nicht für Leutze und dieses Gemälde. Dass der Maler das Sujet „Washington Crossing the Delaware" im narrativen Schema der „Erfüllung" einer geschichtsimmanenten Teleologie konzipierte, entsprach nicht nur seinem eigenen geschichtsphilosophischen Verständnis und seinem Anliegen, eine „klassische" Nationalikonographie für „Amerika" zu schaffen, sondern auch den intendierten Botschaften des Bildes. Auf der Seite der deutschen Liberalen, die eine sehr schwere Niederlage zu verarbeiten hatten, konnte allenfalls die geschichtsphilosophische Imagination eines universalgeschichtlichen Siegeszuges der „Freiheit" einen gewissen Trost und die dringend benötigte historische Orientierung schenken, schwerlich aber der Hinweis auf die grandiose Unwahrscheinlichkeit des amerikanischen Erfolges. Auch im Bezug auf das US-amerikanische Publikum lässt sich die Leistung der „Erfüllungsvariante" benennen: Indem das Gemälde rückblickend die republikanische Gemeinschaft idealistisch überhöhte und zum Träger einer universalhistorischen Mission stilisierte, lenkte es den Blick umso wirksamer auf tatsächlich bestehende Defizite der nationalen Integration und Solidarität, wie sie insbesondere auf dem Gebiet der Sklavenfrage bestanden.

Wendet man sich abschließend noch einmal dem geschichts- und politikdidaktischen Anliegen zu, den Sekundarschülerinnen und -schülern am Beispiel und mit Hilfe geeigneter Historienbilder politisch-historische Quellen- und Medienkompetenzen zu vermitteln, so kann man nun auch den Sektor der narrativen bzw. proto-geschichtstheoretischen Fähigkeiten hinzufügen. Konfrontiert man im Unterricht Leutzes „Offenbarungsversion" mit ausgewählten Ellis-Zitaten zur Kontingenz des Geschehens, so können die Lernenden mit Hilfe des Vergleichs die „Manifest Destiny"-Konzeption der ikonischen Darstellung recht gut erkennen, zumindest wenn man sie auffordert, alternative Gestaltungsideen[70] für die Darstellung der Washington-Figur und der sie umgebenden „Welt" zu entwickeln, die die Gedanken von Ellis zur Gründungsgeschichte der Nation besser als das gegebene Bild zum Ausdruck bringen. Die Lernenden schlagen dann zumeist vor, Washington wie die übrigen Vordergrundfiguren in einer Mischung von Hoffnung und Verzweiflung zu zeigen und den Horizont entsprechend zu „dramatisieren", was durchaus ein Verständnis impliziert, das zur Einsicht in die drei Wirklichkeitsmodi im Bild hinführt. Auch kann man sich mit der Frage befassen, ob die (fiktive) „Ellis-Variante" des Gemäldes wohl historische Chancen gehabt hätte, eine ähnlich erfolgreiche „Ikone" des Patriotismus zu werden wie Leutzes Bild. Wenn die Schülerinnen und Schüler dann zumindest „intuitiv" Zweifel anmelden, ist ein

---

69 Vgl. Ellis 2002, 151.
70 Vielleicht sogar mit Hilfe von Computeranimationen.

erster Ansatzpunkt für das Verständnis der Funktion und Attraktivität teleologischer Geschichtskonzeptionen im Kontext des „nation building" gegeben. Das Tilgen des Zufälligen und die Verknüpfung von Vergangenheit und Gegenwart im Konzept eines immanent zielgerichteten Prozesses verbinden ein rückwärts gewandtes „wishful thinking" mit der Hoffnung auf eine zukünftige „self-fulfilling prophecy" und etablieren auf diese Weise eine sehr enge Gemeinschaft zwischen den historischen Akteuren und ihren heutigen Nachfahren; die historische Distanz wird reduziert. Zugleich fördert die „Erfüllungsvariante" eine *identifikatorische* historische Sinnbildung, indem sie die gemeinsame Geschichte von Vor- und Nachfahren ins Licht einer transhistorischen Idee stellt und mit der Qualität des „Erhabenen" ausstattet, einem Attribut, das die Verbindlichkeit der historischen Verpflichtung zu steigern verspricht. Das „Erhabene" aber und das Kontingente wollen bekanntlich wenig zueinander passen.[71]

Schließlich können die Lernenden am Beispiel des Leutze-Gemäldes einem höchst schwierigen Problem der historischen Analyse, Interpretation und Beurteilung begegnen: der Herausforderung eines korrekten Umgangs mit dem „zusätzlichen" historischen Wissen, das die Nachwelt immer den historischen Akteuren voraushat; sie kennt die Zukunft, die in der Vergangenheit noch nicht absehbar war. Joseph J. Ellis hat dies folgendermaßen skizziert:

> „Die heutige Sicht ist [...] ein heikles Werkzeug. Zuviel davon, und wir verdecken das allgegenwärtige Gefühl der Kontingenz wie auch den problematischen Charakter der Entscheidungen, vor denen die Revolutionsgeneration stand. Ohne ein gewisses Maß an zurückschauendem Wissen hingegen, das es uns erlaubt, von unserem erhabenen Sitz in der Gegenwart aus einen Panoramablick auf die Vergangenheit zu werfen, verlieren wir den Hauptvorteil – vielleicht den einzigen Vorteil –, den die Disziplin Geschichte bietet, und wir werden dann zusammen mit allen zeitgebundenen Beteiligten selbst rettungslos in den chaotischen Strudel der Ereignisse geschleudert. Was wir brauchen, ist [...] eine historische Perspektive, die bei der Erfassung der Probleme das eine Auge auf die prekären Kontingenzen gerichtet hält, die man damals empfand, während das andere nach vorn gerichtet ist und auf die weiterreichenden Konsequenzen blickt, welche diejenigen, die im Augenblick gefangen waren, allenfalls in Umrissen wahrnahmen. Wir müssen tatsächlich kurzsichtig und weitsichtig zugleich sein."[72]

Damit beschreibt Ellis eine eminent wichtige und angesichts dominant präsentistischer didaktischer Orientierungen keineswegs immer hinreichend bewältigte Aufgabe für die historische Bildung in der Schule, die sich, wie das gegebene Beispiel anzudeuten sich bemühte, gerade auch mit Historienbildern vom Typ der „National-Ikone" sehr gut angehen ließe.

---

71 Umgekehrt werden bei „unangenehmen" Bestandteilen der nationalen Historie tendenziell kontingenzorientierte Deutungsmuster bevorzugt, so z.B. im Schema „Hitler war schuld!", das die Zufälligkeit der Existenz einer Person zum Ausgangspunkt einer historischen „Erklärung" macht.

72 Ellis 2002, 17 f.

Literaturverzeichnis

Adams, Willi Paul: Die Ausbildung amerikanischen Nationalbewußtseins und amerikanischer Kultur im 18. und 19. Jahrhundert, in: Gaehtgens 1988, 31-35.

Almanach. Schwäbisch Gmünd 1981/82. Gmünder Kunstbücher, Bd. 2: Gmünder Leute, Schwäbisch Gmünd 1984.

Anderson, Benedict: Die Erfindung der Nation. Zur Karriere eines folgenreichen Konzepts, erw. A., Berlin 1998.

Andree, Rolf/Rickel-Immel, Ute: The Hudson and the Rhine. Die amerikanische Malerkolonie in Düsseldorf im 19. Jahrhundert, Düsseldorf 1976 (Ausstellungskatalog).

Bancroft, George: History of the United States, from the Discovery of the American Continent, 10 Bde., Boston 1854 (Bd. 1: 1834).

Bergmann, Klaus: Stichwort „Bild", in: Pandel, Hans-Jürgen/Schneider, Gerhard (Hg.): Handbuch Medien im Geschichtsunterricht, Seelze 1999, 211-254.

Bott, Katharina/Bott, Gerhard (Hg.): Vice Versa. Deutsche Maler in Amerika. Amerikanische Maler in Deutschland. 1813-1912, München 1996 (Bott/Bott 1996).

Bott, Katharina: Stichwort „Leutze", in: Bott, Katharina: Deutsche Künstler in Amerika – Amerikanische Künstler in Deutschland, Weimar 1996, 138-151 (Bott 1996).

Brookhiser, Richard: Founding Father: Rediscovering George Washington, New York 1996.

Buntz, Herwig/Popp, Harald: Das Bild als Quelle. Historienbilder als Quellen für den Geschichtsunterricht, in: Altrichter, Helmut (Hg.): Bilder erzählen Geschichte, Freiburg i. Br. 1995, 223-248.

Christadler, Martin: Geschichte der amerikanischen Malerei zwischen Revolution und Bürgerkrieg (1770-1870), in: Gaehtgens 1988, 36-42.

Ellis, Joseph J.: Sie schufen Amerika. Die Gründergeneration von John Adams bis George Washington, München 2002 [amerikanische Originalausgabe: Founding Brothers. The Revolutionary Generation, New York 2000].

Erdmann, Elisabeth: Bilder sehen lernen. Vom Umgang mit Bildern, in: Praxis Geschichte 15 (2002), H. 2, 6-11 (2002a).

Erdmann, Elisabeth: Ein Bild ist ein Bild?, in: Seidenfuß, Manfred/Reese, Armin (Hg.): Vorstellungen und Vorgestelltes. Geschichtsdidaktik im Gespräch. Uwe Uffelmann zum 65. Geburtstag, Neuried 2002, 31-48 (2002b).

Freiligrath, Ferdinand: Freiligraths Werke in neun Bänden. Mit einer Einleitung von Schmidt-Weissenfels, Bd. 4, Berlin, Leipzig o. J. [1905].

Frohne, Ursula: Das Bild des Künstlers in der Neuen Welt, in: Gaehtgens 1988, 57-62.

Gaehtgens, Barbara: Amerikanische Künstler und die Düsseldorfer Malerschule, in: Gaehtgens 1988, 70-79 (Gaehtgens, Barbara 1988).

Gaehtgens, Barbara: Fictions of Nationhood. Leutze's Pursuit of an American History Painting in Düsseldorf, in: Gaehtgens/Ickstadt 1992, 147-184.

Gaehtgens, Thomas (Hg.): Bilder aus der Neuen Welt. Amerikanische Malerei des 18. und 19. Jahrhunderts, München 1988 (Gaehtgens 1988).

Gaehtgens, Thomas/Ickstadt, Heinz (Hg.): American Icons. Transatlantic Perspectives on Eighteenth- and Nineteenth-Century American Art, Santa Monica, CA 1992.

Geschichtsbilder. Historisches Lernen mit Bildern und Karikaturen. Handreichung für den Geschichtsunterricht am Gymnasium, hg. v. Staatsinstitut für Schulpädagogik und Bildungsforschung, München, Donauwörth 2001.

Groseclose, Barbara S.: Emanuel Leutze 1816-1948. A German-American Painter, Washington, DC 1973 (Werkverzeichnis).

Groseclose, Barbara S.: Emanuel Leutze 1816-1868. Freedom Is the Only King, Washington, DC 1975 (Katalog zur Leutze-Ausstellung der National Collection of Fine Arts, Smithsonian Institution) (1975a).

Groseclose, Barbara S.: Washington Crossing the Delaware. The Political Context, in: The American Art Journal 7 (1975), November, 70-78 (1975b).

Groseclose, Barbara S./Baumgärtel, Bettina: Stichwort „Leutze", in: Lexikon der Düsseldorfer Malerschule, hg. v. Kunstmuseum Düsseldorf im Ehrenhof und Galerie Paffrath, Bd. 2, München 1998, 335-339.

Haller, Gret: Die Grenzen der Solidarität. Europa und die USA im Umgang mit Staat, Nation und Religion, Berlin 2002.

Howard, Dick: Die Grundlegung der amerikanischen Demokratie, Frankfurt a.M. 2001.

Howat, John K.: Washington Crossing the Delaware, in: Bulletin. Metropolitan Museum of Art 26 (1967/68), 289-299.

Hütt, Wolfgang: Die Düsseldorfer Malerschule, Leipzig 1995.

Ickstadt, Heinz: Westward. Der amerikanische Westen als Realität und Mythos, in: Gaehtgens 1988, 80-86.

Irving, Washington: A History of the Life and Voyages of Christopher Columbus, Paris 1828.

Kotte, Eugen: „Not to have ideologies but to be one". Die Gründungsgeschichte der USA in amerikanischen Schulgeschichtsbüchern aus den Jahren 1968 bis 1985, Hannover 1997.

Kotte, Eugen: Geschichtsmythen und Ideologie in der US-amerikanischen Schulbuchhistoriographie der 1960er bis 1980er Jahre. Dargestellt am Beispiel der Deutung des Staatsgründungsprozesses in den USA, in: Schönemann, Bernd/Uffelmann, Uwe/Voit, Hartmut (Hg.): Geschichtsbewußtsein und Methoden historischen Lernens, Weinheim 1998.

Kreye, Andrian: Hysterie der Historisierung. Amerika sucht für den Krieg gegen den Irak schon jetzt einen Platz in der Geschichte, in: Süddeutsche Zeitung Nr. 177, 2. April 2003, 15.

Leutze, Emanuel: Return of Leutze, in: Bulletin of the American Art-Union 1851, September, 95.

Meinecke, Friedrich: Weltbürgertum und Nationalstaat. Studien zur Genesis des deutschen Nationalstaates, 3. A., München 1915.

Nell, William C.: The Colored Patriots of the American Revolution, with Sketches of Several Distinguished Colored Persons. To Which is Added a Brief Survey of the Condition and Prospects of Colored Americans, Boston 1855.

Neumeyer, Alfred: Geschichte der amerikanischen Malerei. Von der kolonialen Frühzeit bis zur naiven Malerei im 18. und 19. Jahrhundert, München 1974.

Petersen, Traute: Historienmalerei. Programm und Probleme, in: GWU 36 (1985), 565-576.

Popp, Susanne: Die Rückkehr der Historienmalerei. Ein Blick in deutsche und französische Schulgeschichtsbücher der neunziger Jahre, in: Internationale Gesellschaft für Geschichtsdidaktik (Hg.): Mitteilungen 21 (2000), H. 1, 41-49.

Popp, Susanne: „These are the times that try men's souls." Historische Imaginationen in Leutzes „Washington Crossing the Delaware" als Gegenstand historischen Lernens, in: Seidenfuß, Manfred/Reese, Armin (Hg.): Vorstellungen und Vorgestelltes. Geschichtsdidaktik im Gespräch. Uwe Uffelmann zum 65. Geburtstag, Neuried 2002, 171-198.

Praxis Geschichte: Bilder als Quelle, moderiert v. Herwig Buntz, 15 (2002), H. 2.

Prescott, William H.: History of the Conquest of Mexico, with a Preliminary View of the Ancient Mexican Civilization and the Life of Hernando Cortes, Philadelphia, London 1843.

Purcell, Sarah J.: Prince Whipple, in: American National Biography, Bd. 23, New York, Oxford 1999, 164 f.

Robertson, James Oliver: American Myth, American Reality, New York 1980.

Roth, Gerhard: Das Gehirn und seine Wirklichkeit. Kognitive Neurobiologie und ihre philosophischen Konsequenzen, 3. A., Frankfurt a.m. 1997.

Sauer, Michael: Bilder im Geschichtsunterricht, Seelze-Velber 2000.

Schroyen, Sabine: „Blutrothe demokratische Tendenzen" oder „schöne Eintracht". Die Gründung des Malkastens am 6. August 1848, in: Künstler-Verein Malkasten (Hg.): 1848-1998. 150 Jahre Künstler-Verein Malkasten, Düsseldorf 1997, 17-25.

Stehle, Raymond L.: Washington Crossing the Delaware, in: Pennsylvania History 31 (1964), 269-294.

Titzmann, Michael: Theoretisch-methodologische Probleme einer Semiotik der Text-Bild-Relationen, in: Harms, Wolfgang (Hg.): Text und Bild, Bild und Text. DFG-Symposion 1988, Stuttgart 1990, 368-384.

Truettner, William H. (Hg.): The West as America. Reinterpreting Images of the Frontier. 1820-1920, Washington, DC 1991 (Ausstellungskatalog).

Tuckerman, Henry: Artist-Life: or Sketches of American Painters, New York 1847.

Wasser, Hartmut: Die große Vision. Thomas Jefferson, die Lewis-Clark-Expedition und der amerikanische Westen, Opladen 2004 (i.E.).

Wierich, Jochen: Struggling through History, in: American Art Journal 2001; <http://nmaa-ryder.si.edu/journal/v15n2/wierich.html > (zuletzt geprüft am 07.07.2003).

Würfel, Maria: Interpretation von Bildern als Quellen, in: Hey, Bernd u.a. (Hg.): Umgang mit Geschichte, Stuttgart 1992, 169-202.

Reinhold Hedtke

Amerikanisierung oder Globalisierung der Weltwirtschaft?

Zur Position der USA im Welthandel und in globalen ökonomischen Institutionen

Amerikanisierung oder Globalisierung der Weltwirtschaft? Denkt man an die vorherrschenden Topoi im öffentlichen Diskurs zu dieser Frage: an den Siegeszug von Coca Cola und McDonald's, an das Diktat von IWF und WTO oder an die Dominanz von Dollar und Wall Street, scheint die Antwort von vornherein klar zu sein. Zur politischen, militärischen und kulturellen Hegemonie der USA scheint ein ökonomischer US-Imperialismus gut zu passen, der die Volkswirtschaften der Welt rücksichtslos den Interessen der amerikanischen Unternehmen unterwirft.

Selbstverständlich sind die Verhältnisse so einfach nicht, und ich werde kurz und beschränkt auf wenige Aspekte prüfen, ob ökonomische Globalisierung im Wesentlichen amerikanische Globalisierung bedeutet. Dabei konzentriere ich mich erstens auf die Stellung der US-Wirtschaft in der ökonomischen Globalisierung gemessen an der Lage auf den Gütermärkten, und zweitens auf die Politik der US-Regierung hinsichtlich zweier zentraler Institutionen der Weltwirtschaftsordnung: des Internationalen Währungsfonds (IWF) und der Welthandelsorganisation (WTO).

Andere wichtige Faktoren, die für die Frage nach einer Amerikanisierung der Weltwirtschaft analysiert werden müssten, kann ich hier nicht aufgreifen. Dazu gehören akteursspezifische und institutionelle Machtstrukturen auf den Kapitalmärkten, ausländische Direktinvestitionen und Unternehmensverflechtungen (vgl. Tab. 1)[1], durch die der Außenhandel stark substituiert werden kann, die wachsende Bedeutung des internationalen Handels mit Dienstleistungen[2], die Durchsetzungsfähigkeit amerikanischer Kapitaleigentümer im Geflecht der so genannten Global Players, die Ausrichtung ökonomischer Normierungen an US-amerikanischen Mustern (etwa bei Bilanzierungsrichtlinien) oder der Einsatz politischer Druckmittel zur Durchsetzung „amerikanischer Wirtschaftsinteressen".

---

1   Allerdings sollte dies nicht überschätzt werden. In den OECD-Ländern ist von 1991 bis 1998 der Anteil der ausländisch kontrollierten Unternehmen an der nationalen Industrieproduktion nur in den USA (von 30,9 % auf 41,9 % und von 405 auf 883 Mrd. US-Dollar) und in Großbritannien (von 11,2 % auf 11,8 %) gestiegen; während die USA im gleichen Zeitraum insgesamt einen Wertanteil von 33 % an der gesamten OECD-Industrieproduktion hatten, entfielen auf die ausländisch kontrollierten Unternehmen in den USA rund 50 % der gesamten OECD-Produktion dieses Unternehmenstyps (vgl. OECD 2002, 21).

2   Dies zeigt sich auch an den Direktinvestitionen. Während der Anteil des Dienstleistungssektors Anfang der 1960er Jahre etwa bei 50 % aller Direktinvestitionen lag, machte er im Jahre 2000 fast 65 % aus.

72

Tab. 1: Dynamik globaler ökonomischer Indikatoren 1990-1999 (Steigerungsfaktoren)

Art	Indikator [1]	Faktor
Bruttoinlandsprodukt	Faktorkosten [2]	1,4
Investitionen		1,3
Exporte		1,7
Direktinvestitionen [3]	Ströme	3,7
	Bestände	2,7
	Fusionen	4,8

(1) Bestände am jeweiligen Jahresende; (2) laufende Preise; (3) (inward+outward) / 2; Quelle: Deutscher Bundestag 2001, 12.

Bevor man die Frage der Amerikanisierung der Weltwirtschaft, der globalen Gütermärkte und globaler ökonomischer Regimes diskutieren kann, müssen die schillernden Begriffe „Globalisierung" und „Amerikanisierung" präzisiert werden.

Globalisierung

Ökonomische Globalisierung meint zunächst eine wachsende weltweite wirtschaftliche Verflechtung (Weizsäcker 2000, 47). Die vorherrschende Globalisierungsthese versteht unter „Globalisierung" einen Komplex von drei ökonomischen Prozessen (Fligstein 2000, 351-352).

Erstens, so wird behauptet, wachse der gesamte Welthandel dadurch, dass Unternehmen mit Unternehmen aus der ganzen Welt konkurrieren. Dies verursache eine qualitative Veränderung des Wettbewerbs, die man mit den Stichworten „Informationsgesellschaft", „internationale Unternehmensnetzwerke", „Deindustrialisierung der Ersten Welt" und „Verlagerung von Produktion und Arbeitsplätzen in Niedriglohnländer" charakterisieren könne. Dies führe in der Ersten Welt zu einer wachsenden Ungleichheit zwischen Globalisierungsgewinnern und Globalisierungsverlierern.

Zweitens wird angenommen, dass der Aufstieg von Schwellenländern, insbesondere der so genannten asiatischen Tigerstaaten, auf Kosten von Arbeitsplätzen in Europa und Nordamerika erfolge und dass dies ein typischer Prozess sei.

Drittens sind die Weltfinanzmärkte für Anleihen, Aktien und vor allem Währungen stark gewachsen. Dies bewirke einen Kontrollverlust der Zentralbanken, beschränke steuerpolitische Eingriffe des Staates und zwinge die Regierungen weltweit zu einer anlegerfreundlichen Finanz- und Steuerpolitik. Niedrige Inflation, geringes Wirtschaftswachstum, sinkende Staatseinnahmen und zunehmende Sparanstrengungen seien die Folgen. Staaten, so die Schlussfolgerung, seien nicht in der Lage, Politik gegen Deindustrialisierung und Spaltung ihrer Gesellschaften zu machen, sondern sie könnten lediglich ökonomische Anpassungsstrategien anwenden, das heißt: Inflationsraten senken, Zolltarife reduzieren und Arbeitnehmerrechte einschränken, um so ausländische Investoren anzulocken. Das einzige, was ihnen noch bleibe, sei Bildungspolitik. Aber nach PISA scheint sich diese Rest-Autonomie auch verflüchtigt zu haben.

Das ist in etwa Globalisierung als Negativszenario. In dieser Sicht erscheint Globalisierung meist als naturwüchsiger ökonomisch-gesellschaftlicher Prozess, dessen negative Folgen hingenommen werden müssen. Dem widersprechen Kritiker nachdrücklich und betonen, Globalisierung sei ein politisches Projekt des Neoliberalismus.

Globalisierung gibt es aber auch als Positivszenario. Dieses Szenario – das besonders unter Ökonomen sehr beliebt ist – verheißt, dass für fast alle fast alles gut wird, wenn erst einmal der freie Weltmarkt uneingeschränkt durchgesetzt sei. Dann werde sich eine optimale internationale Arbeitsteilung einstellen, die Produktionskosten seien deutlich niedriger als heute, und das Weltsozialprodukt werde ungeahnte Größenordnungen erreichen. Der Weltwohlstand nehme deutlich zu – und dafür müsse man kurzfristige Anpassungsprobleme in Kauf nehmen. Sie seien als eine Art von Entwicklungskosten für eine bessere Weltwirtschaftsordnung und ein höheres ökonomisches Leistungsniveau zu verstehen.

Nun kann man durchaus *unterschiedliche* Ordnungen eines freien Weltmarkts entwickeln und begründen. Aber seit einer Dekade dominiert ein neoliberales Modell, das seinen Ursprung und seine glühendsten Verfechter in den USA hat. Globalisierung ist deshalb nicht nur ein gesellschaftlicher Prozess, sondern auch – vielleicht vor allem – ein politisch-ökonomisches Programm (vgl. Fligstein 2002, 220 f.). Bei der Verbreitung neoliberaler Denkfiguren zur Globalisierung spielt auch die Dominanz des US-amerikanischen Markt-Liberalismus in den Wirtschaftswissenschaften eine wichtige Rolle. Denn Wissenschaften liefern Deutungsmuster, die die gesellschaftliche Kommunikation über Globalisierung prägen. Und viele Wirtschaftswissenschaftler haben einen starken didaktischen Drang: Sie wollen die Welt davon überzeugen, dass freie Märkte allen anderen Koordinationsmechanismen überlegen sind.

Die Frage einer Amerikanisierung der Weltwirtschaft betrifft damit zwei Ebenen: Auf der Ebene ökonomischer Aktivitäten, Prozesse und Strukturen geht es um die Frage einer *ökonomischen Amerikanisierung* und auf der Ebene wirtschaftspolitischer Leitbilder und der entsprechenden Institutionenpolitik im wirtschaftlichen Raum handelt es sich um die Frage einer *institutionellen Amerikanisierung*. Weitere Ebenen, etwa die Frage einer *kulturellen* Amerikanisierung, kann ich hier nicht berücksichtigen.

Amerikanisierung

Unter Amerikanisierung verstehe ich also einen zweidimensionalen Prozess, der den Anteil oder den Einfluss ökonomischer oder politischer Akteure der USA auf der ökonomischen und/oder wirtschaftsinstitutionellen Ebene deutlich erhöht.

Mit Amerikanisierung ist dann einerseits gemeint, dass der relative Anteil der US-Wirtschaft an wichtigen weltwirtschaftlichen Aggregatgrößen zunimmt. Andererseits meint Amerikanisierung zwei institutionelle Phänomene: erstens die Annahme, dass weltwirtschaftliche Institutionen wie der Internationale Währungsfonds, die Welthandelsorganisation oder die Weltbank zunehmend oder überwiegend von den USA gestaltet und beeinflusst werden, zweitens die Annahme, dass nationale Politiken zunehmend US-amerikanisch geprägten Leitbildern von Wirtschaftsordnung und Wirtschaftspolitik folgen.

Amerikanisierung in diesem Sinne würde ökonomische Leitbilder wie Marktwirtschaft und Freihandel einseitig für nationale Partikularinteressen instrumentalisieren; sie würde damit zur Ideologie. Die real existierende Weltwirtschaftsordnung und ihre Leitideen wären Spiegelbilder der asymmetrischen weltpolitischen Machtverhältnisse. Ob es angesichts der monopolähnlichen Position der USA als einziger Weltmacht und ihres derzeit dominierenden imperialen Politikmusters auf den Ebenen von Weltwirtschaftsordnung und Weltwirtschaftspolitik eine realistische Alternative zum utilitaristischen Unilateralismus gibt, mag hier dahingestellt bleiben.

Ich werde zunächst prüfen, ob die globalen Strukturen ökonomischer Prozesse Anzeichen einer Amerikanisierung aufweisen. Das ist mein nächster Punkt, bei dem ich mich auf den Welthandel konzentriere und die Finanzmärkte ausblende. Danach diskutiere ich kurz die Frage, ob es Indizien für eine wirtschaftsinstitutionelle Amerikanisierung gibt. Beides muss exemplarisch und kursorisch bleiben.

1   Amerikanisierung der Weltwirtschaft?

Schon die Diagnose einer ökonomischen Globalisierung an sich ist wissenschaftlich umstritten. Die Argumente der Skeptiker nennt der amerikanische Wirtschaftssoziologe Neil Fligstein in einer kritischen Analyse; einige Aspekte führe ich kurz auf.

Erstens: Welches reale Gewicht hat der Welthandel heute? Zwar steigt das Volumen des Welthandels absolut betrachtet dramatisch; relativ gesehen ist die Entwicklung aber eher unspektakulär. Der prozentuale Anteil des Welthandels am Weltwirtschaftseinkommen betrug 1913 etwa 14 Prozent; das ist etwa so viel wie Anfang der 1970er Jahre, also rund 60 Jahre später; 1969 lag dieser Wert noch bei 9 Prozent, und danach kam die „dramatische" Phase einer Globalisierung des Welthandels mit einer Steigerung auf 16 Prozent im Jahre 1981; die neunziger Jahre waren dagegen eher ruhig mit Schwankungen in einem Korridor zwischen 11 und 15 Prozent (vgl. Fligstein 2000, 353 f.). Allerdings muss man relativierend feststellen, dass der Welthandel schneller steigt als das Weltsozialprodukt (vgl. Tab. 1).

Zweitens: Wie viel von der wirtschaftlichen Welt wird wirklich globalisiert? 1913 fand 65 Prozent des Welthandels zwischen den entwickelten Ländern statt; das ist bis heute in etwa gleich geblieben (vgl. Fligstein 2000, 354). Auch die Größenordnung der Welthandelsanteile, die auf die Regionen Nordamerika, Europa, Lateinamerika und Japan entfallen, hat sich in den letzten zwanzig Jahren kaum verändert. Asiens Anteil steigt stark, formal-statistisch gesehen „auf Kosten" von Osteuropa, Afrika, Nahem und Mittlerem Osten, deren Anteile sich drastisch verschlechtern. Im Jahr 2000 entfielen etwa 36 Prozent des Welthandels mit Gütern auf den so genannten Intratrade[3], den Binnenhandel mit Gütern innerhalb regionaler Freihandelszonen. In der gesamten

---

3   Dies ist ein verglichen mit den 1990er Jahren recht niedriges Niveau; den globalen Rückgang im Jahr 2000 verursacht die Entwicklung in der EU.

letzten Dekade entfallen hohe Anteile auf den Intratrade der Europäischen Union und des Nordamerikanischen Freihandelsabkommens, allerdings mit gegenläufiger Tendenz in der EU einerseits und NAFTA und ASEAN andererseits (vgl. Tab. 2).

Tab. 2: Anteile des regionalen Binnenhandels mit Gütern 1990-2001 [1]

	EU	NAFTA [2]	ASEAN [3]
1990	63,0	34,4	16,2
1995	65,2	37,7	18,9
1996	64,9	39,0	19,6
1997	63,5	39,9	20,2
1998	64,0	40,3	22,6
1999	63,2	40,4	22,7
2000	60,2	39,9	23,6
2001	60,9	39,5	22,8

(1) Anteil am gesamten Außenhandel der beteiligten Ländern in %; (2) Kanada, Mexiko, USA; (3) Indonesien, Malaysia, Philippinen, Singapur, Thailand, Brunei, Kambodscha, Laos, Myanmar, Vietnam. Quelle: WTO 2002.

In Wirklichkeit ist die so genannte Globalisierung also eine supranationale Regionalisierung, von der ganze Weltregionen fast ausgeschlossen sind. Statt von Globalisierung zu sprechen, müsste man den Begriff Großregionalisierung verwenden und diese als asymmetrisch kennzeichnen.

Tab. 3: Exportpositionen

	Anteile in 2000 am	
	Weltexport	Weltsozialprodukt
USA	12,3 %	30,7 %
Eurozone [1]	28,5 %	20,9 %
Deutschland	8,7 %	6,6 %
Frankreich	4,7 %	4,6 %

(1) Ohne Luxemburg und Griechenland. Quelle: eig. Ber. nach WTO 2001, 2002 und Weltbank 2003.

Drittens: Welche Position haben die USA im Welthandel heute? Nach Großregionen betrachtet lag der Anteil Nordamerikas am Weltexport 1995 bei knapp 16 Prozent, der Westeuropas bei knapp 45 Prozent und der Asiens bei gut 17 Prozent. Der Anteil der USA am Weltbruttosozialprodukt (genauer: Bruttoinländerprodukt) lag im Jahr 2000 bei gut 30 Prozent, der aller Länder der Eurozone bei 21 Prozent (vgl. Tab. 3). Das spiegelt das absolut gesehen große Gewicht der amerikanischen Volkswirtschaft wider. Aber ihr Anteil am Weltexport lag im Jahre 2000 nur bei gut 12 Prozent, während Deutschland und Frankreich zusammen schon über 13 Prozent (bei rund 11 Prozent des Weltsozialprodukts) und die Eurozonen-Länder in etwa 29 Prozent des Weltexports leisten (ohne Luxemburg und Griechenland).

Tab. 4: Länderanteile am Wert des Weltgüterhandels im Jahr 2000 (Wert in %)

Land	Export	Import	Land	Export	Import	Land	Export	Import
USA	12,3	18,9	Korea (Süd)	2,7	2,4	Thailand	1,1	0,9
Deutschland	8,7	7,5	Mexiko	2,6	2,7	Österreich	1,0	1,0
Japan	7,5	5,7	Taiwan	2,3	2,1	Australien	1,0	1,1
Frankreich	4,7	4,6	Singapur	2,2	2,0	Indonesien	1,0	0,5
Großbritannien	4,5	5,1	Spanien	1,8	2,3	Norwegen	0,9	0,5
Kanada	4,3	3,7	Russ. Föderat.	1,7	0,7	Brasilien	0,9	0,9
China	3,9	3,4	Malaysia	1,5	1,2	Dänemark	0,8	0,7
Italien	3,7	3,5	Schweden	1,4	1,1	Finnland	0,7	0,5
Niederlande	3,3	3,0	Saudi-Arabien	1,3	0,5	...	...	
Hongkong	3,2	3,2	Schweiz	1,3	1,3	...	...	
Belgien	2,9	2,6	Irland	1,3	0,8	Portugal	0,4	0,6

Quelle: WTO 2001; Reihenfolge nach Exportquoten.

Dahinter steht ein längerfristiger Prozess der Relativierung der amerikanischen Position im Welthandel, was sich auch im relativ hohen Importanteil zeigt (vgl. Tab. 4). Der Weltexportanteil der USA lag 1963 mit 17,4 Prozent noch fast um die Hälfte höher als in 2000 (vgl. Rode 1999, 11). Die Erfahrung, dass die eigene internationale Wettbewerbsfähigkeit nachlässt, fördert protektionistische Phantasien, Forderungen und Politiken (vgl. 2.3).

Verglichen mit anderen Industrieländern hängt die US-amerikanische Wirtschaft nur wenig vom Export ab: Der Exportanteil am Bruttoinlandsprodukt der USA lag 1995 bei 8 Prozent, im OECD-Durchschnitt dagegen bei rund 23 Prozent, also fast dreimal höher. Allerdings hat sich die Exportabhängigkeit der US-Wirtschaft seit 1970 etwa verdoppelt (vgl. Rode 1999, 11 f.). Dennoch erreicht die US-Exportquote in der zweiten Hälfte der 1990er Jahre nur etwa 11 Prozent gegenüber etwa einem Drittel im Durchschnitt der Länder der Europäischen Währungsunion (vgl. Tab. 5).

Tab. 5: Exportquoten am Bruttosozialprodukt 1997-1999 [1]

	1997	1998	1999	2000
Deutschland	27,9	28,9	29,4	33,4
Frankreich	25,5	26,1	26,1	28,7
Großbritannien	28,5	26,5	25,9	27,2
Italien	26,4	26,4	25,6	28,4
Japan	10,7	10,7	10,0	...
USA	11,7	11,1	10,7	...
Europäische Währungsunion	32,0	32,6	32,7	33,7

(1) Wert des Güter- und Dienstleistungsexports (in US-Dollar) in % des jeweiligen Bruttosozialprodukts. Quelle: Worldbank Data Query.

Die relativ geringe Exportquote der USA steht im Zusammenhang mit einer relativ geringen Offenheit der US-Volkswirtschaft insgesamt. Nimmt man den Anteil des gesamten Außenhandels (Import und Export) als Maßstab für die Offenheit einer Volkswirtschaft, sind die USA signifikant weniger offen als der OECD- und als der Weltdurchschnitt (vgl. Tab. 6). Allerdings muss man berücksichtigen, dass in den USA – aber auch in anderen Ländern – zunehmend die Produktion der unter ausländischer Kontrolle stehenden inländischen Unternehmen an die Stelle von Importen tritt. In den letzten zehn Jahren sind weltweit rund 30 Prozent aller Direktinvestitionen in die USA geflossen.

Tab. 6: Offenheit ausgewählter Volkswirtschaften 1970-1998 [1]

	1970	1980	1990	1995	1998
Welt	28,0	40,0	38,9	42,9	44,9
OECD-Länder	26,2	36,0	33,9	38,8	40,2
Deutschland				46,9	56,1
Frankreich	31,1	44,3	45,1	44,7	49,6
Großbritannien	45,2	52,3	51,5	57,9	53,9
Italien	32,9	46,7	40,0	51,2	49,6
Japan	20,3	28,3	20,6	17,3	20,3
USA	11,4	21,1	21,2	24,3	23,9

(1) Die Offenheit einer Volkswirtschaft ist definiert als Anteil des gesamten Außenhandels (Exporte + Importe) am Sozialprodukt. Quelle: Deutscher Bundestag 2001, 49; Primärquelle: Worldbank 2000.

Die oft pauschal angeführten ausländischen Direktinvestitionen (multinationale Konzerne, internationale Kapitalverflechtung) unterstützen die Diagnose einer „Amerikanisierung" der Weltwirtschaft zumindest für die letzte Dekade nicht (vgl. Tab. 7). Großbritannien, Japan und Frankreich sind die bei weitem wichtigsten ausländischen Direktinvestoren unter den OECD-Ländern (Nettoströme), während die USA, Großbritannien und einige andere europäische Länder Hauptziel dieser Investitionen waren.

Tab. 7: OECD-Länder und ausländische Direktinvestitionen 1992-2001 [1]

Zufluss		Abfluss		Nettoabfluss	
USA	29,5	USA	22,0	Großbritannien	44,2
Großbritannien	10,3	Großbritannien	16,0	Japan	39,6
Belgien, Luxemburg	9,8	Frankreich	11,2	Frankreich	33,1
Deutschland	7,9	Deutschland	9,2	Deutschland	15,3
Frankreich	6,8	Japan	8,8	Schweiz	13,6
Niederlande	5,5	Belgien, Luxemburg	8,0	Niederlande	9,2
Kanada	4,3	Niederlande	6,1	Italien	4,2
Schweden	3,6	Kanada	3,8	Spanien	4,2
Spanien	3,2	Schweiz	3,5	Finnland	4,0
				...	
				USA	-27,5
OECD zusammen	100	OECD zusammen	100		

(1) Ströme, in % von allen ausländischen Direktinvestition in der OECD (1991-2001 kumuliert); Reihenfolge nach jeweiligem Rang. Quelle: eig. Berechnung n. OECD 2002, 17.

Als Zwischenfazit kann man feststellen, dass von einer *ökonomischen* Amerikanisierung der Weltwirtschaft wenig zu spüren ist, wenn man den Welthandel mit Gütern betrachtet und die Finanzmärkte unberücksichtigt lässt. Auch wenn man bedenkt, dass der Welthandel durch die internationale Verflechtung der Unternehmensstrukturen und durch neue Mischformen von Konkurrenz und Kooperation („coopetition") gegenüber unternehmensinternen Austauschprozessen als Indikator an Bedeutung verliert, haben die USA wohl keine global dominante Handelsposition.

Vielleicht erweist sich Globalisierung dann eher als eine *ideologische* denn realwirtschaftliche Amerikanisierung der Weltwirtschaftspolitik. Denn Globalisierung ist ein politisches Projekt und kein ökonomisch naturwüchsiger Prozess, und die Rede von der Unausweichlichkeit der Globalisierung wird in vielen Ländern, auch in den USA, innenpolitisch instrumentalisiert. Aber das ist ein anderes Thema.

2 Institutionelle Amerikanisierung?

Wie sieht die Lage auf der Ebene der weltwirtschaftlichen Institutionen aus? Dienen sie der Durchsetzung handelspolitischer Interessen der USA oder werden sie dazu umfunktioniert? Kann man von einer Amerikanisierung der Weltmarktinstitutionen sprechen?

Der interessierte Zeitungsleser könnte einiges für eine amerikanische Hegemonie in der real existierenden Weltwirtschaftsordnung anführen: das Vetorecht der USA im Internationalen Währungsfonds, Sonderrechte in der Welthandelsorganisation, den offenen Protektionismus der US-Administration z.B. für Stahl, Textil und Landwirtschaft oder den massiven politischen Druck, Märkte für genmanipulierte Nahrungsmittel zu öffnen.

2.1 Internationaler Währungsfond

Relativ klar scheint die Diagnose für den IWF zu sein. Einer der Kronzeugen ist hier der ehemalige Chefökonom der Weltbank, Joseph Stiglitz (vgl. Stiglitz 2002a, b). An einer Fülle von Beispielen wie etwa den Krisen in Korea, Indonesien oder Russland zeigt er, wie der IWF immer wieder und schematisch die gleiche wirtschaftspolitische Rezeptur empfiehlt und – in den meisten Fällen – deren Umsetzung erzwingt.

Nach Stiglitz hängt der IWF einer Ideologie freier Märkte an, die man mit den Stichworten Privatisierung öffentlicher Unternehmen, Liberalisierung der Finanzmärkte, Haushaltsausgleich, Inflationsabbau andeuten kann. Der IWF vertritt die Interessen der Finanzbranche, insbesondere der Wall Street, und multinationaler Unternehmen (vgl. Stiglitz 2001). Und gegenüber den Regierungen der Kreditnehmerländer setzt der IWF sein Leitbild und seine Rezepturen relativ brutal durch: Das Land, das sie nicht anwendet, bekommt kein Geld. Zusätzlich wird es öffentlich vom IWF kritisiert, was oft zu Kapitalflucht und höheren Kreditzinsforderungen führt (vgl. Stiglitz 2002a, 58 f.). Hier finden wir die Globalisierung als ein politisches, als ein neoliberales Projekt; Kritiker nennen es Globalismus, um eine Unterscheidung zur Globalisierung zu ziehen (vgl. Steger 2002, 65).

Der IWF spielt seine heutige Hauptrolle als Hilferegime für Schwellen- und Entwicklungsländer, die in Liquiditätsprobleme geraten sind, erst seit der Schuldenkrise der achtziger Jahre (vgl. Rode 2002, 6). Er bildet in solchen Krisen die einzige noch übrig gebliebene Liquiditätsquelle („lender of last resort"), deshalb schlagen seine Konditionen und Auflagen auf die Wirtschafts- und Sozialpolitiken der Kreditnehmerländer durch (vgl. Rode 2002, 6). Insofern ist der IWF ein Regime der globalen Marktwirtschaft, das liberale Wirtschaftspolitiken erzwingt und überwacht (vgl. Rode 2002, 9). Aber drückt das den Einfluss der USA im IWF aus?

Tab. 8: Sonderziehungsrechte und Stimmrechte im IWF (in %)

	SZR-Quoten	Stimmrechte
USA	17,46	17,10
Japan	6,26	6,14
Deutschland	6,11	6,00
Frankreich	5,05	4,95
Großbritannien	5,05	4,95
Italien	3,32	3,26
China	2,99	2,94
Kanada	2,99	2,94
Russ. Föderation	2,79	2,75
Niederlande	2,43	2,39

Quelle: IMF 2003.

Die USA verfügen bei allen strategischen Entscheidungen des IWF über eine faktische Sperrminorität. Die Leitungsgremien benötigen für wichtige Beschlüsse mindestens 85 Prozent der Stimmen. Die Stimmen eines Mitgliedslandes werden nach dessen Einzahlungsquoten bemessen, die sich nach der Wirtschaftskraft des Landes richten (vgl. Tab. 8). Auf die USA entfallen 17,1 Prozent der Stimmrechte; sie haben also ein faktisches Vetorecht; Deutschland, Frankreich, Großbritannien und die Niederlande beispielsweise würden zusammen rund 18,3 Prozent erreichen. 1945 hatten die USA noch einen Quotenanteil von 36 Prozent (vgl. Rode 2002, 4). Wenn sich die Quote und damit das Stimmrecht der USA in gut 50 Jahren in etwa halbieren, kann man daraus wohl kaum auf eine Amerikanisierung des IWF schließen.

Nun könnte man einwenden, dass die USA ihr Vetorecht nutzen können, um andere Länder daran zu hindern, die Strategie des IWF zu ändern. Aber auch das ist kaum der Fall. Vielmehr kontrolliert faktisch die Gruppe der G7-Länder die IWF-Politik (Deutschland, Großbritannien, Frankreich, Italien, Japan, Kanada, USA); sie verfügen über eine Gesamtquote von rund 45 Prozent. Zugleich gilt, dass sich die ökonomische Dominanz der US-Volkswirtschaft institutionell in eine Vetooption der US-Administration transformiert, sodass der IWF in wichtigen Fragen von der Zustimmung der USA abhängt. Dies als Amerikanisierung zu diagnostizieren, halte ich für übertrieben.

Auch die intellektuelle Dominanz der US-Wirtschaftswissenschaft transformiert sich in die IWF-Politik. Denn das Denken seines professionellen Personals ist vom neoliberalen Mainstream der Wirtschaftswissenschaft geprägt. Hinzu kommt, dass einiges dafür spricht, dass der IWF eine Politik im generalisierten und im konkreten Interesse der privaten Gläubiger, d.h. der internationalen Finanzwelt, betreibt (vgl. Stiglitz 2002a, 238-245). Angesichts der relativ starken globalen Position US-amerikanischer Finanzunternehmen erscheint dies als eine Form von Amerikanisierung, wobei aber gleichermaßen Finanzinteressen außerhalb der USA bedient werden.

Insgesamt gesehen muss man feststellen, dass der IWF von den Interessen (mächtiger ökonomischer Akteursgruppen) der großen nördlichen Industrieländer dominiert wird und nicht von den USA allein. Aber gegenüber ihren nationalen Öffentlichkeiten führen die Regierungen gerne ein auch im EU-Europa recht bekanntes Schauspiel auf. Die Regierungen leiten die öffentliche Kritik an den eigenen Entscheidungen, die sie selbst über ihre weisungsgebundenen Vertreter in der Institution IWF getroffen haben, und an deren Folgen auf „den IWF" ab (oder auf die dortige Dominanz der USA), dessen Politik sie sich angeblich beugen müssen, weil sie dort keinen maßgeblichen Einfluss haben.

Diese Kommunikationsfigur gehört zum Komplex der rhetorischen Naturalisierung von politisch initiierten und (mit-)gestalteten Prozessen und Strukturen. Wie bereits angesprochen erfreuen sich diese Figuren in der Globalisierungsdebatte einer großen Beliebtheit. Das, was man als Folge von konkreten ökonomischen und politischen Entscheidungen identifizieren kann, wird als quasi-natürlicher Evolutionsprozess in Analogie zu Naturgewalten dargestellt, die man weder auslösen noch aufhalten noch gestalten kann. Was politisch bleibt, ist, sich ihnen möglichst geschickt anzupassen. Der besondere Charme dieser Rhetorik liegt natürlich darin, dass Opfer unvermeidlich sind und es keine Verantwortlichen dafür gibt.

Demgegenüber erscheint mir ein zugleich strukturations- und akteurstheoretischer Erklärungsansatz weit angemessener, der betont, dass Nationalstaaten einerseits mächtige Akteure sind, die das globale System, in dem sie sich befinden, gestalten und bestimmen, dass andererseits aber das globale System auch die Nationalstaaten beeinflusst. Wir haben es also mit einem komplexen Prozess der Koevolution von Nationalstaaten und Globalisierung zu tun, in dem die Staaten eine wichtige Rolle als Schöpfer und Bewahrer einer globalen ökonomischen Architektur spielen (vgl. Hobson/Ramesh 2002). Einen wichtigen Stützpfeiler dieser Architektur bildet die Welthandelsorganisation.

2.2 Welthandelsorganisation

Auch der Welthandelsorganisation wird vorgeworfen, dass sie die Interessen der USA und der übrigen nördlichen Industrieländer bevorzuge. Entwicklungsländer würden gezwungen, Zölle und Subventionen zu beseitigen und ihre Märkte den Produkten der Industrieländer zu öffnen. Dagegen schotteten die Industrieländer ihre Märkte ab und protegierten ihre Unternehmen, indem sie z.B. die Landwirtschaft subventionieren und die Textilindustrie vor Importen schützen (vgl. Stiglitz 2001, 2002a).

Die Welthandelsorganisation hat sich der Freihandelsidee verschrieben. Sie ist die globale Regulierungsinstanz für drei Bereiche der Weltwirtschaft: Warenhandel, Dienstleistungshandel und Schutz des geistigen Eigentums. Das Recht der WTO gilt im internationalen Wirtschaftsverkehr der Mitgliedsstaaten unmittelbar. Die WTO entscheidet Grundsatzfragen konsensuell nach dem Einstimmigkeitsprinzip (vgl. Willke 2001, 182). Kommt es über Handelshemmnissen zu Streitigkeiten zwischen den Mitgliedern, wird eine Schlichtung durchgeführt. In einem zweistufigen Verfahren entscheiden *Experten*gremien, und zwar endgültig. Deren Entscheidungen werden weitgehend automatisch vom *politischen* WTO-Rat übernommen (vgl. Willke 2001, 184). Die USA allerdings unterwerfen sich diesen Entscheidungen nur bedingt. Für die Fälle, in denen sich WTO-Entscheidungen gegen US-Interessen richten, hat der Kongress eine „WTO Dispute Settlement Review Commission" eingerichtet (vgl. Willke 2001, 185). Deren Richter prüfen, ob die WTO-Experten ihre Kompetenzen überschritten und sich außerhalb des WTO-Konsenses begeben haben.

Wie ist das zu interpretieren? Es scheint zunächst gut zur These von den Sonderrechten für die Weltmacht USA zu passen. Aber eine komplexere Interpretation scheint mir plausibler. Die Übertragung nationaler Souveränität an Organisationen wie die WTO, die institutionale ökonomische Globalisierung und die Einrichtung von globalen Regimes der Selbststeuerung sind schon sehr weit fortgeschritten; deshalb brauchen nationale Akteure eine symbolische Selbstvergewisserung (vgl. Willke 2001, 185). Diese Symbolfunktion für nationale Politikakteure übernehmen parallel zum Welthandelsregime installierte nationale Kontrollinstanzen; zusätzlich dienen sie als Legitimation gegenüber den betroffenen nationalen Unternehmen und Interessenverbänden.

So gesehen überschätzt die Rede von einer Amerikanisierung der Weltwirtschaft die internationale Strategiefähigkeit nationaler ökonomischer und politischer Akteure. Realistischer ist meines Erachtens die Diagnose von Helmut Willke; danach ist das komplexe Zusammenspiel unterschiedlicher globaler institutioneller Kontexte von einem einzelnen Akteur nicht mehr beherrschbar (vgl. Willke 2001, 183).

Auch in zeitgeschichtlicher Perspektive entspricht der undifferenzierte Vorwurf des institutionellen Protektionismus nicht der faktischen US-Politik. Diese hat sich in den Jahrzehnten nach 1945 grundsätzlich nachhaltig für die Freihandelsidee eingesetzt, und dies bedeutete einen radikalen Kurswechsel gegenüber der traditionell stark protektionistischen Grundhaltung US-amerikanischer Außenhandelspolitik. Allerdings muss man zwei Einschränkungen berücksichtigen. Erstens genießt die amerikanische Volkswirtschaft schon auf Grund der schieren Größe ihres Binnenmarkts eine relativ hohe Unabhängigkeit gegenüber dem Außenhandel (vgl. Frühboldt 2000; vgl. Tab. 4). Zweitens verließ die US-Regierung ihren Freihandelskurs, als die ökonomische Hegemonie der USA zu bröckeln begann, und wendete wieder eine breite Palette protektionistischer Instrumente an (vgl. Rode 1999, 13). Diese widersprüchliche Politik scheint mir bis heute anzuhalten. Das wirft eine wichtige, auch wirtschaftsgeschichtlich höchst interessante Grundsatzfrage auf: Ist Freihandel nur eine Schönwetterpolitik für die stärksten Volkswirtschaften der Welt? Dies zu diskutieren, sprengt jedoch den Rahmen, der mir hier zur Verfügung steht.

2.3 Das Beispiel Bananen

Weitere Zweifel an der schlichten Diagnose einer Amerikanisierung der Weltwirt-schaft ergeben sich, wenn man eine innenpolitische Perspektive wählt. Von innen be-trachtet zeigt sich die Außenhandelspolitik der USA keineswegs ideologisch und machtpolitisch so eindeutig, wie es die Varianten der ökonomischen Imperialismus-these unterstellen (vgl. Cadot/Webber 2002).

Das will ich kursorisch am bizarren Bananenstreit zwischen den USA und der EU il-lustrieren, der mehr als acht Jahre dauerte. Er wurde durch die EU-Regulierung des Bananenhandels von 1993 ausgelöst, die mit Zöllen, Subventionen und Importquoten die Bananenproduzenten in der EU und den AKP-Staaten[4] bevorzugte.

Was brachte die US-Administration dazu, über viele Jahre hinweg massiv zu Gunsten der Partikularinteressen von Chiquita zu intervenieren (vgl. zum Folgenden Cadot/ Webber 2002 und Hujer 2001)? Die beiden US-Unternehmen Dole und Del Monte re-agierten auf die protektionistische EU-Bananenpolitik, indem sie europäische Impor-teure aufkauften, in ein europäisches Distributionsnetz investierten und sich so wieder Zugang zu diesem Markt verschafften. Chiquita dagegen hat diese Investitionen ver-schlafen – um so mehr hat es politisch investiert. Allein für die letzte Präsident-schaftswahl hat Chiquita gut eine Million Dollar an die Republikaner und 676.000 Dollar an die Demokraten gespendet. Dole dagegen zeigte sich knauserig und spendete nur 134.000 Dollar an die Republikaner und 25.000 Dollar an die Demokraten.

Was wenig überrascht: Die Lösung des Bananenstreits zwischen den USA und der EU spiegelt diese politischen Investitionen wider. Die politischen Administrationen einig-ten sich im Jahre 2001, wenige Monate nach dem Amtsantritt von George Bush, dar-auf, ihrem Kompromiss real existierende Marktanteile zu Grunde zu legen – aber die von Mitte der 1990er Jahre. Damals war – welch ein Zufall – Chiquita noch mit Ab-stand der größte Importeur in Europa. Nun haben Dole und Del Monte, die ökono-misch gehandelt haben, das Nachsehen gegenüber Chiquita, das „politische" Aktivitä-ten bevorzugt hat.

Was von außen betrachtet als Politik für übergeordnete ökonomische Interessen der amerikanischen Volkswirtschaft erscheint, entpuppt sich als Politik für ökonomische Partikularinteressen, die einem volkswirtschaftlichen „Gesamtinteresse" in aller Regel widerspricht und dennoch als dieses schützend kommuniziert wird. Für solche Politi-ken gibt es viele weitere Beispiele, etwa die politische Unterstützung für die Bildung eines Aluminiumkartells zum Schutz der US-amerikanischen Aluminiumproduzenten im Jahre 1994 (vgl. Stiglitz 2002a, 203-205). Von „den" handelspolitischen Interessen zu sprechen, ist also eine grobe Vereinfachung, denn die konkrete Außenhandelspoli-tik ist auch Resultat inneramerikanischer Konflikte in wechselnden Koalitionen und zwischen unterschiedlichen Brancheninteressen, die um staatliche Protektion ringen. Dieser Typ von politischer Intervention für Partikularinteressen – bei Bananen für mehr Freihandel, bei Stahl dagegen für mehr Protektion – ist m.E. repräsentativ, aber

---

4   Gruppe von Ländern der Dritten Welt der Regionen Afrika, Karibik und Pazifik, zu der die Staa-ten der EU seit dem Lomé-Abkommen von 1975 besondere Beziehungen haben.

nicht nur für die USA, sondern auch für die EU-Administration und die nationalen Regierungen in Europa. Wo diese Art von partikularistischem Protektionismus stärker ausgeprägt ist, wäre empirisch zu prüfen.

Schluss

Nach diesen Überlegungen kann man von einer Amerikanisierung der Weltwirtschaft in den Feldern, die hier diskutiert wurden, in sinnvoller Weise nicht sprechen.

Das gilt zunächst für die *ökonomische* Ebene. Klar ist erstens, dass die US-amerikanische Volkswirtschaft relativ zu anderen Nationen ein großes ökonomisches Gewicht hat, schon allein auf Grund der puren Faktizität des größten Wirtschaftsraumes, des höchsten Sozialprodukts und der vitalen Wachstumskräfte. Diese starke Stellung resultiert aber zweitens nicht zuletzt aus der relativen Wachstumsschwäche und aus dem wirtschafts- und finanzpolitischen Partikularismus der wichtigsten globalen Wettbewerber, den Volkswirtschaften Japans und der Europäischen Union. Drittens spielen die USA nach traditionellen Messgrößen des Außenhandels global keine hervorgehobene ökonomische Rolle. Schließlich sollte man nicht vergessen, dass der Begriff „Großregionalisierung" die Lage der Weltwirtschaft besser beschreibt als „Globalisierung". Einschränkend sei erneut betont, dass sich die Situation auf den *Finanz*märkten und aus finanz- und wirtschafts*psychologischer* Sicht anders darstellen kann.

Für die *institutionelle* Ebene ziehe ich ein ähnliches Fazit. Erstens kann man hier insofern von Globalisierung sprechen, als sich mit Institutionen wie IWF und WTO eine Art von Weltwirtschaftsordnung herausbildet, die die Großregionen übergreift. Unbestreitbar hat die US-Regierung in diesen Institutionen eine relativ starke Stellung. Diese gründet sich aber nur in zweiter Linie auf Sonderrechte. In erster Linie verdankt sie sich der realwirtschaftlich herausgehobenen Position der amerikanischen Volkswirtschaft. Von Amerikanisierung zu sprechen ist hier wenig sinnvoll.

Nicht zu vergessen ist zweitens, dass eine zunehmend aggressive US-amerikanische Außenhandelspolitik ein leichtes Spiel hat, wenn die übrigen großen Volkswirtschaften weltwirtschafts- und außenhandelspolitische Divergenzen pflegen.

Insgesamt ist die öffentliche Kritik an der Amerikanisierung recht selektiv. Der Vorwurf einer aggressiven Handelspolitik und eines hartnäckigen Protektionismus scheint mir meist nur eine Projektion auf den amerikanischen „Lieblingsfeind" darzustellen.

Es stimmt zwar, dass sich universale Freihandelsagenda und partikularistisch-protektionistische Politik oft widersprechen. Aber eine aggressive Interessenpolitik im Außenhandel ist wohl keine Besonderheit der Vereinigten Staaten. Und dass unter ökonomisch ungünstigen Rahmenbedingungen der Druck in Richtung Protektionismus steigt, ist wohl kaum typisch amerikanisch. Ich will nur auf den Agrarprotektionismus der EU verweisen. Hier ist es einer ökonomisch winzigen Branche gelungen, die nationalen Regierungen und ihr supranationales System in den Dienst ihrer Partikular- und Regionalinteressen zu stellen und sich massiv und dauerhaft zu bereichern: auf Kosten der Konsumenten, der Steuerzahler und ihrer Wettbewerber auf dem Weltmarkt für Agrarprodukte. Auch die EU-Handelspolitik verkörpert also die kontingente Selekti-

84

vität, mit der politische Akteure auf unterschiedliche ökonomische Interessen und Interessenten reagieren.

Eine letzte Bemerkung: Ich halte die Rede von der Amerikanisierung der Weltwirtschaft auch deshalb für verfehlt, weil sich dahinter die Vorstellung einer globalen ökonomischen Konkurrenz von *Staaten* verbirgt. Das ist eine kühne und irreführende Idee (vgl. Krugman 1999, 105-122). Erstens können auf Weltmärkten nur Unternehmen konkurrieren und Anleger sowie – wenn man sie denn ließe – auch Arbeitskräfte. Zweitens ist gerade bei den Konzernen, die man als globale Spieler bezeichnet, die eindeutige Feststellung *einer* Nationalität auf Grund ihrer vielfältigen internationalen Verflechtungen äußerst schwierig. Drittens dient der Mythos der Wettbewerbsfähigkeit oft nur dazu, in einem Land politische Maßnahmen durchzusetzen, die ansonsten nicht akzeptiert würden. Kurz: Die ökonomische Globalisierung wird missbraucht, um dem neoliberalen *Globalismus* Bahn zu brechen.

Beides durchschaubar zu machen, die Selektivität und Instrumentalisierung des Vorwurfs der Amerikanisierung und die Instrumentalisierung der Globalisierung, gehört zu den wichtigen Aufgaben politischer Bildung. Sich dabei auf amerikanische Konsum-Ikonen wie Coca Cola oder McDonald's zu beschränken, greift viel zu kurz.

Literaturverzeichnis

Brühl, Tanja/Debiel, Tobias/Hamm, Brigitte/Hummel, Hartwig/Martens, Jens (Hg.): Die Privatisierung der Weltpolitik. Entstaatlichung und Kommerzialisierung im Globalisierungsprozess, Bonn 2001.

Cadot, Olivier/Webber, Douglas: Banana Splits. Policy Process, Particularistic Interests, Political Capture and Money in Transatlantic Trade Politics, in: Business and Politics 4 (2002), 1 (April), 5-39.

Deutscher Bundestag (Hg.): Zwischenbericht der Enquête-Kommission Globalisierung der Weltwirtschaft, Bonn 2001 (BT Drucksache 14/6910 vom 13.09.01).

Deutscher Bundestag (Hg.): Schlussbericht der Enquête-Kommission Globalisierung der Weltwirtschaft, Opladen 2002 (Lizenzausgabe für die Bundeszentrale für politische Bildung).

Fligstein, Neil: Verursacht Globalisierung die Krise des Wohlfahrtsstaates?, in: Berliner Journal für Soziologie 10 (2000), 3, 349-378.

Fligstein, Neil: The Architecture of Markets. An Economic Sociology of Twenty-First-Century Capitalist Societies, Princeton, Oxford 2002.

Frühboldt, Lutz: Wirtschaftsentwicklung in den USA, in: Bundeszentrale für politische Bildung (Hg.): USA. Geschichte, Politik, Wirtschaft, Bonn 2000 (Informationen zur politischen Bildung, 268). <http://www.bpb.de/publikationen/07685618810104409462038048493671,0,0,Wirtschaftsentwicklung_in_den_USA.htm> vom 04.02.2003 (zuletzt geprüft am 08.07.2003).

Hobson, John M./Ramesh, M.: Globalisation Makes of States What States Make of It: Between Agency and Structure in the State/Globalisation Debate, in: New Political Economy 7 (2002), 1 (March), 5-22.

Hujer, Marc: Der Bananenstreit als Exempel. Lobbyisten und US-Handelspolitik. Wie wirtschaftliche Einzelinteressen politische Entscheidungen beeinflussen, in: Süddeutsche Zeitung, 27.06.2001, 26.

IMF (= International Monetary Fund): IMF Members' Quotas and Voting Power, and IMF Governors (January 09, 2003), <http://www.imf.org/external/np/sec/memdir/members.htm> vom 03.02.2003 (zuletzt geprüft am 08.07.2003).

Krugman, Paul: Der Mythos vom globalen Wirtschaftskrieg. Eine Abrechnung mit den Pop-Ökonomen, Frankfurt a.M. 1999.

OECD Directorate for Financial, Fiscal and Enterprise Affairs: Trends and Recent Developments in Foreign Direct Investment, <http://www.oecd.org/pdf/M00031000/M00031885.pdf> vom 24.10.2002 (zuletzt geprüft am 08.07.2003).

Rode, Reinhard: Die amerikanische Wirtschaft. Binnenentwicklung und Außenverflechtung, in: Wasser, Hartmut (Hg.): USA. Wirtschaft, Gesellschaft, Politik. Opladen 1999, 165-190. Hier zitiert nach der online-Version <http://www.politik.uni-halle.de/rode/texte/uswirtsch.PDF> vom 20.10.2002 (zuletzt geprüft am 08.07.2003).

Rode, Reinhard: Im Kreuzfeuer der Kritik. Der IWF und die Diskussion über die Reform des internationalen Währungsregimes, Halle 1999, <http://www.politik.uni-halle.de/rode/texte/iwf.pdf> vom 19.10.2002 (zuletzt geprüft am 08.07.2003).

Steger, Manfred B.: Globalism – The New Market Ideology, in: Logos 1.3, Summer 2002, 63-76.

Stiglitz, Joseph: „Und das nennt ihr einen Erfolg?", Interview, in: Die Zeit 43 (2001). <http://www.zeit.de/2001/43/Wirtschaft/print_200143_interview-stiegl.html> vom 04.02.2003 (zuletzt geprüft am 08.07.2003).

Stiglitz, Joseph: Die Schatten der Globalisierung, Berlin 2002 (Stiglitz 2002a).

Stiglitz, Joseph: „Die Globalisierung nützt nur den reichen Ländern", Interview, in: Tagesspiegel vom 18.04.2002. <http://archiv.tagesspiegel.de/archiv/17.04.2002/ak-wi-wi-4416557.html> vom 04.03.2003 (Stiglitz 2002b) (zuletzt geprüft am 08.02.2003).

Weizsäcker, Christian von: Logik der Globalisierung, 2. A., Göttingen 2000.

Weltbank: Total GNI (Gross National Income) 2002. World Development Indicators database, August 2002. <http://www.worldbank.org/data/databytopic/GNI.pdf> vom 04.02.2003 (zuletzt geprüft am 08.07.2003).

Willke, Helmut: Atopia. Studien zur atopischen Gesellschaft, Frankfurt a.M. 2001.

Worldbank: World Development Indicators 1999. Washington 2000.

Worldbank Data Query, <http://devdata.worldbank.org/data-query/> vom 03.02.2003 (zuletzt geprüft am 08.07.2003).

WTO: International Trade Statistics 2001, <http://www.wto.org/english/res_e/statis_e/its2001_e/stats2001_e.pdf> vom 04.02.2003 (zuletzt geprüft am 08.07.2003).

WTO: International Trade Statistics 2002, Overview, < http://www.wto.org/english/res_e/statis_e/its2002_e/its02_toc_e.htm> vom 04.02.2003 (zuletzt geprüft am 08.07.2003).

Walter Schweidler

Between Norms and Utility.

On the cultural differences in the background of the human rights

By the term „globalization" we basically characterize a process of cultural homogenization. The historical, ethnical, and religious differences which separate cultures have to face the challenge of a global movement of modernization and assimilation. The so-called „Americanization" of European societies is certainly part of that kind of development. And there is hardly any doubt that the fascination of the idea of human rights around the world is deeply connected with that process of economical and social modernization. „Now we have a democracy like Switzerland", so the former Czech Prime minister Claus once was asked by one of his compatriots: „so, why aren't we as rich as Switzerland?"

But when we speak of such a movement of cultural homogenization we use a certain concept of „culture"; it is this concept of „culture" to which we refer also when we speak of „multiculturalism", and when we reflect about a possible „clash of civilizations" then we basically speak about the same thing. I would like to call this concept of culture a *political* one, because it seems to me that it defines cultures as historically and ethnically based entities comparable to some degree to *nations*.[1] If we use a more formal and wider definition of the term „cultures", as Ernest Gellner does it when he speaks of large systems of convictions[2], then there is space for another aspect of culture which is significantly different from the political one and which I would call the *philosophical* sense of the word. Philosophical cultures are systems of ethical and metaphysical convictions connecting individuals, social groups and institutions and crossing political and national borders. In that sense I would for example speak of a catholic or of an environmentalist culture.

When we look at the effects of the process of „globalization" then we can observe a significant difference between the entities which we refer to by the political concept of „culture" and „cultures" in this philosophical sense. The growing sense of interdependence between societies which supports the movement towards intercultural homogenization in the political field has a somewhat contradictory impact on the relations between philosophical cultures. There is a tendency towards social division along mental borderlines which has very concrete consequences for political and especially for legal institutions, because it puts into question a philosophical consensus which is decisive for the institutional stability of any political order and especially of democratic societies. It seems to me very important to emphasize the difference between this

---

1   I am using the title „political" to characterize a certain *concept* of „culture"; I am not using the term „political culture" as the denotation of a certain cultural structure as the object of political theory.

2   Vgl. Gellner 1993.

kind of philosophical split and the traditional *ideological* division within democratic societies. The decisive point is that the philosophical split affects the fundamental framework on which the solution of traditional ideological conflicts is based, namely the idea of human rights and the system of political liberties derived from the principle that governments are instituted among men in order to protect their human dignity. The reason is that the philosophical split leads to conflicts not about the importance of principles of rights or dignity but about the question what we mean by „human" and about the borderlines between human beings and the rest of the world.

There is a variety of fields on which such a cultural split is foreseeable, but there is at least one sphere in which it has become obvious and in which it constantly creates essential political and legal conflicts, namely the development of biomedicine and the way in which it has to be handled by ethical deliberation and legal institutions in democratic societies. In fact, there are aspects of deep inconsistency and contradiction between the norms by which we justify the legislation in the bioethical field and large parts of the social practice. Between the social reality and the legal and ethical claims of our written documents there has emerged a cultural split which would be deeply misunderstood if it was considered an *inter*cultural one. It is a split which goes through the European not less than through the American and more and more through many different political cultures all over the world.

This cultural split can be characterized as a conflict between a culture of norms and a culture of utility. The principles of our written constitutions and of the international conventions which refer to human rights and human dignity are based on the self-understanding of society as the organization of respect and the protection of every human being against any attempt to divide mankind into different parts with different standards of dignity. I use the term „culture of norms" as a characterization of this aspect of indivisibility: a culture of norms is a culture which preserves the idea of an abstract connection between all members of mankind, a connection which, as far as the fundamental rights of human beings are concerned, forbids us to take into account any aspect of the „quality" or concrete desirability of their real or potential lives. Such a culture of norms has again been acknowledged by the Bioethics Convention of the Council of Europe where human rights and human dignity are considered to be the leading principles of legislation and which is accompanied by an „Explanatory Report" which in the explanation of Article 1 of the convention explicitly acknowledges the „generally accepted principle that human dignity and the identity of the human being" have „to be respected as soon as life" begins. The same culture of norms is presupposed in the U.S. Health, Education and Welfare Department's Report on the limits of stam cell research when it demands „profound respect" for extra-corporeal embryos, demand which is commented in the „Hastings Center Report" by a commentator's question: „How can one have moral respect for something that one intentionally destroys?"[3] President Bush's legal treatment of stam cell research may be seen as the expression of helplessness of any the attempt to answer that question.

---

3   Meyer/Nelson 2001, 16.

While our legal systems cannot but try to defend the universal norms based on the idea of undividable human dignity, the social practice and the attitudes of a growing number of people towards human personality and towards the „quality of life" are characterized by the tendency towards a different culture, which I would call a culture of utility. In such a culture human life is seen as a stock of potential states of pleasure, and the obligation of others to respect such a life only reaches to a certain limit. This limit is obtained if there is no chance any more or if there will never be any chance for a human being to improve its balance of pleasure or if there is the chance to replace such a stock of potential states of pleasure by another, more pleasant life. In a culture of utility, human life is being seen as something which has to fulfill certain standards of quality and utility in order to justify its existence, and it is not that life in itself but its utility which constitutes the obligation of the state to protect and promote it. The consequence is that human life is divided into two different parts: the life of persons who have to be respected by others and human life as a kind of raw material which is more or less useful for the persons.

But the natural unity of mankind is the intrinsic presupposition of legal and moral systems which refer to human dignity and human rights as principles of legislation and society as a whole. The effect of a situation in which human dignity is declared to be the key principle of legislation and at the same time utilitarianism is more and more accepted as the social standard of human responsibility will be a high degree of legal instability, inconsistency and insecurity. I want to mention only four exemplary phenomena:

- The refusal to define the concept „human being" in the Bioethics Convention of the Council of Europe: In the explanation of Article 1 of the convention the „Explanatory Report" leaves it to the national legislation of the member states „to define the scope of the concept of ‚human being' for the purposes of the application of this protocol". The question of how to deal with embryos thereby becomes a dilatory compromise which disguises the essential decisions made on the way to a change of the natural basis of human beings. A human person in one member country of the EU may be considered a mere cluster of cells in another one.

- The introduction of the concept of „genetic improvement" supplementing the concept of illness in gene technology: the „optimized gene" in this field means no longer a negatively defined medical duty, i.e. to fight against illness, but a comparatively defined medical duty to improve human beings and to maximize states of pleasure.

- The definition of the gene as „collective inheritance" of mankind as it is included in the UNESCO declaration of the human gene and of human rights from 1996: Here the collective „mankind" is used in a way which practically puts a class of researchers into the position of representatives of the future biologically and medically based shaping of this collective.

- The radical change of the patent rules in the European „Directive on the protection of bio-technical inventions" in 1998 revising the version of the 1995 regulations on patent protection of human life: the European Parliament is now of the opinion that a patent of human genes and cells is consistent with the principle of human dignity and the principle of the protection of life. In the new European patent rules, body substances are declared to be „biological material" which can become part of „inventive action", for example in the development of medicine. Here we find an example for the extreme difficulty to keep up standards of protection in one part of the world when the international development goes into another direction.

Is the view on the difference and the relation between Europe and the USA in any way relevant for the analysis of the split between a culture of norms and a culture of utility in the core of our ideas of human rights and human dignity? As I said, I do not at all think that the difference itself is a result of anything like a clash between European and American civilizations. It stands across the historical and political borderlines. But I think that in a more refined sense there is a chance to relate the split between the culture of norms and the culture of utility to some philosophical splits which have been embedded within the European *and* the American philosophical culture from the time when they both began to develop their *common*, i.e. their specific *modern* basis – which does essentially consist in the idea of human rights. I want to point out three elements of ambiguity in the roots of that specific modern basis of the European and American culture of human rights. These three ambiguities are rooted in disguised differences concerning the cultural paradigms of *law*, of *freedom* and of *happiness*.

First, there is a difference in the procedural basis of human rights which divides the Anglo-Saxon from the continental philosophical tradition and for which, I think, the tradition of *case law* in the Anglo-Saxon world plays an important role. The tradition of case law is connected with a certain view of the legitimation of the state in relation to its citizens. Of course, the Anglo-Saxon and the continental political philosophies share the specific modern view that the rights of individuals are prior to the civil law and that governments are based on the will of the governed people. The important difference does not concern the question *if* the law has to be justified on the basis of individuals' rights but the question *how* the justification has to be given, in other words: it concerns the procedural paradigm of that justification. For the continental tradition the legitimacy of political institutions is primarily at stake when they are confronted with the demand for *help*, when they have to *defend* the rights of their citizens against actual or foreseeable violations. The rule of law has its criterion of legitimation in the abstract power to guarantee equal protection for all human beings, and that power is the more demanded the more certain human beings are unable or disabled in their capacities to defend themselves against violations. The procedural sphere in which the legal system has to give the paradigmatic proof of its ethical responsibility is the sphere of *legislation*.

In the case law tradition questions of legislation can of course play a similar role, but the paradigmatic situation in which the public power has to proof its ethical justification is more essentially seen in the case of *conflict between* state and citizen.[4] And in

---

4   The aspect of protection is of course of fundamental importance in the context of the case-law system, too; Dworkin, ch. 5, emphasizes the minority's protection against the majority's legislation. But the crucial point is that the relevant minority does consist in a systematical important as-

the context of the case-law system this implies for *the concrete individual involved in a conflict* a special and somewhat higher *systematical* importance than for the abstract individual whose relationship to the human race and whose essential humanity are at stake in the sphere of legislation. It is exactly the tension between these two aspects of human individuality which I think to be reflected in Ronald Dworkin's attempt to develop a theoretical framework for the reconciliation of the deeply culturally divided attitudes concerning abortion and euthanasia. According to Dworkin, the core of the conflict between the „liberal" and the „conservative" position towards these ethical conflicts does consist in the view of the quality which they attribute to the life of a fully developed person able to articulate his or her interests here and now in comparison with the abstract value of the life of beings with human nature.[5] For the conservative position the difference is irrelevant, for the liberal it is decisive. And the conflict between them cannot be solved by a general theory. According to Dworkin, we do not find out how we are thinking about these serious things before we are confronted with the necessity to make a decision in a special case; we come to know how we think about the case, *while* we make that decision and *by* making it.[6] I want to take this statement serious, i.e. in its deeply instructive methodological aspect. If it is essentially the concrete case of conflict which reveals us what we really think – and that means: what we *have to* think – about our ethical obligation, then there is a systematical important aspect of solidarity with all individuals in a comparable situation. The question: How would you think about euthanasia or abortion, if you personally were involved in a conflict about these things? draws a borderline between the individuals including myself who are potential subjects of such a conflict, and others who may be human beings like us but who are not in the same way partners of our ethical decision-making. That means that Dworkins whole philosophical conception is in a deep methodological aspect already a decision in favor of what he calls the „liberal" position, and I think in this respect it reflects a certain structural prerogative which can be found in the way how constitutional conflicts about questions of life and death tend to be solved in political systems rooted in the case law tradition. For the impartial spectator who represents the legislator in a constitutional system based on the Kantian idea of the universal rule of law, the question what he *as a concrete individual with personal interests* would do in a comparable case of conflict can never arise: If I were involved in a concrete conflict, then I should be silent and not interfere with the philosophical deliberation which is dedicated to the voice of pure reason and based on the power to ignore ones personal interests.

Second, there is a deeply important difference between the negative and the positive meaning of the concept of *freedom* which is rooted, again, not in a borderline dividing but in tensions connecting Europe and the USA and dividing the philosophical cultures within their societies. Freedom in the negative sense is one of the most fundamental

---

pect of members who are actually able to claim and defend their moral rights within the procedures of the state's system of jurisdiction.

5 Cf. Dworkin 1994, 144.
6 Cf. Dworkin 1993, 145.

elements of the modern idea of humanity. If governments derive their legitimacy from the consent of the governed, as the American Declaration of Independence postulates, then civil liberties are conditions of the possibility of political legitimacy, because only in a political system which guarantees them it is possible to find out if the people really want to live in this system. If the political system guarantees the freedom of its citizens to leave their country whenever they want, then the same system receives a certain – though minimal – legitimacy just through the fact that people stay in it and live their lives as they want. If freedom of speech is guaranteed and includes the opportunity to radically criticise the existing political institutions, then the fact that most people do not care about this radical criticism counts as a kind of indirect consent and not as a sign of political indifference. It is this indirect, tacit mode of legitimation which makes negative freedom the fundamental right from which, according to Kant, the state and thereby all other legal claims in human society can be derived.

But freedom in the negative sense must be based on a social consensus not only about the necessity but about the *justification* of personal freedom. If freedom has no positive relevance for the aims of my life but is just the means to prevent others from interference into these aims then the justification for a free society can only be located in the rational insight that it is in everybody's interest to respect the others' freedom and obtain their corresponding respect as a „quid pro quo", as a calculated compromise. But the reference to this kind of compromise cannot really explain or justify the existence of societies. It has been a central issue of, e.g., Durkheim's and Oakeshott's critique of the rationalistic idea of contractualism that there are pre-contractual conditions of any form of social contract which cannot themselves be founded in a contract: the mutual recognition of the partners as free and equal, the understanding of the category of promise as a form of life, individual responsibility, certain „rebus sic stantibus"-conditions of the situation in which the contract was made, etc. And of course the most fundamental presupposition for a contract on which the state is based, i.e. for a constitution, is the will of the people to live together. The former Yugoslavia is only the most drastic recent example for the simple fact that the question whether I am a party of an existing social contract cannot be answered in terms of this contract itself.

The concept of positive freedom becomes a fundamental topic when we try to develop a view of the human person which is not restricted to that isolationistic view and yet avoids the danger of collectivism by defending the individual's responsibility to decide what he or she is or is not. This is the starting point of Charles Taylor's plea for positive freedom as „the freedom of self-fulfilment or self-realization", rooted historically in „the post-Romantic idea that each person's form of self-realization is original to him/her, and can therefore only be worked out independently"[7]. The idea that freedom is more than independence of constraints does not, according to Taylor, imply that there has to be a collective authority which tells us whether we are free or not. It does only mean that there is the possibility of error and the chance of insight concerning the question whether I am free or not. I must be respected as the subject who in the end

---

7   Dworkin 1993, 212.

has to give the answer to the questions as to what freedom means for me and whether I am really free; but this does not relieve me from the need to pose this question itself.

Taylor has pointed out that the controversy between the negative and the positive concept of freedom is not a controversy about independence or compulsion concerning one and the same subject, i.e. my life or my actions; rather, the controversy is based on the more fundamental difference between what he calls the „opportunity" and the „exercise" concepts of freedom. For the opportunity-concept freedom consists in the choice between options; for the exercise concept it consists rather in the chance to determine oneself and in „the shape of one's life"[8]. The difference lies in the ontological dimension; it is not the difference between choice and non-choice but between option and chance. It is a difference which goes back to two different kinds of possibility which are clearly separated in an ontological source. The option to do something, e.g. to go to a cinema or to become a teacher, is a pure possibility which may or may not be realized. However, the chance to live my life is something different: it opens a certain realm of options and therefore of possibilities but is itself not an option. My life is not fulfilled, it is not a concluded reality which lies before me as a definite object; but neither is it something that can or cannot be. The decision that this life will become a reality is made, and its transition from possibility to reality is already going on, and will be going on, unto my death. But the content of this transition remains open, the identity of my life is not yet fixed. I have the power to decide what will belong to a certain part of reality, but not to decide if this part of reality exists or not. So the chance to live my life is the chance to act in accordance with a decision which has already been made but also remains open. It is certain that the chance will come to stand in some way, but in which way remains open. An option is a possibility which can be realized or not whereas the chance to live my life will be realized, and the only question is who will decide how it is realized. In a culture of norms the fundamental principle of all legal order is that no human being has the right to deprive any other one of the chance which ontologically is identical with his or her personal existence. This is the essence of the concept of human dignity in the core of our constitutional systems: it prohibits us from any kind of measuring the „quality of life" of other human beings whatever use that might have for the aim to increase our own stock of options. But exactly this aim, the aim to get more options then we had, tends to acquire legitimatory power in a state which is related to a culture of utility.

Finally, it must be emphasized that the split between the two philosophical cultures is rooted in the core of the modern idea of democracy, i.e. the idea that governments are legitimated by the interests of the governed. It was one of the historical results of the European philosophical tradition that, according to the American „Declaration of Independence", „life, liberty, and the pursuit of happiness" build the core of the catalogue of rights which defines the conditions of legitimate government. At least the concept of „happiness" contained deep elements of ambiguity and open questions which have been transmitted up to our current situation. The term „happiness" could and can be understood on the basis of a classical concept of virtues which tells us that

---

8   Dworkin 1993, 213.

there are elements of a good life which define happiness as the constitution of the life of a virtuous person. In the core of such an understanding of happiness we find the idea of justice as the virtue which characterises the good life as the life of a person who accepts responsibility not only for his own but also for all the other human beings' striving for happiness. But this classical, virtue-based concept of happiness has been denied in various ways within the development of modern political philosophy, and there are understandable reasons for this denial. If happiness is defined in terms of virtues and of a good life rooted in the „human nature" then we have to presuppose the existence of some universal norms valid for everybody, and we have to raise the question about the authority which is entitled to lay down these norms and to decide what belongs to the presupposed human nature or not. In order to avoid this problem the utilitarian ethics refused to accept any universal standards of the definition of a good life. In the utilitarian perspective happiness can only be defined as a state of consciousness, a feeling of pleasure, so that everybody has to decide for himself what happiness does mean and where it does consist in. If this principle is considered the unique and absolute answer to the question what happiness does mean then the „pursuit of happiness" can only be understood as the aim to maximise states of pleasure. Then the limits of a person's capability to feel pleasure and to identify himself with the conscious self who does have these feelings is at the same time the limit of other persons' obligation to respect his striving for happiness. And then the principle that governments are legitimated by their obligation to the human „pursuit of happiness" has to be interpreted as the demand to work as good as possible for the aim of the maximisation of pleasure for the individuals who can feel it and who have the interest to enjoy it. Then there can also be conflicts between the respect for life and liberty on the one side and the aim to maximise subjective happiness on the other side. The solution of such conflicts then becomes a matter of calculation and deliberation. And this does mean that the rights of persons who are not or not yet or no longer able to calculate and to deliberate become completely dependent on the decision of others.

I think that one of the crucial aspects of deligitimation of the state in the context of economic globalization can be explained by the connection between this utilitarian concept of happiness and the topic of negative freedom. If freedom is nothing but the choice between options and if happiness becomes dependent on the capability to increase the scope of options which I have as an individual then the idea of political legitimation adapts a comparative dimension. Legitimation itself goes under the influence of this comparative aspect. A government which does not increase the scope of options, which I have, does not fulfil the task which is decisive for its legitimacy. Freedom then is defined as the absence of obstacles, but the word „obstacles" is qualified as obstacles against the economic and financial improvement of my possibilities. Let us call the attitude corresponding to this comparative concept of freedom, „optionalism". In an optionalistic society economic set-back tends to weaken the legitimation of its political system. In an „optionalistic" culture economic progress is no longer seen as a means but tends to become the end of human life and the key to the mutual recognition of personal identity. An „optionalistic" nation would be a nation the affiliation to which would be decided by the economic efficiency, productivity and competitiveness of individuals or even whole regions or groups. But above all, an „option-alistic" personality would be somebody who identifies him- or herself essentially with the power to have at least the option to do everything which other people in the society have the option to do. The options of the others and not the possibilities which define my own life then become the guide-line of personal existence. To me it seems to be one of the crucial tasks of modern governments to defend the limits of a culture of norms against these „optionalistic" consequences of a one-sided culture of utility – a task which is not grounded in „pre-modern" religious or metaphysical ideologies but in the very „modern" idea of the uniqueness of every human being.

Literaturverzeichnis

Gellner, Ernest: Pflug, Schwert und Buch. Grundlinien der Weltgeschichte, München 1993.

Meyer, Michael J./Nelson, Lawrence J.: Respecting What We Destroy. Reflections on Human Embryo Research, in: Hastings Center Report 31 (2001), no. 1, 16-23.

Dworkin, Ronald: Taking Rights Seriously, London 1977 (dt.: Bürgerrechte ernstgenommen, Frankfurt a.M. 1984).

Dworkin, Ronald: An den Grenzen des Lebens. Abtreibung, Euthanasie und persönliche Freiheit, Reinbek 1994 (Original: Life's Dominion. An Argument about Abortion, Euthanasia, and Individual Freedom, New York 1993).

Peter Lösche

„Amerikanisierung" deutscher Politik?

Überlegungen zu einem Schlagwort

„Amerikanisierung" – das ist ein Allerweltsbegriff, der nicht nur umgangssprachlich von Politikern und Journalisten benutzt wird, sondern auch in den Sozialwissenschaften seinen Platz hat und auf fast alle Veränderungen in Politik, Gesellschaft, Ökonomie und Kultur angewandt wird. Offensichtlich gibt es da keine Frage, keine Zweifel an der „Amerikanisierung", z.B.: Wahlkämpfe auf der Ebene der Länder, des Bundes und Europas werden angeblich zunehmend „amerikanisiert". Die beste Illustration war die „Kampa 98", eine professionell arbeitende Wahlkampfmaschine der Sozialdemokraten 1997/98, die nach dem Vorbild von Bill Clintons Wahlkampf von 1992 und 1996 und dem von Tony Blair von 1997 eingerichtet worden war. Und es kann doch kein Zufall sein, dass deutsche Parteien seit Ende der 1950er Jahre ihre Experten in die Vereinigten Staaten geschickt haben, um dort die Wahlkämpfe zu beobachten und herauszufinden, was man von den dortigen Wahlkampftechniken und -strategien nach Deutschland übernehmen könne.

So sehr das Schlagwort von der „Amerikanisierung" in unsere Alltagsprache übergegangen ist, so ist doch zu fragen, ob dieser Begriff überhaupt eine analytische, eine erklärende und interpretierende Dimension hat. Offenkundig ist schon auf den ersten Blick, dass es keine Ursache-Folge-Beziehung in dem Sinne gibt, dass – weil es in den Vereinigten Staaten hochprofessionalisierte Wahlkämpfe gibt – die Deutschen dem amerikanischen Vorbild folgen oder, weil amerikanische Parteien sich in bestimmter Weise verändern, sich die deutschen in gleicher Weise transformieren. Eine „Theorie der Amerikanisierung" existiert mithin nicht.

Irritierend ist zudem, dass das Schlagwort von der „Amerikanisierung" im deutschen politisch-kulturellen Kontext eine ambivalente Bedeutung trägt: Auf der einen Seite schlägt die deutsche und europäische Borniertheit gegenüber den Vereinigten Staaten durch, meint das Schlagwort „keine Kultur, nur Zivilisation", kein „Idealismus, nur Materialismus", keine „Feinschmeckerküche, nur McDonald's". Auf der anderen Seite ist „Amerikanisierung" zum Synonym für Modernisierung, Fortschritt, Demokratisierung, intensivere politische Partizipation und Verwestlichung geworden.

Folgt man Philipp Gassert, dann umfasst der Begriff „Amerikanisierung" zwei Dimensionen, nämlich (1) politische Demokratisierung, begriffen als die Ausweitung politischer Teilnahme und individueller Freiheit, und (2) kulturelle Demokratisierung, verstanden als Erfolg kapitalistischer Marktökonomie und Massenkultur.[1] Folgt man diesem Verständnis von „Amerikanisierung", dann ist Deutschland kulturell, aber eben

---

1 Vgl. Gassert 2000, S. 787.

auch ökonomisch und politisch „amerikanisiert" worden, der „lange Weg nach Westen" hat sein Ziel erreicht.

Allerdings: Folgt man dieser Bedeutung von „Amerikanisierung", dann bleibt diese sehr abstrakt, eigentlich nichts sagend. Wenn die Kategorie „Amerikanisierung" deutscher Politik überhaupt einen Sinn ergeben soll, dann müsste vom Transfer amerikanischer politischer Institutionen, politischer Inhalte, politischer Werte und auch politischer Techniken von den Vereinigten Staaten in die Bundesrepublik gesprochen werden können. Während im Ablauf dieses Transformationsprozesses amerikanische Institutionen, Inhalte, Werte und Techniken sich verändern, „germanisiert" werden, müsste man dennoch in der Lage sein, das amerikanische Original, den Ausgangspunkt, zu erkennen.

Auch die politikwissenschaftliche Fachliteratur hilft nicht sehr viel weiter, den Begriff „Amerikanisierung" präzis zu fassen. Häufig wird dieser Begriff synonym benutzt mit „Modernisierung" und – im letzten Jahrzehnt – mit „Globalisierung". Wendet man sich solchen Untersuchungen zu, in denen es um die Analyse von Wahlkämpfen, um die Entwicklung politischer Parteien und Institutionen geht, also jenen Studien, in denen der Begriff „Amerikanisierung" am häufigsten Verwendung findet, dann wird diese Kategorie zwar nicht systematisch definiert, allerdings lassen sich Indikatoren erkennen, mit denen gearbeitet werden kann:

- Professionalisierung der Politik;
- Personalisierung der Politik als Mittel, politische Komplexität zu reduzieren;
- politikinhaltliche Polarisierung, ebenfalls mit der Intention politische Komplexität zu reduzieren;
- Mediatisierung, nämlich die Nutzung insbesondere elektronischer Medien, um politische Ziele zu befördern.[2]

Im Folgenden werde ich mich an diesem gerade genannten Verständnis von „Amerikanisierung" orientieren und anhand von drei Beispielen diskutieren, ob „Amerikanisierung" deutscher Politik tatsächlich stattgefunden hat. Dabei geht es um (1) die „Präsidentialisierung" des deutschen parlamentarischen Regierungssystems, (2) die „Amerikanisierung" deutscher politischer Parteien und (3) die „Amerikanisierung" deutscher Wahlen und Wahlkämpfe. Bei jedem Fallbeispiel werde ich implizit vier Aspekte berücksichtigen: (1) Gefragt wird nach dem Phänomen, das das Etikett „Amerikanisierung" erhält. (2) Geforscht wird sodann nach den Gründen, die hinter dem Phänomen gefunden werden können, warum also ein bestimmter Sachverhalt als „Amerikanisierung" gekennzeichnet wird. (3) Daran anschließend wird die politische Realität mit dem Klischee bzw. der Stereotype von der „Amerikanisierung" konfrontiert. (4) Schließlich wird erkundet, ob unsere Vorstellung, unsere Stereotype von „Amerikanisierung", überhaupt etwas mit der amerikanischen politischen Realität zu tun hat.

---

2 Vgl. Radunski 1996.

1 „Präsidentialisierung" des deutschen parlamentarischen Regierungssystems?

Wenn von Journalisten, Politikwissenschaftlern oder Politikern die „Präsidentialisierung" des bundesrepublikanischen parlamentarischen Regierungssystems behauptet wird, dann ist fast immer sogleich die Rede vom Medienkanzler, vom „Basta"-Kanzler, von der strategischen Zentrale deutscher Politik. Und in der Tat: Nach Artikel 65 des Grundgesetzes bestimmt der Bundeskanzler die Richtlinien der Politik und trägt dafür die Verantwortung, jeder Bundesminister leitet innerhalb dieser Richtlinien seinen Geschäftsbereich. Ja: Der Bundeskanzler leitet die Geschäfte der Bundesregierung – so als sei wie nach Artikel 2 der US-Verfassung die ausführende Gewalt in einer Person, nämlich in der des Bundeskanzlers fokussiert. Der Kanzler erscheint in den Medien als der große „Macher", als der „Entscheider", der bestenfalls in Kooperation mit einigen anderen wichtigen Parteiführern die politischen Weichen stellt. Er ist danach der erste Diplomat der Republik, die machtvollste Persönlichkeit in der Außenpolitik. Und traditionell fungiert der Kanzler auch als Vorsitzender seiner Partei. In seiner Person und im Kanzleramt wird alle politische Macht kumuliert, findet sich das strategische Zentrum deutscher Politik. Es ist der Kanzler, auf den es ankommt, der die strategischen und die Alltagsentscheidungen fällt. Aus dem Kanzleramt heraus findet permanenter Wahlkampf statt. Der Kanzler folgt nicht nur einer durchdachten elektronischen Medienstrategie, sondern hinter den Kulissen trifft er sich auch – Beispiel Kanzler Gerhard Schröder – kontinuierlich mit den führenden Journalisten des Landes, mit den Herausgebern und Chefredakteuren von Der Spiegel, Süddeutsche Zeitung, Tagesspiegel und den wichtigsten Fernseh- und Radiostationen.

Der Kanzler steht, so wird behauptet, im Zentrum des politischen Systems, er ist der eigentliche Beweger, der Motor, der Visionär – vergleichbar mit den großen amerikanischen Präsidenten wie George Washington, Abraham Lincoln, Franklin Delano Roosevelt, Lyndon B. Johnson und Ronald Reagan. Liegt es da nicht nahe von der „Präsidentialisierung" unseres parlamentarischen Regierungssystems zu sprechen?

Doch die politische Wirklichkeit sieht ganz anders aus: Das Image des Medienkanzlers, die Stereotype vom „Basta-Kanzler" und das Klischee von dem großen Entscheider ist in Wirklichkeit nur Ausdruck der Ohnmacht des Kanzlers. Und nur in dieser Beziehung – nämlich in der Ohnmacht des Chefs der Exekutive im jeweiligen politischen System – kann der Kanzler mit dem amerikanischen Präsidenten verglichen werden. Wir haben es nämlich in der Bundesrepublik mit einem höchst komplexen, differenzierten und fragmentierten System von „checks and balances" zu tun – und ich benutze bewusst jenen Begriff, der auf das amerikanische politische System der Gewaltenteilung angewendet wird. In der politischen Realität findet der Kanzler sich weder im Zentrum deutscher Politik noch ist er der große politische „Macher" – ganz im Gegenteil. Der Kanzler hat es nämlich – wie der amerikanische Präsident – mit Dutzenden von Akteuren zu tun. Der scheinbare Vorteil, den er gegenüber dem Präsidenten hat, erweist sich häufig als Phantom: Entsprechend dem Idealtypus des parlamentarischen Parlamentarismus ist dem Kanzler die politische Zustimmung der Mehrheit der Mitglieder des Bundestages gleichsam automatisch sicher. Das Kabinett und die

Mehrheit der Mitglieder des Bundestages bilden unter der Führung des Kanzlers die Regierungsmehrheit, eine politische Aktionseinheit. Theoretisch stellt das Kabinett in enger Verbindung mit den Regierungsfraktionen den eigentlichen Gesetzgeber, den Legislateur, dar. Diese politische Aktionseinheit stellt sich jedoch nicht automatisch her. Was das Etikett „Regierungsmehrheit" trägt, ist in Wahrheit eine höchst fragmentierte politische Institution, die aus zwei oder drei Koalitionsparteien besteht. Die einzelnen Regierungsfraktionen sind zudem politisch nicht in sich geschlossen, vielmehr gespalten nach verschiedenen Interessengruppen, Regionen, ideologischen Positionen, den „Linken", „Rechten" und „Zentristen", nach verschiedenen Politikfeldern, nach Ausschüssen und Unterausschüssen, nach höchst unterschiedlichen formellen und informellen Gruppierungen. Der Kanzler muss ständig versuchen, seine Fraktion von der Richtigkeit seiner Politik zu überzeugen. Dafür stehen ihm ganze Hilfstruppen zur Verfügung, natürlich die Minister, auch die parlamentarischen Staatssekretäre und die parlamentarischen Geschäftsführer. Welche Macht die Regierungsfraktionen gerade auch gegenüber dem Chef der Exekutive im bundesrepublikanischen Regierungssystem haben, zeigt die Tatsache, dass sie es waren, die jeweils Kanzler stürzten. Dies trifft auf Ludwig Erhard und Willy Brandt zu, Konrad Adenauers Amtszeit wurde von der CDU/CSU-Fraktion 1963 beendet und Helmut Schmidt verlor nach seinem großen Wahlsieg 1980 das Kanzleramt, als seine innerparteiliche Hausmacht, der Gewerkschaftsflügel, sich deswegen gegen ihn wandte, weil er eine Wirtschaftspolitik à la Thatcher zu betreiben begann. Aber: Der Kanzler hat nicht nur seine Fraktion und die Regierungskoalition hinter sich zu bringen, er muss permanent mit allen anderen Akteuren kommunizieren, kooperieren und Kompromisse schmieden, die am politischen Prozess beteiligt sind. Dazu gehören der Bundesrat, die einzelnen Länder und Ad-hoc-Koalitionen von einzelnen Ländern, die Kommunen, europäische Institutionen aller Art, ferner zwei Zentralbanken in Frankfurt, die Deutsche und die Europäische, und das Bundesverfassungsgericht sowie der Europäische Gerichtshof. Ferner sind Dutzende von Interessengruppen zu erwähnen, je nach Politikfeld verschieden stark und verschieden zahlreich.

Schließlich muss festgehalten werden, dass nicht zuletzt wegen der Globalisierung und Europäisierung von Politik, Gesellschaft und Ökonomie die Spielräume für politische Entscheidungen von Nationalstaaten wie Deutschland kontinuierlich enger geworden sind. Kompetenzen werden nach Brüssel exportiert, nationale Zuständigkeiten erodieren. Zur gleichen Zeit werden die Interessen in der Gesellschaft zahlreicher, bunter und vielfältiger, so dass allein schon die Zahl von Interessengruppen steigt, insbesondere im Dienstleistungsbereich.

Wo bleibt da der Kanzler? Er ist ein Akteur unter vielen anderen. Aber dennoch ist er als Vermittler und als derjenige, der andere zu überzeugen versucht, von größter politischer Bedeutung. Er ist derjenige, der versuchen muss, Kompromisse zu schmieden. Im gegenwärtigen deutschen politischen System ist der Kanzler nichts anderes als der Großkoordinator. Der „Basta-Kanzler" dient nur dazu, das Image des Chefs der Exekutive zu verbessern. All die beeindruckenden Schlagworte von der „Medien-Kanzlerschaft", von dem „Medien-Bonaparte", von der „PR-Kanzlerschaft", von der „Präsidentialisierung der deutschen Kanzlerdemokratie" müssen als Anzeichen dafür gesehen werden, dass der Kanzler versucht, angesichts seiner prekären und schwachen Lage eine weitere Machtressource für sich zu gewinnen, nämlich die Medien. Eben wegen der faktisch schwachen Position des Kanzlers im deutschen System von „checks and balances" geht er an die Öffentlichkeit, versucht er dadurch Druck auf seine eigene Partei, auf seine Regierungskoalition, auf Interessengruppen und alle anderen Akteure, die am Politikprozess beteiligt sind, auszuüben.

Natürlich verfügt der Kanzler über andere Machtressourcen, nicht nur die des „Medien-Kanzlers". So etwa hatte Helmut Kohl bekanntlich bis zur deutschen Vereinigung größte Schwierigkeiten mit den Medien zu kommunizieren und sie für seine Zwecke in den Dienst zu nehmen. Er war das genaue Gegenteil dessen, was man als „Medien-Bonaparte" bezeichnen könnte. Dennoch verfügte er über eine bedeutende Machtressource: Helmut Kohl war ein Organisationsgenie, verstand es, mit dem Kanzleramt, seiner eigenen Partei, dem „System Kohl", seiner gleichsam privaten Patronagemaschine in der CDU sowie mit anderen Parteien brillant umzugehen.

Immer wieder lassen sich in der konkreten Politik innerhalb der einzelnen Parteien Arbeitsteilungen zwischen dem „Organisationsmann" und dem „Medienmann" beobachten. Genau dies entsprach der Arbeitsteilung zwischen dem Parteivorsitzenden und Kanzler Schröder und – bis 2002 – seinem Generalsekretär Franz Müntefering. Während Schröder als Kanzler seine Aufmerksamkeit auf die Verfassungsorgane fokussierte, kümmerte Müntefering sich um die Parteiorganisation. Allerdings hatten beide verabredet, dass im Zweifels- und Konfliktfall Schröder als Kanzler und Parteivorsitzender die endgültige Entscheidung haben würde.

„Medienkanzler" und „Organisationskanzler" sind Begriffe, die je unterschiedliche Formen informeller Machtausübung kennzeichnen. Für den deutschen Kanzler zentral und entscheidend ist jedoch, dass er gegenüber dem amerikanischen Präsidenten einen strukturellen Machtvorteil hat: Seine eigentliche Machtressource besteht nämlich darin, dass er sich – dem parlamentarischen Parlamentarismus entsprechend – im Prinzip auf eine Mehrheit im Parlament zu verlassen vermag. Im Unterschied dazu muss der amerikanische Präsident Ad-hoc-Mehrheiten in beiden Häusern des Kongresses schmieden, wenn er seine Gesetzentwürfe durchbringen will. Natürlich ist für einen Kanzler, wie oben ausgeführt, Fraktions- und Koalitionsdisziplin nicht einfach herzustellen. Ihm stehen dazu allerdings informelle Machtmittel, im Zweifelsfall die Vertrauensfrage zur Verfügung.

Die Vorstellung von einem allmächtigen amerikanischen Präsidenten mag in extremen nationalen Krisensituationen zutreffen. Sie verfehlt in fast aller Regel aber die politische Wirklichkeit in Washington. Also selbst in den Vereinigten Staaten trifft das Klischee von der „Präsidentialisierung" des politischen Systems nicht zu. Man könnte sogar umgekehrt argumentieren, dass es Anzeichen für eine „Parlamentarisierung" des amerikanischen präsidentiellen Regierungssystems gibt.

In diesem Zusammenhang seien zwei Beobachtungen erwähnt: (1) Die sich verändernde Arbeitsteilung zwischen Präsident und Vizepräsident könnte als Indiz für „Parlamentarisierung" bezeichnet werden. Beginnend bereits mit Walter Mondale in der Carter-Administration, aber auch zutreffend für Al Gore in der Clinton-Administration und noch stärker für Dick Cheney in der George W. Bush-Administration: Der Vizepräsident ist nicht nur zum wichtigsten politischen Berater des Präsidenten geworden, sondern er hat zunehmend seine eigenen Politikinhalte verfolgt. Der Vizepräsident hat Personalentscheidungen für die Exekutive getroffen und ist darüber hinaus immer stärker in den politischen Entscheidungsprozess, aufgrund der Unerfahrenheit der Präsidenten insbesondere im Zusammenhang mit dem Kongress, einbezogen worden. Journalisten haben jeweils argumentiert, dass der Vizepräsident in eine Machtposition gekommen sei, die der des Premierministers in einem semipräsidentiellen/semiparlamentarischen Regierungssystem entspreche. (2) Veränderungen im amerikanischen Parteiensystem, auf die ich später zu sprechen komme, haben dazu geführt, dass das Abstimmungsverhalten im Kongress zunehmend von der Parteizugehörigkeit beeinflusst worden ist, im Ansatz also so etwas wie Fraktionsdisziplin im Entstehen ist. Trotz dieser sich vielleicht andeutenden tendenziellen Konvergenz zwischen parlamentarischem und präsidentiellem Regierungssystem bleiben die strukturellen Unterschiede zwischen bundesrepublikanischer und amerikanischer Politik fundamental.

Ich fasse zusammen: Die zunehmend große Rolle der Medien und das Geschick eines Kanzlers, die Medien für seine Zwecke in einem komplexen System von „checks and balances" zu nutzen, sollten nicht mit der „Präsidentialisierung" des deutschen politischen Systems verwechselt werden. Die Bundesrepublik bleibt nach wie vor eine parlamentarische Demokratie, vielleicht eine Kanzlerdemokratie. Allerdings können Ähnlichkeiten zwischen dem amerikanischen Präsidenten und dem deutschen Bundeskanzler insoweit festgehalten werden, als beide in einem höchst fragmentierten, segmentierten und komplexen gesellschaftlichen und politischen System handeln müssen. Beide sind gezwungen, Dutzende verschiedene politische Akteure zu überzeugen und für sich zu gewinnen. Beide gehen an die Öffentlichkeit, um Druck auf die Beteiligten auszuüben, der Führung des Chefs der Exekutive zu folgen. Schließlich besteht beider Hauptaufgabe darin, Kompromisse und Konsens herzustellen zwischen den auseinanderstrebenden Kräften in der eigenen Partei, in zwei Häusern des Parlaments, zwischen höchst divergierenden Interessengruppen.

Wenn von der „Präsidentialisierung" der Kanzlerdemokratie die Rede ist, wird die Vorstellung von einem allmächtigen amerikanischen Präsidenten, von einem starken Präsidenten, wie es Abraham Lincoln oder Franklin Delano Roosevelt waren, aktualisiert. Allerdings treffen diese Stereotypen vom „starken Mann" im Weißen Haus bzw. im Kanzleramt weder die amerikanische noch die deutsche politische Realität. „Starke Präsidenten" oder „starke Kanzler" im dem Sinne, dass sie über unbegrenzte Macht verfügen könnten, gibt es nicht – im Gegenteil. Deutsche und amerikanische Politik finden in einem System von „checks and balances" statt, in einem Arrangement der Gewaltenteilung, der Gewaltenfragmentierung und -diffusion – und gleichwohl der strukturellen Unterschiede zwischen parlamentarischem und präsidentiellem Regierungssystem.

2 „Amerikanisierung" deutscher Parteien?

In meinem zweiten Beispiel wird die angebliche „Amerikanisierung" deutscher Parteien diskutiert. Politikwissenschaftler, Meinungsforscher und auch Journalisten haben – wenigstens für die Erscheinungsebene – argumentiert, dass das Ende der traditionellen deutschen Volksparteien gekommen sei. Dies bedeute auch das Ende eines bestimmten Parteityps, nämlich des Typs der Massenintegrationsparteien mit ihren mehreren Hunderttausend Mitgliedern und Zehntausenden von Parteiaktivisten und Funktionären und einer programmatischen Profilierung. Dieser traditionelle Parteityp werde – so die Argumentation – durch einen neuen Typus von Partei ersetzt, der sich anhand von drei Kriterien beschreiben lasse: Medienpartei, Fraktionspartei und professionalisierte Dienstleistungspartei. Dieser neuer Parteityp nehme im Wesentlichen zwei Funktionen wahr, nämlich die Elitenauswahl, indem Kandidaten nominiert und Wahlen organisiert werden, und das „Regieren" im weiten Sinn des amerikanischen Begriffs von „to govern", nämlich Wahlämter von der kommunalen Ebene bis zur Bundes- und europäischen Ebene wahrzunehmen, vom Ortsbürgermeister über den Landtags- und Bundestagsabgeordneten bis zum Kabinettsmitglied oder Europäischen Kommissar.

Entsprechend dieser Überlegung entwickelt die professionalisierte Medien- und Fraktionspartei sich hin zu jenem Typus amerikanischer Partei, der in College Text Books definiert wird als „a party is to elect", eine Partei ist dazu da, um Kandidaten zu nominieren und zu wählen, um also die politische Elite auszuwählen. Die Vertreter der Amerikanisierungsthese argumentieren, dass in der CDU wie in der SPD innerparteiliche Kommunikation und Entscheidungsprozesse nicht nur von den Medien, insbesondere vom Fernsehen, beeinflusst werden, sondern sich im Wesentlichen über die Medien selbst vollziehen. In diesem Zusammenhang wird der Entscheidungsprozess innerhalb der SPD, Gerhard Schröder zum Kanzlerkandidaten 1997/98 zu nominieren, als Beispiel angeführt. Ferner wird argumentiert, dass durch die neue Art plebiszitärer mediengesteuerter innerparteilicher Entscheidungsfindung die alte Parteielite, das Delegiertensystem, die Parteitage selbst und sogar die Parteivorstände umgangen und entmachtet werden. Damit aber verändere sich auch das, was bislang unter innerparteilicher Demokratie begriffen worden ist, nämlich die gegenseitige pluralistische Kontrolle verschiedener Machtzentren innerhalb der Parteien. Die Tendenz gehe vielmehr dahin, dass innerparteiliche Demokratie aufgehoben werde. Diese Entwicklung werde noch dadurch verstärkt, dass außer plebiszitärer mediengesteuerter Willensbildung auch Elemente direkter Demokratie in die Parteien implementiert werden – so die Direktwahl von Kandidaten oder Urabstimmungen über programmatische oder auch aktuelle politische Fragen. Zur „Amerikanisierung" der Parteien gehöre dann auch, dass das Machtzentrum von der Parteiorganisation sich zur Fraktion, also zur „party in public office" verschiebe – symbolisiert gleichsam in der Tatsache, dass der Kanzler zugleich Vorsitzender seiner Partei sei. Schließlich werde die Parteiorganisation ebenso wie die „party in public office" immer mehr fragmentiert. Eine kohärente, hierarchische Organisation sei nicht mehr erkennbar, stattdessen entwickele sich eine Parteistruktur, die als „lose verkoppelte Fragmente" bzw. zugespitzt als „lose verkoppelte Anarchie" bezeichnet werden könne. Die Implementation direkter Demokratie verstärke eben diese Fragmentierung. Dieser neue Partytyp ähnele – so die Schlussfolgerung – amerikanischen Parteien bzw. – kritisch-distanziert formuliert – dem Klischee, das wir von amerikanischen Parteien haben.

Diejenigen, die das Theorem von der „Amerikanisierung" vertreten, nennen mehrere Gründe dafür, dass der neue Parteityp sich entfaltet: (1) Die Erosion traditioneller sozialmoralischer Milieus, wie das katholische oder die sozialdemokratische Solidargemeinschaft; (2) die zunehmende Pluralisierung von Lebensstilen, die weitere Ausdifferenzierung der Gesellschaft im Allgemeinen und Individualisierungstendenzen im Besonderen; (3) ein sich wandelndes Organisationsverhalten jüngerer Alterskohorten, die nicht mehr Massenorganisationen wie Parteien oder Gewerkschaften beitreten, sondern stattdessen sich in Nachbarschaftsinitiativen und anderen informellen Gruppen selbst organisieren.

Insgesamt schlussfolgern die Protagonisten der Amerikanisierungsthese, dass mit der Herausbildung des neuen, „amerikanischen" Parteityps die deutschen Parteien immer mehr an politischer Bedeutung verlieren, sie auch darin ihren amerikanischen Schwesterorganisationen gleichen. Spätestens an dieser Stelle wird jedoch erkennbar, dass die Vertreter der Amerikanisierungsthese die politische Realität verfehlen: Die Bundesrepublik ist trotz aller Schwächungen der politischen Parteien noch immer ein Parteienstaat, in dem die politischen Parteien nicht nur nach Artikel 21 des Grundgesetzes in besonderer Weise privilegiert sind, sondern in dem sie die wichtigsten politischen Akteure des gesamten politischen Systems darstellen – in der Legislative genauso wie in der Exekutive, auf Bundesebene genauso wie auf der Ebene der Länder und der Kommunen. Die Relevanz der Parteien zeigt sich gerade darin, dass sie – immer verstanden als Parteiorganisation und als „party in public office" – gemeinsam mit den Interessengruppen die wichtigsten Institutionen darstellen, die zwischen Gesellschaft und politisch-administrativem System vermitteln, mediatisieren. Nicht nur nehmen die Parteien die höchst unterschiedlichen divergierenden gesellschaftlichen Interessen und Bedürfnisse auf, aggregieren diese innerhalb ihrer Organisationen und vermitteln sie in das politische System, sondern sie legitimieren auch die bundesrepublikanische Demokratie insgesamt. Dabei gibt es keinen Zweifel, dass die genannten und den Parteien traditionell zugeschriebenen Funktionen in Europa, gerade auch in Deutschland, in den letzten drei Jahrzehnten abgeschwächt worden sind. Dennoch: Politische Parteien erfüllen in gewissem Maße immer noch diese Funktionen, insbesondere die Parteien in den Parlamenten und Kabinetten sowie in den Kommunalverwaltungen. Wie sehr die Mediatisierungsarbeit im Vordergrund steht, wird dann deutlich, wenn man sich die Wahlkreisarbeit der direkt gewählten Abgeordneten bzw. ihrer unterlegenen Konkurrenten (die dann häufig über Landesliste gewählt worden sind) vergegenwärtigt. Zudem: Deutschland hat noch immer ein parteizentriertes Wahlsystem, kein kandidatenzentriertes System wie in den Vereinigten Staaten. Es sind bei uns die politischen Parteien und nicht die Kandidaten, die Wahlkämpfe organisieren und finanzieren.

Auch wenn die Zahl der Parteimitglieder und der Parteifunktionäre im letzten Vierteljahrhundert kontinuierlich geschrumpft ist, spielen sie politisch doch immer noch eine bedeutende Rolle. Sie sind nach wie vor an innerparteilichen Entscheidungsprozessen beteiligt. Zudem besteht der komparative Vorteil der großen Parteien CDU/CSU und

SPD gegenüber den kleineren gerade darin, dass sich beide auf knapp 700.000 Mitglieder stützen können, die in Wahlkämpfen mobilisiert und als Stammwähler an die Wahlurnen gebracht werden.

An der politischen Oberfläche mag man in der Tat Anzeichen für die „Amerikanisierung" deutscher Parteien finden. Wenn man allerdings die Struktur deutscher Politik und die Funktion der Parteien zu begreifen und die politische Realität zu analysieren versucht, wird der fundamentale Unterschied zwischen deutschen und amerikanischen Parteien allzu deutlich. Deutsche Parteien sind nicht „amerikanisiert" worden. Ganz im Gegenteil: Man kann durchaus begründet behaupten, dass Veränderungen amerikanischer Parteien und des amerikanischen Parteiensystems insgesamt im letzten Vierteljahrhundert als „Europäisierung" bzw. „Germanisierung" bezeichnet werden können. In gewisser Hinsicht bewegen amerikanische Parteien sich auf ein System stärker verantwortlicher Parteien hin, die den europäischen und deutschen ähneln.

Was ist damit konkret gemeint? In den Vereinigten Staaten besteht heute ein in gewisser Weise kohärentes nationales Zweiparteiensystem. Regionale Differenzen sind nicht mehr so bedeutend, wie sie es einmal in den 1950er, 1960er und selbst noch in den 1970er Jahren waren. Insbesondere im Süden ist das durch die Demokratische Partei dominierte Einparteiensystem durch ein von Wettbewerb charakterisiertes Zweiparteiensystem verdrängt worden. Im Süden wie in der ganzen Nation können Demokraten und Republikaner deutlich voneinander unterschieden werden in der sozialen Zusammensetzung ihrer Wähler, in dem Typ von Interessengruppe, der die eine oder andere Partei unterstützt, sowie in den je unterschiedlichen programmatischen und inhaltlichen Positionen, die beide Parteien in den verschiedenen Politikfeldern einnehmen. Während die Demokraten ein eher moderates liberales Profil entwickelt haben, zeichnen die Republikaner sich durch ein konservatives aus. Hier sind durchaus Parallelen zu erkennen, wie sie sich in den Unterschieden zwischen Sozialdemokraten und Konservativen bzw. Christdemokraten in europäischen Parteiensystemen herausgebildet haben. Diese Veränderung amerikanischer Parteien resultierte nicht zuletzt auch daraus, dass parteiliche Abstimmungsdisziplin im Kongress gewonnen hat, ganz markant in der Zeit der Konfrontation zwischen Newt Gingrich und Bill Clinton. Schließlich haben in den Vereinigten Staaten Parteien in Wahlkampfzeiten dadurch an Bedeutung gewonnen, dass sie an der Organisation und Finanzierung von Wahlkämpfen für den Senat und das Repräsentantenhaus zunehmend beteiligt sind. Anders formuliert: Amerikanische Parteien spielen wieder eine Rolle, sie folgen – nicht intendiert – dem europäischen Beispiel. Umgekehrt kann von einer „Amerikanisierung" deutscher Parteien kaum gesprochen werden.

3 „Amerikanisierung" von Wahlen und Wahlkämpfen?

Im Bereich von Wahlen und Wahlkämpfen wird das Schlagwort von der „Amerikanisierung" am häufigsten gebraucht. Auch finden sich hier immer wieder Versuche, „Amerikanisierung" zu definieren. Und es ist kein Zufall, dass deutsche politische Parteien amerikanische politische Wahlkampftechniken zu importieren scheinen, dass sie sogar so weit gehen, Wahlkampfberater aus den Vereinigten Staaten anzuheuern. Nach Peter Radunski,[3] dem gegenwärtig erfahrensten und kenntnisreichsten Wahlkampfmanager in der Bundesrepublik, Architekt und Organisator aller erfolgreichen christlich-demokratischen Wahlkämpfe für Helmut Kohl (also mit der Ausnahme der Wahlen von 1998), kann „Amerikanisierung" von Wahlkämpfen mit Hilfe von drei Kriterien definiert werden:

1. Personalisierung: Da die politikinhaltlichen Positionen und programmatischen Profile der Parteien und Kandidaten heute fast identisch sind, müsse eine kandidatenzentrierte Wahlkampfstrategie entwickelt werden. Worauf es ankommt, ist die Persönlichkeit des Kandidaten, sein Charakter und sein Charisma, die die Wahlkampforganisation nutzen, um zielgerichtet bestimmte Wählergruppen anzusprechen. Auf diese Weise könne die Partei die Wechselwähler erreichen und diese u. U. sogar dafür gewinnen, die Parteiidentifikation zu wechseln, so wie es in den Vereinigten Staaten bei den Reagan-Demokraten und den Clinton-Republikanern der Fall gewesen ist.

2. Professionalisierung: Wahlkampfberater werden von außen gewonnen und angestellt. Auf diese Weise wird die Kampagne mit hochspezialisierten Experten – Meinungsforschern, Fernsehspotspezialisten, Strategen, Spezialisten für Wahlkampffinanzierung, Rechtsanwälten – geführt. Entsprechend sind Wahlkämpfe extrem kapitalintensiv geworden.

3. Mediatisierung: Der postmoderne amerikanische Wahlkampf findet fast ausschließlich in den elektronischen Medien statt. Schlagworte wie die vom Impressionsmanagement, Nachrichtenmanagement, Medienmanagement, Spin Control, Direct Mail, Gegnerbeobachtung und Negativwahlkampf rücken in den Vordergrund.

Das amerikanische Wahlkampfmodell, wie es Radunski sieht, kann also beschrieben werden als kandidatenzentriert, personalisiert, professionalisiert, kapitalisiert, mediatisiert und von externen Political Consultants angetrieben, die ihren Fokus auf die Wechselwähler richten, deren Anteil an der Wählerschaft kontinuierlich wächst. In diesem Zusammenhang wird dann argumentiert, dass Amerika deswegen für Deutschland vorbildlich sei, weil hier nicht nur der Anteil der Wechselwähler wachse, sondern weil wegen der Erosion der sozialkulturellen Milieus, der Pluralisierung der Lebensstile und der Individualisierung die Parteiidentifikation und damit der Anteil der Stammwähler nachgelassen habe. Schließlich spreche auch die niedrigere Wahlbeteiligung dafür, amerikanische Werbemethoden ins Feld zu führen.

Betrachtet man mit kritischer Distanz die jüngsten Wahlen und Wahlkämpfe in Deutschland, wird man allerdings feststellen, dass das amerikanische Modell der Wahlkämpfe nicht gegriffen hat – dass dieses sogar zur Erklärung der letzten amerikanischen Präsidentenwahlen im Jahr 2000 nicht ausreicht. Trotz des scheinbar spektakulären Erfolges der „Kampa 98", des Symbols für „Amerikanisierung", ist das traditionelle deutsche Modell des Wahlkampfes aktuell und relevant geblieben. Deutsche Wahlkämpfe sind nach wie vor parteizentriert, organisationszentriert, finanziert durch

---

3   Vgl. Radunski 1996.

die Parteien und durch staatliche Beiträge, nicht zuletzt dadurch, dass den Parteien unentgeltlich Zeit für Werbespots im Fernsehen zur Verfügung gestellt wird. Und der Wahlkampf wird von Experten entwickelt und getragen, die Angestellte ihrer jeweiligen Parteien sind, die – in einer altmodischen Formulierung – als „Parteisekretäre" arbeiten. Gleichwohl sind deutsche Wahlkämpfe hochprofessionalisiert und medienfokussiert. Sie zielen sowohl auf die Wechsel- wie auf die Stammwähler. Vor allem aber: Politische Inhalte entscheiden die Wahlen, nicht die Spitzenkandidaten. Dies trifft auf die Bundestagswahlen 1998 wie auf die Bundestagswahlen 2002 zu. Angeblich waren die Wahlen von 1998 extrem personalisiert. Es standen sich zwei unterschiedliche Politiker und Persönlichkeitstypen, Helmut Kohl und Gerhard Schröder, gegenüber. Der eine alt und müde, der andere jung und dynamisch. Angeblich hatten die Wähler genug davon, ihren alten Kanzler auf dem Fernsehbildschirm zu sehen. Indes: Arbeitslosigkeit war das dominierende und die Wahlen entscheidende Thema, nicht die Spitzenkandidaten. Man nehme einmal an, die christlich-demokratisch-liberale Koalition wäre nach 1994 darin erfolgreich gewesen, ihr Versprechen einzulösen, die Arbeitslosigkeit bis zur Jahrtausendwende zu halbieren. Wäre dies tatsächlich geschehen, dann hätten die Wähler nicht nur Helmut Kohl bewundert und für die CDU gestimmt – sie hätten es sogar genossen, ihren Altkanzler immer noch als regierenden Kanzler im Fernsehen zu beobachten. Und der überraschende Wahlsieg der rot-grünen Koalition im September 2002 war aufgrund inhaltlicher Positionen möglich geworden und nicht in der Konfrontation der zugegebenermaßen höchst unterschiedlichen Spitzenkandidaten begründet. Die Hochwasserflut in Ostdeutschland und die damit verbundene Wiederentdeckung der Solidarität sowie die Frage von Krieg und Frieden, festgemacht an einem möglichen Irak-Krieg, haben die Wahlen entschieden.

Wahlen werden heute dadurch gewonnen, dass die Stammwähler mobilisiert werden. Erst in zweiter Linie kommt es darauf an, Wechselwähler zu erreichen. Entsprechend erfolgreich war für die Sozialdemokraten 1998 das Thema Arbeitslosigkeit. Den Spagat zwischen Stamm- und Wechselwählern hat die SPD dadurch vollbracht, dass er in den zwei Spitzenkandidaten, Gerhard Schröder und Oskar Lafontaine, personalisiert und in dem Slogan „Innovation und soziale Gerechtigkeit" inhaltlich vermittelt worden war. Die CDU/CSU hat die Wahlen 2002 knapp deswegen verloren, weil sie einen monothematischen Wahlkampf mit dem Thema Arbeitslosigkeit geführt hat und auf die plötzlich auftauchenden neuen Themen, Krieg und Frieden sowie Solidarität, keine Antwort wusste.

Wahlen werden nach wie vor nach jenen drei Kriterien, nach jener Triade gewonnen, die die sozialpsychologische Schule des Wahlverhaltens der Universität Michigan schon vor langer Zeit formuliert hat: inhaltliche Streitfragen; Parteiidentifikation; Spitzenkandidat. Diese drei Faktoren bringen uns zurück in die US-Wahlrealität und zu der Frage nach der „Amerikanisierung" auch amerikanischer Wahlen und Wahlkämpfe. Irritierend muss sein, dass das angebliche amerikanische Modell der Wahlen und der Wahlkämpfe die jüngsten Präsidentenwahlen des Jahres 2000 nicht zu erklären vermag. Vielmehr kann man sogar umgekehrt argumentieren, dass die amerikanischen Präsidentenwahlen 2000 mehr Ähnlichkeit mit einem europäischen bzw. deutschen Modell des Wahlkampfes und der Wahlen als mit der Stereotype von der „Amerikanisierung" hatten. Bei den Präsidentschaftswahlen 2000 hat die Personalisierung des Wahlkampfes – zentral für das Modell der „Amerikanisierung", wie u.a. Radunski argumentiert – so gut wie keine Rolle gespielt. In diesem konkreten Fall standen sich zwei anticharismatische, vielleicht sogar mittelmäßige Kandidaten gegenüber – der eine charmant, der andere kompetent. Aber weder George W. Bush noch Al Gore waren beides, charmant und kompetent. Zudem: Nach den acht Clinton-Jahren im Weißen Haus hatten die Wähler offensichtlich genug von charismatischen, farbigen und bunten Persönlichkeiten, sie favorisierten jemanden, der grundsolide, ethisch korrekt und vielleicht sogar etwas langweilig war. Zudem waren sie frustriert von aggressiven, negativen Wahlkämpfen. Unter diesen Umständen wäre ein personalisierter Wahlkampf, bei dem die beiden Spitzenkandidaten sich mit offenem Visier angegriffen hätten, kontraproduktiv gewesen.

Worauf es bei den Präsidentenwahlen 2000 ankam, waren Positionen und Differenzen in inhaltlichen Fragen, waren programmatische Unterscheidungen zwischen den Parteien und Spitzenkandidaten in so zentralen Politikfeldern wie Bildung, Gesundheitsreform und Rentenreform. 82 % der Wähler konnten die Unterschiede zwischen den beiden großen Parteien und den Kandidaten in den wichtigsten Politikfeldern benennen. Das Wahlergebnis, eben jenes vom Supreme Court aufgehobene Patt zwischen George W. Bush und Al Gore, war deswegen zustande gekommen, weil beide Parteien und beide Spitzenkandidaten im Wesentlichen ihre Stammwähler zu mobilisieren in der Lage gewesen waren. Mehrere Umfrageinstitute stellten fest, dass der Anteil der Wechselwähler nur zwischen 7 und 10 % lag. Dies ist nicht das Wahlverhalten, das man als typisch „amerikanisch" bezeichnen würde. Generell gilt wohl, dass die von Wahlforschern, Umfrageinstituten und Wahlkampfmanagern immer wieder beschworene „ungeheure Volatilität der Wählerschaft" ein Mythos ist. Allein die Tatsache, dass eine Definition dessen, was eigentlich einen Wechselwähler ausmacht, in der Literatur nicht existiert, stellt einen entsprechenden Hinweis dar.

Wahlen werden primär durch politische Inhalte, sekundär durch Parteiidentifikation entschieden. Erst an dritter Stelle rangiert der Spitzenkandidat. Dies zumindest gilt für bundesdeutsche Wahlen – aber eben auch für die amerikanischen Präsidentenwahlen 2000. Selbst auf diesem Feld, dem der Wahlen und Wahlkämpfe, das angeblich am stärksten „amerikanisiert" ist, macht das von uns diskutierte Schlagwort wenig Sinn.

Konklusion

Offensichtlich macht es Spaß, mit Begrifflichkeit zu spielen, höchst unterschiedliche Phänomene und Ideen mit dem Topos von der „Amerikanisierung" in Verbindung zu bringen. Das Schlagwort von der „Amerikanisierung" kann die Debatte anregen. Allerdings ist immer noch zu fragen, ob die Kategorie „Amerikanisierung" analytisch nützlich ist, bestimmte Sachverhalte, Zusammenhänge, Tendenzen und Entwicklungen in der deutschen Politik zu erklären. Offensichtlich ist dies nicht der Fall – und nicht zufällig mangelt es auch an einer Theorie der „Amerikanisierung". Darin unterscheiden sich die Sozialwissenschaften, die Politikwissenschaft eingeschlossen, von der Kulturwissenschaft.

Von Kulturwissenschaftlern wird nämlich argumentiert, dass der Begriff der „Amerikanisierung" als analytische Kategorie den Transfer amerikanischer Massenkultur nach Europa und Deutschland zu erklären vermag. Sie betonen, dass „Amerikanisierung" begriffen werden muss als ein höchst selektiver Prozess der Adaption, der Akkulturation, der Perzeption amerikanischer Produkte, Institutionen, Werte, Sitten, Bilder und Symbole. Für sie ist Selektion auf Seiten der Rezipienten in diesem Zusammenhang von zentraler Bedeutung. Danach soll „Amerikanisierung" begriffen werden als Kurzformel für das, was wesentlich eine semiotische Blackbox kultureller Transmission und Rezeption darstellt. In diesem Sinn impliziert „Amerikanisierung" dann zugleich auch einen Prozess der „Europäisierung" bzw. „Germanisierung" des Amerikanischen: „Amerikanisierung" ohne gleichzeitige „Germanisierung" bzw. „Europäisierung" kann nicht stattfinden.[4]

Wenn wir diese Überlegung übertragen wollen auf die „Amerikanisierung" deutscher Politik, ist zu fragen, was eigentlich aus den Vereinigten Staaten nach Deutschland transferiert wird. Konkret: Geben die vier Indikatoren, die für „Amerikanisierung" in der Einleitung aufgeführt worden sind, einen Hinweis darauf, was von den Vereinigten Staaten nach Deutschland transferiert worden ist? Die Indikatoren waren: Professionalisierung der Politik; Personalisierung als Mittel, politische Komplexität zu reduzieren; politikinhaltliche Polarisierung, wiederum mit der Intention, politische Komplexität zu reduzieren; Mediatisierung, nämlich die Ausnutzung elektronischer Medien, um politische Ziele zu befördern. Ganz offenkundig sind diese vier Indikatoren nicht von den Vereinigten Staaten nach Deutschland in dem Sinn transferiert worden, in dem Popmusik oder Popculture aus den USA nach Europa kam. Vielmehr bleiben diese Indikatoren an der Oberfläche, sie sind deskriptiv. Sie stellen Abstraktionen aktueller politischer Phänomene dar, die allgemein in westlichen Gesellschaften gefunden werden können und nicht etwas spezifisch US-Amerikanisches darstellen. Sie können auch als Versuch aufgefasst werden, das zu klassifizieren, was ebenso unter „Modernisierung" verstanden werden kann, Indikatoren, die sowohl für die amerikanische wie die europäische und deutsche Politik angewendet werden können. Bezogen auf westliche politische Systeme wird das Schlagwort von der „Amerikanisierung" synonym benutzt mit Begriffen und Schlagworten wie Modernisierung, Professionalisierung und Mediatisierung. „Amerikanisierung" ist dann nicht viel mehr als eine Folge, die sich aus der Logik politischer Kommunikation in mediendominierten Demokratien ergibt.[5]

Natürlich gibt es Gründe dafür, dass medienzentrierte Demokratien entstehen. Diese wiederum sind nicht spezifisch amerikanisch, sondern Ergebnis allgemeiner Modernisierung, darunter technologische Veränderungen, die Entfaltung von Hightech-Kommunikation, das Ende sozialmoralischer Milieus, die Pluralisierung von Lebensstilen und die Individualisierung. Wenn „Amerikanisierung" in einem politischen Kontext

---

4 Vgl. Gassert 2000, 794 und Kores 1996, S. XI.

5 Vgl. Plasser 2000, 57.

benutzt wird, dann in der Regel bezogen auf Oberflächenphänomene, nämlich die Mittel, Methoden und Technologien moderner Kommunikation.

Unterhalb der Oberfläche moderner Kommunikation dominieren politische Strukturen, politische Institutionen und politisch-kulturelle Traditionen. Diese sind gerade in Deutschland weder „amerikanisiert" noch modernisiert worden. Sie sind vielmehr erstaunlich stabil. Zu den stabilen politischen Strukturen in Deutschland gehören das parlamentarische Regierungssystem, ein parteienzentriertes politisches System, eben ein Parteienstaat. Im Unterschied dazu haben wir es in den Vereinigten Staaten mit einem präsidentiellen Regierungssystem, einem kandidatenzentrierten Wahlsystem, nicht aber mit einem Parteienstaat zu tun, vielmehr mit einem Zweiparteiensystem, das sich organisatorisch und programmatisch in Richtung stärkerer Parteienkohärenz überhaupt erst entwickelt.

Schließlich ist generell für die deutsche Situation festzuhalten, dass „Amerikanisierung" häufig als Metapher für politische, ökonomische, soziale und kulturelle Veränderungen benutzt wird, die tatsächlich oder angeblich schon früher und deutlicher in den Vereinigten Staaten zu beobachten sind. Im Schlagwort von der „Amerikanisierung" schwingen häufig deutsche Ängste vor Veränderung generell, vor dem „Fremden", vor der „Überfremdung" mit. So ist es denn auch kein Zufall, dass „Amerikanisierung" häufig mit negativer Konnotation für das angeblich Oberflächliche, Flüchtige, für das Zivilisatorische – und eben nicht für Kultur, für Fortschritt und Aufbruch in die Zukunft – benutzt wird. Oder zugespitzt formuliert: Deutsche Ängste vor gesellschaftlicher, wirtschaftlicher, politischer und kultureller Veränderung werden auf die Vereinigten Staaten projiziert. Dies aber sagt uns mehr über unsere eigene Gesellschaft, über ihre Vorurteile und Sentiments, aber nichts über die Vereinigten Staaten. Damit sind wir jedoch bei einer ganz anderen Problematik – einer sehr deutschen.

Literaturverzeichnis

Gassert, Philipp: Was meint Amerikanisierung?, in: Europa oder Amerika? Zur Zukunft des Westens, in: Merkur 54 (2000), 785-796.

Kores, Rob: If you've seen one, you've seen them all. Europeans and American mass culture, Urbana 1996.

Plasser, Fritz: Amerikanisierung der Wahlkommunikation in Westeuropa. Diskussions- und Forschungsstand, in: Bohrmann, Hans/Jarren, Ottfried/Melinchek, Gabriele/Seethaler, Josef (Hg.): Wahlen und Politikvermittlung durch Massenmedien, Opladen 2000.

Radunski, Peter: Politisches Kommunikationsmanagement. Die Amerikanisierung der Wahlkämpfe, in: Bertelsmann Stiftung (Hg.): Politik überzeugend vermitteln. Wahlkampfstrategien in Deutschland und den USA, Gütersloh 1996, 33-52.

Ulrich Bachteler

Zur Geschichte der Amerika-Häuser[1]

„ISD [Information Services Division] will establish and maintain information centers, libraries and reading rooms in the key population centers in the U.S. area of control for the unilateral dissemination of information about the history, traditions and customs of the United States and the social, political, industrial, scientific and cultural development of the American people.“[2]

Als diese Bestimmung im Rahmen einer *Military Government Regulation* im Jahr 1949 formuliert wurde, wurde damit nur offiziell bestätigt, was schon seit einigen Jahren Bestand hatte: Denn bereits wenige Monate nach dem Ende des 2. Weltkriegs gab es in zahlreichen Kommunen der amerikanischen Besatzungszone so genannte *Reading Rooms*.[3] Die Grundlage dieser *Reading Rooms* waren zunächst meist Taschenbücher, die von amerikanischen Soldaten vor ihrer Rückreise in die USA ausgemustert wurden, um sich nicht länger mit nun nicht mehr benötigtem Gepäck zu belasten. Später wurden diese *Reading Rooms* in den größeren Städten in „Amerika-Häuser" umgewandelt. Bis 1953 unterstanden diese Einrichtungen dem State Department, dann wurde ein eigenes „Ministerium" ins Leben gerufen, die *U.S. Information Agency (USIA)*, manchmal auch *U.S. Information Service (USIS)* genannt. In der Zwischenzeit ist dieses „Ministerium" wieder aufgelöst worden, und die noch verbliebenen Amerika-Häuser sind 1999 in den Schoß des *State Department* zurückgekehrt.

In der eben zitierten *Military Government Regulation* heißt es an anderer Stelle: „Each U.S. Information Center will promote the establishment of such American Reading Rooms in outlying districts or towns as deemed desirable by the Land Director." So wurde es vom Leiter des Stuttgarter Amerika-Hauses „als wünschenswert erachtet", in Freiburg und Tübingen jeweils einen *Reading Room* einzurichten, mit dem Resultat, dass 1952 je ein Amerika-Haus in Freiburg und Tübingen eröffnet wurde. Beide Einrichtungen feierten im Jahr 2002 als Deutsch-Amerikanische Institute ihr 50-jähriges Jubiläum. Freiburg war 1986 endgültig in ein DAI umgewandelt worden, Tübingen firmierte ab Januar 1987 als Deutsch-Amerikanisches Institut.

Doch zurück zu den Anfängen. Die erste *American Library* wurde am 4. Juli 1945 in Bad Homburg der deutschen Bevölkerung zugänglich gemacht; im Herbst desselben Jahres wurde von der Bibliothekarin Zaren Wang eine *American Library* in Stuttgart eingerichtet. Ms. Wang war auch für den Aufbau weiterer *Reading Rooms/American*

---

1 Die Ausführungen stützen sich auf: Hein-Kremer 1996.

2 Dieses Zitat fand sich ohne Quellenangaben in meinen Unterlagen.

3 In folgenden württemberg-badischen Städten der amerikanischen Besatzungszone wurden *Reading Rooms* eingerichtet: Backnang, Bad Mergentheim, Bruchsal, Crailsheim, Ellwangen, Esslingen, Fellbach, Göppingen, Heidelberg, Heidenheim, Heilbronn, Karlsruhe, Künzelsau, Leonberg, Ludwigsburg, Mosbach, Mühlacker, Nürtingen, Pforzheim, Schwäbisch Hall, Sinsheim, Stuttgart, Ulm, Waiblingen, Wertheim.

Libraries im Bereich des damaligen Württemberg-Baden verantwortlich, neben anderen Orten auch in Heidelberg und Ulm. Weitere amerikanische Bibliotheken wurden in Karlsruhe, Mannheim und Heilbronn eröffnet.

Im Jahr 1946 gab es in der amerikanischen Besatzungszone bereits 24 *American Libraries*, die, wie bereits angedeutet, im Jahr 1949 in *U.S. Information Center* umbenannt wurden. Wenig später votierten die Direktoren der *Centers* für eine weitere Umbenennung dieser Einrichtungen in „Amerika-Haus". 1953 gab es in Westdeutschland 36 Amerika-Häuser, davon acht in Baden-Württemberg: Freiburg, Heidelberg, Heilbronn, Karlsruhe, Mannheim, Stuttgart, Tübingen und Ulm.

Das Herz jedes Amerika-Hauses war seine Bibliothek. Bücher, Zeitungen und Zeitschriften standen hier den Benutzern zur Verfügung, die davon gern und in großer Zahl Gebrauch machten. Autoren wie William Faulkner, Ernest Hemingway, Thornton Wilder und John Steinbeck, deren Werke während der Hitler-Diktatur nicht gelesen werden konnten, führten die Hitliste der ausgeliehenen Bücher an. Die Verleihung des Literatur-Nobelpreises 1949 an William Faulkner, 1954 an Ernest Hemingway und 1962 an John Steinbeck brachte den Amerika-Häusern und den über 100 *Reading Rooms* viele neue Leser ins Haus. Neben der Bibliothek boten die Amerika-Häuser der deutschen Öffentlichkeit ein umfangreiches Kulturprogramm an: Es wurden Filme und Ausstellungen gezeigt, Konzerte organisiert und man lud zu Vorträgen mit den unterschiedlichsten Themen ein.

Am 6. Februar 1950 wurde in Stuttgart, Charlottenstraße 9, das Amerika-Haus in Anwesenheit des amerikanischen Hochkommissars John J. McCloy und des württembergbadischen Ministerpräsidenten Dr. Reinhold Maier eröffnet. Aus der Ansprache von McCloy möchte ich die ersten drei Abschnitte zitieren, denn sie erläutern die Aufgaben der Amerika-Häuser, die bis in die Mitte der 1990er Jahre Gültigkeit hatten. Heute sind es die Deutsch-Amerikanischen Institute, die ihre Arbeit im Sinne der Definition von McCloy verstehen und ihre Veranstaltungsangebote entsprechend vielfältig gestalten.

> „I am glad to be here today to help open the new home of the Amerika Haus in Stuttgart. It is well to state, at the outset, what purpose such a house is intended to serve.
>
> Simply put, this house is meant to provide a meeting place where men and women can find interests and information generally related, though by no means exclusively, to the thought and activities of the people of the United States.
>
> The Amerika Haus is not a house of propaganda. It is a house for free men and free women to exchange views, to learn and to reach understanding. Above all, it is a house for the young. In the Amerika Haus, you will find a reflection of a youthful people."[4]

In dem Maße, wie man seit der Mitte der 1950er Jahre deutsche Kultureinrichtungen wie Stadtbüchereien und Kinos wieder aufbaute und der Öffentlichkeit zugänglich machte, wurden auch kleinere Amerika-Häuser und amerikanische Bibliotheken geschlossen, wobei deren Bestände im allgemeinen den deutschen Einrichtungen ge-

---

4   Dieses Zitat fand sich ohne Quellenangaben in meinen Unterlagen.

schenkt wurden. Das bedeutete dann auch das Ende der *bookmobiles*; das waren Bücherbusse der großen Amerika-Häuser, die damit auch die kleinen Gemeinden auf dem Land bedienen konnten. Das erste *bookmobile* versorgte seit dem Sommer 1947 die Umgebung von Heidelberg; bis zum Ende des Jahres 1958 waren alle *bookmobiles* an deutsche Stellen, meist kommunale Bibliotheken, übergeben worden.

Mit dem Kalten Krieg und mit der McCarthy-Ära kamen auch für die Amerika-Häuser schwierige Zeiten. Anfang 1953 wurde den Amerika-Häusern ein generelles Verbot für die Verbreitung von Werken kommunistischer Autoren und von Autoren, die einen kommunistischen Standpunkt vertraten, auferlegt. Roy Cohn, einer der wichtigsten Ermittler im Stab der Mitarbeiter von Senator Joseph McCarthy, reiste 1953 nach Europa, um auch in Frankfurt die Bibliotheksbestände des dortigen Amerika-Hauses nach kommunistischer Literatur zu durchforsten. Bücher von Dashiell Hammett stachen ihm ins Auge, doch ehe er sein Missfallen über deren Existenz dem Direktor gegenüber äußern konnte, fragte ihn ein mitgereister Reporter: „Sir, when are you going to burn the books here?"[5] Mit dieser Frage waren die Situation und die weitere Präsenz dieser Bücher gerettet, und Cohn flog unverrichteter Dinge wieder in die USA zurück.

Gegen Ende der 1950er Jahre wurden zahlreiche Amerika-Häuser in kleineren Städten geschlossen, gleichzeitig wurden aber auch neue, größere Häuser gebaut: so in Köln, Berlin, Frankfurt, Hamburg, München und Stuttgart. Das neue Stuttgarter Amerika-Haus in der Friedrichstraße wurde am 22. April 1961 in Anwesenheit von Altbundespräsident Professor Theodor Heuss, von Ministerpräsident Kurt Georg Kiesinger und von U.S.-Botschafter Walter C. Dowling eröffnet.

Neben den *Reading Rooms*, *American Libraries* und Amerika-Häusern gab es eine weitere Einrichtung, interessanterweise eine Einrichtung des amerikanischen Militärs, die, wenn auch unbeabsichtigt, einen nicht zu unterschätzenden „amerikanisierenden" Einfluss auf die Jugend in Deutschland ausübte: Die Rede ist vom AFN, *American Forces Network*. Der AFN Stuttgart nahm im März 1947 seine Arbeit auf; er war zunächst im obersten Stockwerk des Hotel Graf Zeppelin untergebracht, gegenüber dem Stuttgarter Hauptbahnhof. Mehr als die musikalischen Veranstaltungen der Amerika-Häuser trug der AFN dazu bei, amerikanische Musik, insbesondere den Jazz, in Westdeutschland populär zu machen.

Mit den Demonstrationen gegen den Krieg in Vietnam, die gegen Ende der 1960er Jahre in vielen Städten stattfanden, gerieten die Amerika-Häuser plötzlich verstärkt in den Mittelpunkt des öffentlichen Interesses. Manche Fensterscheibe ging dabei zu Bruch, und in Berlin musste das Amerika-Haus mit Stacheldraht vor den Demonstranten geschützt werden. Immer mehr wurde nun auch die Kehrseite der amerikanischen Medaille thematisiert und diskutiert. Nicht mehr Hollywood-Filme, Blue Jeans oder Jazz und Popmusik standen im Mittelpunkt des Interesses, sondern *Civil Rights Movement* und Minoritäten, der Krieg in Vietnam und dann auch *Watergate*. Und viele Amerika-Haus-Direktoren zögerten nicht, sich mit diesen Themen in Veranstaltungen auseinander zu setzen.

---

5 Koenig 1995, 11.

Die späten 1970er und die 1980er Jahre brachten einige Neuerungen in die Amerika-Häuser. Videofilme ersetzten die 16-mm-Filme, und mit ihnen konnten viele Bereiche der USA anschaulicher dargestellt werden. Ein Fernseh-Satelliten-Programm mit Namen *Worldnet* ermöglichte Live-Diskussionen zwischen Gesprächspartnern in amerikanischen Kultureinrichtungen irgendwo auf der Welt und im *Worldnet*-Studio in Washington, DC. Mittlerweile ist *Worldnet* eine historische Episode. Stummer Zeuge davon ist eine riesige Satellitenschüssel auf dem Dach des ehemaligen Stuttgarter Amerika-Hauses und sicherlich auch auf den Dächern anderer Amerika-Häuser in der Bundesrepublik.

Der Zusammenbruch der Sowjetunion, das Ende des Kalten Krieges und die deutsche Wiedervereinigung bestimmten den Beginn der 1990er Jahre. Zuvor schon, im Sommer 1988, wurde durch den routinemäßigen Wechsel in der Leitung des Stuttgarter Amerika-Hauses Konsul Dr. Samuel Westgate in die baden-württembergische Landeshauptstadt versetzt. Das brachte ein unerwartetes Wiedersehen zwischen Professor Dr. Hartmut Wasser und diesem neuen Amerika-Haus-Direktor mit sich, der als Student der *Stanford University* in den 1960er Jahren am *German Study Program* seiner Universität teilgenommen hatte. Dieses Programm war in Beutelsbach, im Remstal, beheimatet, und Herr Wasser hatte die (un-)dankbare Aufgabe, den Studenten aus dem fernen Kalifornien die Geheimnisse der deutschen Sprache beizubringen. Zusätzlich hatte es sich ergeben, dass ich seit Februar 1988 für das Programm des Amerika-Hauses Stuttgart zuständig war und in dieser Funktion das große Glück hatte, Professor Wasser kennen zu lernen. Aus diesen ersten Begegnungen ist eine Freundschaft entstanden, für die ich an dieser Stelle Dank sagen möchte. Seit dieser Zeit haben wir vom Amerika-Haus Stuttgart auch immer wieder gemeinsame Veranstaltungen an der PH Weingarten durchgeführt. So auch im Jahre 1991 – und als Konsul Westgate und ich am 17. Januar 1991 beim Frühstück im Altdorfer Hof erfuhren, dass der Golfkrieg begonnen hatte, packten wir sehr schnell unsere Sachen und fuhren – auch recht schnell – nach Stuttgart zurück. Dort hatte die Polizei in Erwartung von Demonstrationen schon das Amerika-Haus gesichert. Die Demonstrationen konzentrierten sich jedoch, aus Sicht des Amerika-Hauses, glücklicherweise auf das damals noch existierende amerikanische Generalkonsulat in der Urbanstraße.

Zurück zur Geschichte der Amerika-Häuser, die recht schnell zu Ende erzählt bzw. auf den aktuellen Stand gebracht ist. Im Januar 1992 trat Präsident Clinton sein Amt an und hatte das Pech, dass 1994, bei den *midterm elections*, die Republikaner eine überwältigende Mehrheit im amerikanischen Kongress errangen. Diese Konstellation zwang die Regierung, auf Forderungen der republikanischen Mehrheit einzugehen. Hierzu gehörten auch Sparmaßnahmen, und wie fast überall auf der Welt wurde dafür der kulturelle Bereich ausgeguckt. Eine Konsequenz davon war, dass 1995 die Amerika-Häuser in Hannover und Stuttgart geschlossen wurden, ein Jahr später das Amerika-Haus München und 1998 auch das in Hamburg.[6] Die heftigen öffentlichen Pro-

---

6   Als ein von der Schließung Betroffener verweise ich darauf, dass natürlich in den aus der Sowjetunion entstandenen neuen Ländern viele neue kulturelle Einrichtungen aufgebaut werden mussten, die es auch für die Amerikaner nicht zum Nulltarif gab!

teste konnten in keiner dieser Städte die amerikanische Entscheidung rückgängig machen. In Stuttgart allerdings kamen dankenswerterweise Oberbürgermeister Manfred Rommel und Ministerpräsident Erwin Teufel zu dem Schluss, dass die Landeshauptstadt ein Deutsch-Amerikanisches Institut haben sollte, und stellten dafür auch das notwendige Geld zur Verfügung. Dies war keineswegs selbstverständlich, doch wollten die Verantwortlichen damit auch die engen und freundschaftlichen Verbindungen des Landes Baden-Württemberg und seiner Landeshauptstadt Stuttgart zu den USA deutlich machen. München folgte dann dem Stuttgarter Beispiel, in Hamburg wird noch um eine Lösung gerungen.

Es muss noch nachgetragen werden, dass 1992 in Leipzig ein neues Amerika-Haus gegründet wurde, um dem riesigen Informationsbedarf der Bevölkerung in den neuen Bundesländern nachzukommen. Heute gibt es daneben noch Amerika-Häuser in Frankfurt, Köln und Berlin, die allerdings, eine weitere Folge der Sparmaßnahmen, seit vier Jahren in die jeweiligen Generalkonsulate bzw. in die amerikanische Botschaft eingegliedert sind, damit dem *State Department* unterstehen und nicht mehr der inzwischen aufgelösten *United States Information Agency* – ich hatte eingangs schon darauf hingewiesen. Im Zuge dieser Umstrukturierungsmaßnahmen wurde auch die ursprüngliche Konzeption der Amerika-Häuser geändert. Sie sind nicht mehr „meant to provide a meeting place [for] men and women", zumindest dann nicht, wenn diese „men and women" keine so genannten „Multiplikatoren" sind. Im Zeitalter des Internet wurden auch die guten amerikanistischen Bibliotheken geschlossen und Veranstaltungen über die USA für die allgemeine Öffentlichkeit aufgegeben. Über die Vereinigten Staaten von Amerika zu informieren, diese Aufgabe haben in verstärktem Maße die Deutsch-Amerikanischen Institute übernommen. Und solange dabei meine Kolleginnen und Kollegen in Freiburg, Heidelberg und Tübingen, in Saarbrücken, Nürnberg und München, in Hamburg und Kiel ausreichend Unterstützung von ihren jeweiligen Städten und Landesregierungen bekommen, solange die amerikanische Botschaft Referenten vermittelt und die Institute auch hin und wieder finanziell unterstützt, solange Wissenschaftler wie Professor Dr. Wasser bereit sind, ihr Wissen in den Deutsch-Amerikanischen Instituten darzustellen und zu diskutieren, solange ist mir um die Verwirklichung dieser Aufgabe nicht bange.

Literaturverzeichnis

Hein-Kremer, Maritta: Die amerikanische Kulturoffensive. Gründung und Entwicklung der amerikanischen Information Centers in Westdeutschland und Westberlin 1945-1955, Köln 1996 (Beiträge zur Geschichte der Kulturpolitik, Bd. 6, hg. v. Kurt Düwell).

Koenig, Robert (Hg.): Amerika Haus 1945-1995. The First 50 Years, Bonn 1995 (Published by United States Information Service).

Werner Kremp

Ist der Amerikanismus ein Katholizismus?

Vorbemerkung

Als Mitte des 19. Jahrhunderts der zu Ehren von George Washington beschlossene Bau des Obelisken in der Hauptstadt stagnierte, kam man auf die Idee, die amerikanischen Bundesstaaten und auch ausländische Staaten einzuladen, einen Stein mit dem eingravierten Namen des Herkunftsorts zu spendieren. Die Idee schlug ein: Es kamen tatsächlich viele Steine, und im Frühjahr 1854 traf auch ein Stein aus *Rom* ein, ein Geschenk von Papst Pius IX. Das Geschenk, ein großer Marmorblock, stammte aus dem Concordia-Tempel, einer Rekonstruktion eines Tempels aus der Zeit um Christi Geburt auf dem Forum Romanum. Seine Inschrift lautete: „A Roma Americae" – „Von Rom – für Amerika". Aber das Gastgeschenk stieß auf einen wütenden Empfang, insbesondere von Seiten der American Party, einer fremdenfeindlichen Partei, die Katholiken und „Ausländer" (also Einwanderer) heftigst bekämpfte. Ein Steinquader vom Papst? Das ging zu weit. Am frühen Morgen des 6. März 1854 brachen Maskierte das Steinlager am Fuß der Baustelle auf und stahlen den Stein. Er soll am Ende in kleine Teile zerschlagen und in den Potomac geworfen worden sein.[1]

Eineinhalb Jahrhunderte später, im Frühjahr 1998, hatte der amerikanische Präsident Bill Clinton während einer Afrikareise in Soweto an einem katholischen Gottesdienst teilgenommen und dabei, gemeinsam mit seiner Frau, auch die Kommunion empfangen – zum Unwillen der Offiziellen der katholischen Kirche; denn Clinton, so der Vatikan, sei kein Katholik und könne somit „nicht zum eucharistischen Mahl zugelassen werden." Das Kirchenrecht sehe nur in schweren Notfällen eine Ausnahme vor, und dies auch nur dann, „wenn die betreffende Person den Glauben der Katholiken an die Eucharistie teile, wie etwa orthodoxe Christen. Clinton indes sei Baptist, seine Frau Methodistin."[2]

Diese beiden Vorfälle geben Anlass, vertieft über die Frage nachzudenken, ob die beiden Abstoßungsreaktionen, einmal von Seiten Amerikas, zum anderen von Seiten Roms, nicht auf eine untergründige Verwandtschaft der so Reagierenden schließen lassen. Und ob sich also somit der amerikanische Präsident nicht doch zu Recht „katholisch" geriert hat, ob er nicht tatsächlich das zumindest informelle Oberhaupt einer anderen weltumspannenden Institution ist, einer zwar überwiegend zivilreligiös-weltli-

---

1   Die Episode ist nachzulesen in Cullen 1999, 46 f.
    Michael Zöller hat mich ergänzend auf Folgendes hingewiesen: In der Rotunde des Kapitols durften alle Einzelstaaten sich durch eine Marmorstatue verewigen. Wisconsin entschied sich für den französischen jesuitischen Missionar Father Marquette, so dass dieser dort schon stand, bevor der Marmorblock aus Rom eintraf – freilich wurde Marquette nicht als Missionar, sondern als Forscher und Geograph des Nordwestens dargestellt.

2   Süddeutsche Zeitung, 2.4.1998: „Vatikan kritisiert Bill Clinton".

chen, aber doch in vieler Hinsicht in die spirituell-religiöse Dimension hineinreichen-
den, weltumfassenden Kirche, nämlich der Glaubensgemeinschaft des Amerikanismus.
Könnte es nicht sein, dass der Amerikanismus, die amerikanische Zivilreligion, eine
Variante, eine moderne Version des Katholizismus und somit wenn nicht sein Erbe, so
doch sein Bruder ist?

Und könnte es also nicht sein, dass die Amerikaner selbst wie auch die Nichtamerika-
ner viel zu lange die *Gegensätze*, die *Unvereinbarkeit* von Amerikanismus und Katholizismus sahen und deshalb übersahen, dass die Geschichte zwar auf langen Umwegen,
aber mit erstaunlicher Konsequenz und Ausdauer Amerika letzten Endes nicht nur
zum Erbe des *Imperium Romanum*, sondern auch des spirituell-katholischen Roms
gemacht hat und noch macht?

Wir können uns der Beantwortung dieser Frage von zwei Seiten nähern. Zum einen
können wir mit Alexis de Tocqueville fragen, ob und inwiefern nicht gerade der Katholizismus in besonderer Weise „amerikanisch" ist, zum amerikanischen Selbstverständnis passt, Geist vom amerikanischen Geist ist. Zum anderen können wir fragen,
ob und inwiefern der „Amerikanismus", die amerikanische Zivilreligion mit ihrem
American Creed, nicht in hohem Maße und entgegen allem Anschein einer genuin
protestantischen Geprägtheit im Kern „katholisch" ist bzw. Elemente von Katholizität
über die Kirchenspaltung hinweg bewahrt, ja im hegelschen Sinne „aufgehoben" hat.

Was ist „Katholizität"?

Natürlich müssen wir uns, um unsere Hypothese ausführen zu können, zunächst darauf
verständigen, was Katholizität meint, was ihre wesentlichen Elemente sind.

Folgen wir dem „Lexikon der Religionen"[3], so bedeutet Katholizismus dreierlei, nämlich (1) „eine für alle Christen gültige Wesensbestimmung der Kirche Jesu Christi",
dann (2) die Konfessionsbezeichnung einer einzelnen Großkirche, also insbesondere
der römisch-katholischen Kirche; und schließlich wird (3) neuerdings „das Wesen der
ökumenischen Kirchen in der Verwirklichung des Attributes kath[olisch] wiederer-
kannt." Was aber ist nun der Kern, das Substrat der Katholizität?

Im Griechischen meint der Begriff *katholikós* soviel wie *umfassend, vollkommen* und
in Fülle existierend. Als Aussage über die Kirche drückt er *Universalität* aus: Anfang
und Ende der Schöpfung, Tod und Leben der Menschen; Anwesenheit (s.c. Christi) in
der *ganzen Geschichte* und in *aller Welt*; *universale Sendung*; *Überwindung aller
Schranken und Partikularismen*. Die Kirche ist *allumfassend, dem Raum und der Zeit
nach*.

Von Katholizismus im engeren Sinne (wir folgen immer noch dem Lexikon der Religionen) ist die Rede, „wo die weltzugewandte Seite der röm.-kath. [!] Kirche eine konkrete gesch[ichtliche] und kulturelle Gestalt in nationalen, gesellschaftlichen und poli-

---

3   Lexikon der Religionen 1992, Artikel „Katholizismus", 341-345.

tischen Zusammenhängen angenommen hat." Katholizität meint auch[4] die welter-obernde Kraft der Kirche als Durchdringung und Heimholung der Welt, als „Weltbe-jahung auf der ganzen Linie, Weltoffenheit im umfassendsten und edelsten Sinn". Und in der Tat stellt heute, wie Otto Kallscheuer zu Recht bemerkt, „seit dem Ende der Kommunistischen Internationale die *Una Sancta* – die Eine, Heilige, Katholische [...] und Apostolische Kirche, wie sie sich in all ihren Glaubensbekenntnissen nennt – die einzige noch funktionierende Internationale der Erde dar"[5] – wenn man von der im folgenden zu erörternden Katholizität des Amerikanismus absieht.

Auf dem Vatikanum II wurde, im Dokument *Lumen Gentium*[6], die Katholizität so definiert: „Die Eigenschaft der Weltweite, die das Gottesvolk auszeichnet, ist Gabe des Herrn selbst. In ihr strebt die katholische Kirche mit Tatkraft und Stetigkeit danach, die ganze Menschheit mit all ihren Gütern unter dem einen Haupt Christus zusammen-zufassen in der Einheit des Geistes. Kraft dieser Katholizität bringen die einzelnen Teile ihre eigenen Gaben den übrigen Teilen und der ganzen Welt hinzu, so daß das Ganze und die einzelnen Teile zunehmen aus allen, die Gemeinschaft miteinander halten und zur Fülle der Einheit zusammenwirken."[7]

Wie „universalisierbar" bzw. wie universell von der Wurzel her der „katholische" Katholizismus ist, beweisen neuere Bemühungen, in ökumenischer Perspektive auch von „evangelischer Katholizität" zu sprechen bzw. davon, dass Katholizismus und Protestantismus lediglich „zwei Formen des Abfalls von der Katholizität" seien.[8]

Amerikanismus als Katholizismus?

Nach diesem Überblick über die Bedeutung von „Katholizität" müssen die Parallelen zum Amerikanismus, zur amerikanischen Form der Katholizität, geradezu ins Auge fallen, und wir können versuchen, Antworten auf die Frage zu finden, was denn das „Katholische" am Amerikanismus sei.

1   Ähnlichkeiten der äußerlichen Symbolik

Beginnen wir beim Augenfälligsten, beim Sichtbaren.

Die amerikanische *Zivilreligion* hat schon rein äußerlich weit eher „katholische", um nicht zu sagen: katholisch-barocke, als protestantisch-bilderlos-nüchterne Dimensionen – und bestätigt damit die Vermutung, dass das protestantisch-calvinistische Bil-

---

4   Das Lexikon bezieht sich hier auf Adam 1957, 227.

5   Kallscheuer 1998, 398.

6   Zitiert mit „LG" nach Rahner/Vorgrimler 1966, 123-196.

7   LG 13, 138.

8   Auch hier beziehe ich mich auf das Lexikon der Religionen 1992; das Zitat entstammt einem dort nicht näher nachgewiesenen Aufsatz von W. Stählin mit dem Titel „Katholizität, Protestantismus und Katholizismus".

derverbot immer schon nicht zu einem Verschwinden der Bilder, sondern lediglich zu ihrem Aufblühen auf einem anderen Gebiet als auf dem, von dem sie verdrängt werden, führt. Beat Wyss hat z.b. darauf hingewiesen, dass sich nach der Erfindung der Buchkunst Holland, Genf und Venedig zu Zentren des Druckgewerbes entwickelt haben: „Calvin hatte die Bilderwelt aus den Kirchen verbannt; jetzt drängten die Bilder, in Druckform vervielfältigt, auf den Markt und in die Bürgerstuben. Die öffentliche Bilderlosigkeit schuf das Vakuum für eine Bilderflut im Privaten." Und für diese „Dialektik bürgerlicher Rigidität als Bedingung des medialen Fortschritts" gebe es Parallelen im Medienbetrieb der Gegenwart; denn die „prüde Gesellschaft der Vereinigten Staaten hat die visuelle Kultur unserer Zeit zur Blüte gebracht. In diesem Sinne waren Amsterdam, Genf und Venedig, als Zentren im Vertrieb von Text und Abbild, ein Hollywood des alten Europa."[9] Und wo, so kann man ergänzen, der amerikanische Protestantismus die „katholische" Bilder- und Symbol-Lust aus dem kirchlich-religiösen Raum verdrängt hat, feiert sie in der amerikanischen Zivilreligion ein fröhliches Fortleben.

So denke man an den „Altar" in den National Archives, der die Heiligen Dokumente der amerikanischen Republik hinter bzw. unter Panzerglas bewahrt: die Unabhängigkeitserklärung in senkrechter Form in einer Art Tabernakel, die Urverfassung in waagerechter Form in Vitrinen darunter. Man denke an die Lust an der bildlichen Darstellung der eigenen „Heilsgeschichte" im Kapitol, wo nichts mehr von Bildersturm und Bilderverbot zu spüren ist. Man führe sich die Verehrung von „Heiligen" vor Augen, d.h. der Gründerväter und anderer herausragender Gestalten, wie Jefferson, Washington, Lincoln, und vergesse nicht, mit vielleicht noch größerem Recht die in der *Hall of Fame* versammelten Ikonen der populären Kultur daneben zu stellen. Ob Politiker oder Popkünstler: sie werden in der Zivilkirche des Amerikanismus wie Heilige kanonisiert. „Unter den westlichen Industrienationen hat keine Nation eine Populärkultur entwickelt, die in gleichem Maße wie die amerikanische sich Personen aneignet, sich ihrer bemächtigt, sie für die kollektive Psyche sozialisiert, auf einen Sockel hebt und vergöttert. Aus dem Leben eines Einzelnen wird eine Lehre für die Gemeinschaft."[10] Das ist katholisch, nicht protestantisch, oder, um ein saloppes Wortspiel zu wagen: Die Pope-Kultur und die Pop-Kultur nähern sich zusehends an, arbeiten sich aufeinander zu: der Papst, d.h. Johannes Paul II., wird mehr und mehr zum Pop-Star, zum Idol der Jugend, wie nicht zuletzt die Weltjugendtage im August 2000 in Rom zeigten; und die amerikanische Kultur eignet sich immer mehr die Rituale einer Kirche an. Somit ist es nur konsequent, dass die Weltjugendtage im Jahre 2002 den Sprung über den Atlantik machten, freilich, da in Toronto stattfindend, noch einen Anstandsabstand zu den USA einhielten.

Es ist aber nicht nur an die Heiligenverehrung der amerikanischen Zivilreligion zu erinnern, sondern auch an ihre ganz unpuritanische Lust zu Pracht-, Fahnen- und Farbenentfaltung, beginnend mit den Prozessionen, den Umzügen und Festen zur Feier der Verfassung im Jahre 1787/88 bis zur allvierjährlichen Liturgie der Parteitage, die

---

9   Wyss 1977, 33.
10   von Rimscha 2000, 141.

zu nichts anderem als republikanischen, in blau-weiß-rote Farbenpracht gewandeten Krönungsfeierlichkeiten geworden sind, in denen sich die beiden Parteien stellvertretend für die ganze Nation ihrer Identität und ihres alle Multiethnizität übersteigenden Zusammenhalts versichern. Und gar die Inaugurationsfeier für den dann gewählten Präsidenten „rangiert in Pomp und zeremonieller Bedeutung nur knapp hinter der Papstinthronisierung."[11]

Katholizismus und Amerikanismus nähern sich heute, im Medienzeitalter, noch mehr an. Erstens war der Katholizismus, wie Jan Roß kürzlich schrieb, „immer, im Gegensatz zu den wort- und gedankenlastigen Reformationskirchen, die Konfession der Bilder gewesen. Die Kunst des Barock war zu einem guten Teil visuelle Propaganda – religiöse Werbespots in Öl oder Freskomalerei." Und heute habe Karol Wojtyla mit seinem „Sinn für Gesten und Symbole" „die katholische Sinnlichkeit mit den Kommunikationsmedien der Moderne verbunden" und sei so zum „Papst des Fernsehzeitalters" geworden.[12] Während bei uns selbst Politiker (wenn auch mit uneingestandenem Neid) noch von der „Amerikanisierung" des Politikstils sprechen und Kirchenmänner und -frauen sich ins „Funktionärsgewimmel irgendwelcher protestantischer Synoden"[13] stürzen, bedienen sich der römische Papst und der amerikanische Präsident schon längst sinnträchtiger, werbemächtiger und bildprächtiger Mitteilungsformen.

Kommen wir zu einer anderen äußerlichen, aber ebenfalls nicht zufälligen, ebenfalls sehr anschaulichen, bildkräftigen Verwandtschaft zwischen Amerikanismus und Katholizismus; kommen wir zu ihren Hauptquartieren.

Da ist insbesondere an das Kapitolgebäude in Washington (und seine vielfachen Kopien in den Hauptstädten der Einzelstaaten) zu denken: nicht nur dass es äußerlich den Vatikan kopiert; es ist auch Symbol der Nachfolge von und der Konkurrenz mit Rom. Das Imperium Americanum betrachtet sich als Nachfolger des Imperium Romanum; und der Amerikanismus ist, so kann man sagen, Nachfolger des das Imperium Romanum beerbenden, in Rom zentrierten Katholizismus. Wie in Rom die Hauptverwaltung des katholischen Credos, so sitzt in Washington die Hauptverwaltung des *American Creed.*

Ex negativo bestätigt die amerikanische (offensichtlich protestantische) Historikerin Pauline Maier diese Katholizität des Amerikanismus, wenn sie in ihrer Geschichte der Entstehung der Unabhängigkeitserklärung über die Formen der Verehrung dieser Erklärung und der Verfassung in den *National Archives* von einem „curious altar" spricht, „which would seem more at home in a Baroque church somewhere in Rome"[14], und bekennt, „that I have long been and remain uncomfortable with the use of religious words and images for what are, after all, things of this world. That practice strikes me as idolatrous, and also curiously at odds with the values of the Revolution. As the heirs of a political tradition shaped by radical seventeenth-century English

---

11 Kornelius, Süddeutsche Zeitung, 3.1.2001.

12 Roß 2000, 114-116.

13 Roß 2000, 116.

14 Maier 1997, 215.

Protestants, most American revolutionaries were suspicious of Roman Catholicism and its iconographic traditions."[15] Diese Abneigung der Kolonisten gegen den „Catholic absolutism", so Maier weiter, erkläre auch ihr Zögern, das – katholische – Frankreich gegen die Engländer zur Hilfe zu rufen.[16]

2 Geistige Nähe von Katholizismus und Amerikanismus

Neben den eher äußerlichen, optisch-bildhaft-symbolischen Ähnlichkeiten kann man aber insbesondere in den geistigen Inhalten Parallelen, ja sogar Gemeinsamkeiten entdecken, wodurch sich Amerika nicht nur als Erbe des *weltlichen* Imperium Romanum, sondern auch des *geistigen*, des Katholizismus, der katholischen Kirche erwiese, und streckenweise auch des Vatikans. Und wenn dies zuträfe: Könnte man dann nicht sagen, der Protestantismus habe mit Amerika und dem Amerikanismus, mit dem Imperium Americanum und der Pax Americana letzten Endes seine Una Sancta, und mit dem amerikanischen Präsidenten seinen Papst gefunden?

Da wäre zum einen, ex negativo, zu fragen: Kann man aus der zuzeiten geradezu obsessiven Gegnerschaft der (protestantischen) Amerikaner gegen den kirchlichen Katholizismus auf ein *Konkurrenzgefühl aus verwandtschaftlicher Nähe heraus* schließen, insofern nämlich diese Gegnerschaft sich möglicherweise vor allem aus dem gemeinsamen universalistischen Anspruch von Katholizismus und Amerikanismus nährt(e)?

Und liegen hier nicht, noch wichtiger, die positiven Korrelationen?

So sind Katholizismus und Amerikanismus in ihrer Grundanlage *transnational und nichtnationalistisch*; sowohl der amerikanische wie der katholische Begriff des „Volkes" dulden, im Gegensatz zum europäischen oder gar deutschen, keinerlei ethnische Implikationen oder Präferenzen. So hat, worauf Otto Kallscheuer hinweist,[17] der Katholizismus im 19. Jahrhundert, anders als der europäische Protestantismus, den Versuchungen des Nationalismus widerstanden: „Im Kontext der entstehenden Weltgesellschaft war der römische Zentralismus [...] die historische Voraussetzung für die Behauptung einer (zunächst anti- und dann) *trans*nationalen[18] politischen Identität der Kirche als Trägerin und Verkörperung eines universalistischen Heilsauftrags."[19]

---

15 Maier 1997, xviii f.

16 Maier 1997, 28 f.

17 „Während sich das politische Europa in konkurrierende Nationalstaaten und nationalistische Bewegungen aufsplittert, gelingt es im Gegenzug dem Papsttum und der ultramontanen Bewegung, die *Una Sancta* als geistliche Universalmonarchie zu rezentralisieren [...]"; und der „Ultramontanismus richtete sich [...] auch wider alle ‚heidnischen' Versuchungen zur religiösen Sakralisierung bestimmter Völker oder Nationen – *auch* katholischer Nationen" (Kallscheuer 1998, 406 u. 407).

18 Klammer und Kursivsatz i.O.!

19 Kallscheuer 1998, 406 f.

Amerikanismus und Katholizismus setzen die Einheit der Welt voraus bzw. streben sie an. „Zum neuen Gottesvolk", heißt es in Lumen Gentium 13, „werden alle Menschen gerufen. Darum muss dieses Volk eines und ein einziges bleiben und sich über die ganze Welt und durch alle Zeiten hin ausbreiten. So soll sich das Ziel des Willens Gottes erfüllen, der das Menschengeschlecht am Anfang als eines gegründet und beschlossen hat, seine Kinder aus der Zerstreuung wieder zur Einheit zu versammeln." Oder in den Worten des amerikanischen Vatikan-Historikers Thomas J. Reese, der feststellt, dass es sich beim Christentum um eine „Gemeinschaft von Gläubigen handelt, die sich in Form einer Kirche organisiert haben."[20]

Nichts anderes bedeutet, tendenziell, die Gründung der amerikanischen Nation aus dem Geist gemeinsamer Werte anstatt ethnischer Bezüge; Mitglied des amerikanischen Volkes, der *one nation under God*, kann jeder Mensch auf der Welt werden. Und wenn somit der Historiker der amerikanischen Kirchen, Sidney Mead, ein Diktum Gilbert K. Chestertons aufgreifend und bestätigend, die Vereinigten Staaten „eine Nation mit der Seele einer Kirche"[21] nennt, kennzeichnet er damit einen Wesenskern des amerikanischen Selbstverständnisses.

Einer der führenden europäischen Amerikanisten, Rob Kroes, scheut sich nicht, von Walt Whitmans „democratic catholicity" zu sprechen, mit der dieser „all and everything" umarme: „the sublime and the mundane, the high and the low, the holy and the profane. He transcended all such antitheses in one continued song in praise of the democratic unity and cohesion of creation."[22]

Kurzum, wir sehen: Zwischen dem *e pluribus unum* und der *Una Sancta* gibt es eine enge Verwandtschaft.

Die Sichtweise der Welt als einer Einheit hat freilich, zumindest in den Augen derer, die *extra ecclesiam* leben, auch ihre Kehrseite: den Alleinvertretungsanspruch. Beide Kirchen, die des Amerikanismus wie die des Katholizismus, wollen die Einheit der Welt; aber bitte unter keinem anderen Patronat als dem eigenen. So beteiligt sich Rom eifrig an der Suche nach Wegen zur Einheit der Christenheit; aber es macht gleichzeitig stets unzweideutig klar, dass *extra ecclesiam nulla salus* für die Welt zu finden und Ökumene, Einheit und Wiedervereinigung der Christenheit immer nur heißen kann: „zurück in den Schoß der Kirche", zurück nach Rom.[23] Dasselbe mit dem Rom der Neuzeit, mit Washington; hier lautet die Botschaft: Schön, dass die Welt sich, unter dem Dach der Vereinten Nationen, friedlich zusammenzuleben bemüht. Aber was ist ein UN-Generalsekretär gegen den Präsidenten der USA, was sind die Vereinten *Nationen* gegen die Vereinigten *Staaten*; *extra Americam nulla salus*, und wer kein Ameri-

---

20 Reese 1998, 7.

21 Mead 1975, 48.

22 Kroes 1996, 45.

23 Siehe zuletzt die sogar dem Papst etwas peinlich gewordene, von Kardinal Ratzinger verfasste und durchgesetzte Erklärung der Kongregation für die Glaubenslehre „Dominus Jesus", in der zum – irgendwie auch erstaunlichen – Erstaunen der nichtkatholischen Kirchen der Alleinvertretungsanspruch der Una Sancta bekräftigt wurde.

kaner sein will und sich ein Leben außerhalb Amerikas vorstellen kann, dem ist eigentlich kaum zu helfen.

In unübertroffener Klarheit hat diesen Anspruch Colin Powell am 7. März 2001 vor dem Ausschuss für internationale Beziehungen des Repräsentantenhauses ausgedrückt: „Wenn wir den Grundsätzen unseres Systems treu bleiben und dieses System auf der ganzen Welt anpreisen, werden wir die Welt auf eine Art und Weise neu gestalten, die der ganzen Menschheit zugute kommt [...]. Es gibt da draußen [!] keine andere Ideologie, die wirklich mit dem konkurrieren kann, was wir der Welt zu bieten haben. Wir wissen, es hat funktioniert."[24]

Freilich: den Anspruch auf *Unfehlbarkeit* erhebt nur der Papst, nicht der amerikanische Präsident; und das Dogmengebäude des Amerikanismus ist weitaus offener, pluralistischer als dasjenige des Katholizismus. Gleichwohl gibt es, was die Fähigkeit zur Integration anderer Kulturen und Denkweisen anbelangt, auch hier durchaus Analogien.

So besteht eine weitere Verwandtschaft des Amerikanismus zur katholischen Kirche in der Bereitschaft und Fähigkeit, andere Kulturen sowohl zu durchdringen wie auch zu integrieren bzw. die eigene „Religion" mit autochthonen Elementen zu vermischen. Ein besonders gutes Beispiel sind die Amts- bzw. Würden- bzw. Funktionsträger: Wir haben auf der katholischen Seite die Priester, die in der Regel aus den jeweiligen Nationen bzw. Ethnien kommen, zwar von außen, von Rom ein-, aber in der Regel nicht hineingesetzt werden.[25] Wichtiger noch: der Führungsstab der Kirche, die Kurie, ist seit dem Pontifikat von Pius XII. mehr und mehr multinationalisiert worden; Paul VI. hatte ihre Internationalisierung (und implizit damit verbunden die, wie man sie nennen könnte, allmähliche „Entitalianisierung") nach dem Zweiten Vatikanum zu einem seiner Hauptziele erklärt; und Johannes Paul II. hat diese Linie fortgesetzt. Zwar ist der Einfluss der Italiener quantitativ und qualitativ (Italienisch ist immer noch die überwiegende Verkehrssprache in der Kurie, wenngleich die kirchliche Verhandlungssprache inzwischen fast überall Englisch ist) immer noch stark, aber es ist doch imponierend zu sehen, wie sich mehr und mehr auch durch die Besetzung der Führungsspitze zeigt, dass der Papst zu Recht als „Chef der größten multinationalen Institution der Welt" bezeichnet werden kann.[26]

In diesem Zusammenhang wäre es im Übrigen reizvoll, die Multinationalität bzw. -ethnizität der amerikanischen Volksvertretung, der römischen Kurie, der Brüsseler NATO-Stäbe und der europäischen Kommission (inklusive der nichtsdestotrotz fortbestehenden politischen, politisch-kulturellen und sprachlichen Dominanz der Führungs-

---

24 Amerika-Dienst vom 9.3.2001. Auf Englisch lautet das Zitat: „If we hold true to the principles of our system, and if we keep advocating that system around the world, we are going to continue to reshape this world in a way that will benefit all mankind [...]. There is no other ideology out there that can truly compete with what we can offer to the world. We know it works."

25 So stammten Anfang 2001 51 Kardinäle aus Nord- und Lateinamerika (davon 40 wahlberechtigt), 17 aus Asien (13), 16 aus Afrika (13) und 4 aus Australien und Ozeanien (4); die 65 wahlberechtigten europäischen Kardinäle (insgesamt 97, darunter 41 (24) italienische) haben somit im Konklave (135 Wahlberechtigte) die Mehrheit verloren. (Quelle: www.vatican.va, 4.2.2001).

26 Reese 1998, 376; die davor stehenden Angaben basieren ebenfalls auf Reese 1998, 196-199.

nation(en) in den jeweiligen Gremien) zu vergleichen – möglicherweise als eine Abfolge einer der größten Leistungen des Abendlandes (zu denen es sicher noch eine ganze Menge von Zwischenstufen aus anderen Zeiten gibt), nämlich der Entnationalisierung von (in dieser zeitlichen Reihenfolge?) Religion, Militär und Bürokratie.

Doch zurück zur Multinationalität des Amerikanismus. Eine der bedeutendsten „De-Propaganda-Fide"-Kongregationen der Kirche des Amerikanismus, CNN International, bedient sich lokaler Anchormen und Korrespondenten – selbst wenn, und vielleicht gerade weil ihr Englisch Lokalkolorit zeigt; so gehörten im Mai 2000 die 19 Moderatoren des Nachrichtensenders 12 verschiedenen Nationen an.[27] Auch gibt es wohl keine andere Nation, die so unbefangen *local nationals* in ihren Botschaften und als Zivilbeschäftigte bei den Stationierungsstreitkräften beschäftigt wie die amerikanische.

Parallelen zwischen der „Katholisierung" und Amerikanisierung der Welt

Unübersehbar sind auch die starken Parallelen zwischen der Amerikanisierung der Welt und dem Wirken der katholischen Kirche.

1   Sinnstiftung

Zum einen wäre zu fragen, ob nicht die „Religion" bzw. Zivilreligion des Amerikanismus der Welt eine Sinnstiftung anbietet; das „Römische" an der *Pax Americana* wäre dann, dass das amerikanische Ordnungszentrum und das von ihr ausstrahlende geistig-politische Imperium der Welt – von großen Teilen der Welt – das Gefühl vermittelt, dass Politik und Geschichte einen Sinn haben, einen höheren Sinn; von Amerikas quasi-religiösem bis religiösem Sendungsbewusstsein geht mit Sicherheit eine starke Ausstrahlung auf andere Nationen aus. Und erzeugt Enttäuschung, wenn Amerika sich dessen nicht bewusst ist, wie Tony Judt im Herbst 2002 angesichts unilateraler Entscheidungen der Bush-Administration zu Recht bemerkte: „Macht und Einfluss Amerikas sind zur Zeit sehr fragil, weil sie auf einem einmaligen und unersetzlichen Mythos beruhen: auf der Vorstellung, dass die Vereinigten Staaten für eine bessere Welt stehen und für alle, die nach ihr suchen, noch immer eine wirkliche Hoffnung bedeuten."[28]

Dieses Gefühl der Sinnhaftigkeit der eigenen nationalen Existenz *sub specie Americana* wird auch *ex negativo* vermittelt; denn viele Gegner und Feinde Amerikas bauen ihre Sinnstiftung zu einem nicht geringen Teil auf der Gegnerschaft gegen Amerika, den „großen Satan", auf. Nicht nur der Islam, auch die Europäer und selbst Frankreich, das ja weder Gegner noch Feind Amerikas ist, bedienen sich der Abgrenzung von der

27 Vgl. Süddeutsche Zeitung, 31.5.2000.

28 Judt 2002, 979.

amerikanischen Sinnwelt, um sich der eigenen – offensichtlich brüchig gewordenen – Identität zu vergewissern.

2 Das Ganze ist gut – seine Glieder sind fehlbar

Gegen Ende des 20. und am Beginn des 21. Jahrhunderts zeigt sich im Amerikanismus und im Katholizismus fast gleichzeitig ein ähnliches Phänomen: die Bereitschaft, die Fehler- und Sündhaftigkeit der eigenen Geschichte zuzugestehen.

Am ersten Fastensonntag des Jahres 2000 legte Papst Johannes Paul II. ein öffentliches allgemeines Schuldbekenntnis der katholischen Kirche ab, nachdem er vorher insbesondere auf Auslandsreisen schon bei insgesamt 21 Themen Schuld und Sünden der „Söhne und Töchter" oder „Glieder der Kirche" ausgemacht und sich dafür entschuldigt hatte. Nach Luigi Accattoli[29] gehören dazu u.a.: Kreuzzüge, Inquisition, Judentum, Islam, Kirchenspaltungen, Religionskriege, Frauen, Mafia, Rassismus, Diktaturen, Krieg und Frieden, Indios, Indianer, Ureinwohner und Sklavenhandel.

Es ist unschwer zu sehen, dass sich die „Schuld" Amerikas teilweise auf denselben oder ähnlichen historisch-gesellschaftlichen Handlungsfeldern aufgestaut hat und somit Rom und Washington eigentlich ein gemeinsames Schuldbekenntnis, ein „nostra culpa" planen könnten. (Im Übrigen kann die Liste der Sünden Amerikas natürlich allein aufgrund unterschiedlicher Gründungsdaten Amerikas und der katholischen Kirche nicht so lang sein wie die letzterer.) Tatsache jedenfalls ist, dass in den USA spätestens seit dem Columbus-Jahr 1992 die Bereitschaft wächst, über die Defizite, über Schuld, Sünde und Sühne der freiwillig Eingewanderten gegenüber den Ureinwohnern und den unfreiwillig eingewanderten Afroamerikanern zu reflektieren.

Gibt es somit erstens die prinzipielle Bereitschaft, historische Schuld einzugestehen und zweitens teilweise sogar eine Überschneidung hinsichtlich der „Objekte" des Schuldeingeständnisses bzw. der Personen und Personengruppen, bei denen man sich entschuldigt bzw. sich zu entschuldigen bereit ist, gibt es eine weitere interessante Parallele, nämlich die Entschlossenheit, bei aller Schuldanerkenntnis die Ursprungsidee und ihre Institutionen als prinzipiell gut und richtig zu verteidigen. So spricht der Papst in dem Bestreben, „die Kirche ‚an sich' [...] als makellos und heilig hinzustellen", von einzelnen Personen, die Fehler gemacht und Sünde und Schuld auf sich geladen haben. Hier liegt, wie der Kirchenhistoriker Georg Denzler bemerkt, auch der Grund dafür, „dass der Papst nirgends von Irrtümern in der Glaubenslehre spricht, als ob in der langen Geschichte der Kirche von kirchlichen Autoritäten bis hinauf zum Papst nicht auch ungezählte Fehlentscheidungen und falsche Lehren ausgegangen wären."[30] Und die Amerikaner sind wohl bei aller Anerkennung historischer Verfehlungen nicht bereit, es Hermann Hesse gleichzutun, der einmal gemeint hat, Amerika sei „ein Fehler, ein zwar gigantischer Fehler, aber doch ein Fehler".

---

29 Accattoli zit. bei Denzler 2000.

30 Denzler 2000.

Die beiden Fälle gleichen sich des Weiteren auch insofern, als es vom rechten Spektrum leichte bis massive Kritik an der Selbstkritik gibt, mit dem Generaltenor, dass man die Selbstanklage und Zerknirschung nicht zu weit führen dürfe.

3 Anverwandlung statt Einverleibung

Was die kulturelle, insbesondere alltagskulturelle „Amerikanisierung-Katholisierung-Romanisierung" der Welt anbelangt, muss vorausgeschickt werden, dass es diese mit Gewissheit gibt, dass sie aber alles andere als eine Einbahnstraße ist; vielmehr hat sie zwei Seiten: die des „Anbieters" und die des Rezipienten. Der Rezipierende übernimmt nicht nur Vorgegebenes, sondern anverwandelt es. So schreibt Kaspar Maase über die Wirkungen der „Amerikanisierung" in Deutschland Folgendes: „In der Populär- und Alltagskultur vollzieht sich Übernahme [sc. amerikanischer Muster; W. K.] stets als Veränderung, als Anverwandlung und Umarbeitung durch und für nationale Wahrnehmungsmuster, Wertsysteme, Geschmacksnormen, Tabus etc."[31] Vorbereitet auf diese Anpassung an einen breiten Publikumsgeschmack bzw. an spezifische Eigenheiten der Rezipienten bzw. Konsumenten war und ist nach Maase die amerikanische Konsumgüter- und Unterhaltungsindustrie schon durch den Wunsch, auf dem eigenen Kontinent ihre Produkte loszuwerden: „Zur Eroberung des gesamtnationalen Marktes waren die Unternehmer gezwungen, eine ästhetische Sprache zu entwickeln, die über ethnische Differenzen hinweg Anklang fand. Sie mußten damit Wegbereiter eines *Weltidioms der populären Künste* (Hervorhebung W. K.) werden."[32]

Nicht vergessen werden darf in diesem Zusammenhang natürlich, dass Amerikanismus und Katholizismus nicht nur ein Weltidiom der Kultur, sondern insbesondere *ein* sprachliches Weltidiom, also Latein bzw. Englisch, haben – ein Universalisierungs- und Integrations-Vehikel par excellence.

Sprichwörtlich, wenn auch umstritten, ist der Begriff des „Schmelztiegels" Amerika. Wahr an dem Begriff ist, dass tatsächlich jedermann, unabhängig von seiner ethnischen oder nationalen Herkunft, Mitglied der amerikanischen Nation, des amerikanischen „Gottesvolks", der *one nation under God* werden kann.

Was nun die Verbreitung und Anpassungsfähigkeit des Katholizismus anbelangt, liest sich dies in *Lumen Gentium* so: „In allen Völkern der Erde wohnt [...] dieses eine Gottesvolk, da es aus ihnen allen seine Bürger nimmt, Bürger eines Reiches [...]. Alle über den Erdkreis hin verstreuten Gläubigen stehen mit den übrigen im Heiligen Geiste in Gemeinschaft." Die Kirche bzw. das Gottesvolk „fördert und übernimmt" „Anlagen, Fähigkeiten und Sitten der Völker, soweit sie gut sind. Bei dieser Übernahme reinigt, kräftigt und hebt es sie aber auch." Kraft der Katholizität „bringen die einzelnen Teile ihre eigenen Gaben den übrigen Teilen und der ganzen Kirche hinzu, so daß das Ganze und die einzelnen Teile zunehmen aus allen, die Gemeinschaft untereinander halten und zur Fülle in Einheit zusammenwirken [...]. Zu dieser katholi-

---

31 Maase 1992, 25.
32 Maase 1992, 26.

schen Einheit des Gottesvolkes, die den allumfassenden Frieden bezeichnet und fördert, sind alle Menschen berufen."[33]

In diesem Zusammenhang wäre zu untersuchen, inwiefern der Amerikanismus lokale Varianten von sich zulässt bzw. fördert. Vielleicht ist hier ein besonders trivial erscheinendes Beispiel aus der Alltagswelt des Konsums besonders anschaulich, nämlich die Produktpolitik von McDonald's, die u.a. darin besteht, dass jeweilige örtliche Essgewohnheiten bzw. Speisen „mcdonaldisiert" bzw. „verhamburgert" werden. Man könnte, ein wenig frivol, aber nicht ganz ohne Grund, sogar so weit gehen, die im Eucharistie-Empfang und im Gang zu McDonald's liegende Gemeinsamkeit zu untersuchen: Hamburger und Hostie sind Symbole universeller Teilhabe an den Glaubenswahrheiten beider Universalkirchen! Es gibt keine Standes- und Rangunterschiede – jedermann ist gleicherweise zum Tisch des Herrn und zu McDonald's zugelassen; und der Zutritt dazu unterliegt einigen wenigen, leicht und schnell erlernbaren Ritualen bzw. Ess-Regeln. Und so spricht Jan Roß in seinem Buch über Johannes Paul II. wenn auch salopp, doch nicht zu Unrecht von der katholischen Kirche als „der einzigen Institution, die es an Globalität mit McDonald's mühelos aufnehmen kann; der Universalismus der katholischen Kirche hat mit provinziellem Stammesdenken oder nationalistischen Ressentiments gegen eine zusammenwachsende Welt nichts zu tun."[34] Und somit können wir dem italienischen Theologen Massimo Salani allenfalls zum Teil zustimmen, wenn er *fast food* für „nicht katholisch" erklärt, weil dessen Konsumenten den gemeinschaftlichen Aspekt des Teilens und somit die Heiligkeit des Speisens vergäßen.[35]

Der Präsidenten-Papst

Wo es Katholizismus gibt, muss es auch einen Papst geben. Und wenn wir den Amerikanismus als einen Bruder des Katholizismus ansehen, müssen wir konsequenterweise fragen, ob und inwiefern der amerikanische Präsident als Papst des Amerikanismus gelten kann, als Oberhaupt der Kirche des Amerikanismus, und ob er somit eine Rolle innehat, die weit über die des Präsidenten der USA, ja auch über die Rolle des Führers der westlichen Welt hinausgeht.

Doch zunächst wäre zu fragen, ob nicht dem Protestantismus im Allgemeinen und dem amerikanischen Protestantismus im Besonderen etwas fehlt, nämlich eine zentrale Repräsentativfigur, eine alles zusammenfassende, die Diversität der Bekenntnisse übergreifende, sie integrierende und ihr im Positiven wie im Negativen Identitätsstiftung ermöglichende Zentralfigur. Kann es denn auf ewig allein Luther, können es auf ewig Calvin, Zwingli und andere protestantische Gründerväter sein, die diese Identitätsstiftung schaffen? Müssen sie nicht endlich Erben haben, die repräsentativ die Fackel

---

33 LG 13, 138 f.; vgl. oben Anm. 7.

34 Roß 2000, 16.

35 So Salani in der katholischen Tageszeitung „Avvenire" lt. FAZ vom 8.11.2000 („Fast food ist nicht katholisch").

weitertragen? Wo bleibt die geistig-religiöse Verknüpfung der Generationen und Sukzession der Repräsentanten?

Aber vielleicht braucht zumindest der amerikanische Protestantismus dies nicht; vielleicht hat er ja sein Oberhaupt bereits, nämlich im Oberhaupt des *Imperium Americanum*, dem obersten Repräsentanten des Amerikanismus, im Präsidenten der Vereinigten Staaten von Amerika?

Denn dieser bzw. sein Amt hat doch in vieler Hinsicht papale oder zumindest quasi-papale Eigenschaften. So notiert z.B. Christian Hacke, dass der amerikanische Präsident in außenpolitischer Hinsicht neben dem Hut des Oberbefehlshabers noch zwei weitere Hüte trage: Als Führer der freien Welt „schützen [...] alle Nachkriegspräsidenten die ‚atlantische Zivilisation‘," darüber hinaus ist jeder Präsident „der Führer eines ‚informellen Reiches der Freiheit‘, das als amerikanische Einflußsphäre umschrieben werden kann".[36]

Dass amerikanische Außenpolitik, wie amerikanisches Selbstverständnis generell, in hohem Maße einen quasi-religiösen Impetus hat, dass sie dem *American Creed* verpflichtet ist, dass sie von einem „politisch-demokratischen Missionsglauben"[37] motiviert wird und dass „eine Konvergenz zwischen religiösen Mythen und außenpolitischen Zeilen stattgefunden [hat], die sich als Sendungsbewusstsein innerhalb eines manichäisch geprägten Weltbilds weltpolitisch artikuliert"[38], ist jedem Analytiker amerikanischer Außenpolitik heute eine selbstverständliche Einsicht. Und so schreibt, was die Rolle des Präsidenten in der amerikanischen Zivilreligion angeht, Berndt Ostendorf zu Recht: „Selbst wenn im ersten Zusatz zur Verfassung von 1789 in den Worten Jeffersons eine ‚Trennwand‘ zwischen Politik und Religion aufgebaut wurde, galt diese zunächst nicht auf lokaler oder staatlicher Ebene, sondern nur für den Bund. Und auch dort in erster Linie für die Legislative und Judikative, weniger für den Präsidenten der Republik: Die zivilreligiösen Funktionen sind stärker am Amt des Präsidenten hängen geblieben als am Kongress oder der Judikative [...]. Der Präsident ist der Pontifex Maximus, und von ihm erwartet die Öffentlichkeit das nationale Gebet in Krisenzeiten. Schon der erste amerikanische Präsident Washington hatte vor dem Auseinanderbrechen der diversen Interessengruppen in der neuen Republik gewarnt und war daher bewusst als heilender, zivilreligiöser Priester der Nation aufgetreten. Seine Apotheose als Christusfigur war dann nur eine Frage der Zeit. Man denke an Abraham Lincolns berühmte Ansprache in Gettysburg zur Erinnerung an die Toten des Bürgerkriegs, die ein Musterbeispiel eines zivilreligiösen Gebets darstellte."[39]

Auch Ostendorf scheut sich also nicht, eine Analogie zwischen Papst- und (amerikanischem) Präsidentenamt zu ziehen; und wenn der Präsident innenpolitisch diese Rolle

---

36 Hacke 1997, 14.
37 Dittgen 1998, 73. Vgl. auch Krakau 1967.
38 Ostendorf 1999, 900.
39 Ostendorf 1999, 895 f.

als Pontifex Maximus spielt, dann notwendigerweise auch nach außen, gegenüber der sich immer mehr globalisierenden westlichen Welt.[40]

Und was für den Papst und seine Kirche die Enzykliken sind, sind für die amerikanischen Präsidenten ihre jährlichen *State-of-the-Union*-Botschaften und großen Reden.[41]

Auf die auffallend „katholische" Funktion der amerikanischen Zivilreligion hat auch der kanadische Philosoph Charles Taylor hingewiesen. Er diagnostiziert, ausgehend von Willam James' „The Variety of Religious Experience", einen grundlegenden Wandel religiöser Erfahrung in den letzten hundert Jahren: weg von einem eher institutionen- und dogmenorientierten Verständnis hin zu einem stark invidualistischen, gefühlsbetonten, persönlichen Religionsverständnis. Dies passe zu dem generellen Selbstverständnis des modernen Menschen, der auf Individualismus und Selbstverwirklichung ausgehe (wobei Taylor sich bei dieser Diagnose jeglichen kulturpessimistischen, moralischen Untertons enthält!).

Dieses Religionsverständnis nun habe (auch in der Deutung durch James) deutlich einen protestantischen Ursprung – weswegen James auch wenig Verständnis für den Katholizismus habe und, wie Taylor meint, „das Phänomen eines kollektiven religiösen Lebens, das nicht bloß das Ergebnis (individueller) religiöser Beziehungen ist", in seiner Konzeption nicht unterbringen könne; d.h., „er habe keinen Platz für eine kollektive Beziehung zu Gott durch eine gemeinschaftliche Lebensform", wie sie insbesondere eine, und hier wiederum speziell die katholische, Kirche darstelle.[42] Aber, so Taylor: „Es gibt bestimmte Gefühle, die man nicht allein haben kann, sondern nur in der Solidarität."[43] Wenngleich heute das Göttliche nicht mehr in einem König anwesend sei, so könne es doch auch „in dem Umfang gegenwärtig sein, wie wir eine Gesellschaft errichten, die schlicht und einfach Gottes Plan folgt. Dieser Gedanke lässt sich mit Hilfe der Idee einer moralischen Ordnung, die als von Gott begründet angesehen wird, weiter füllen, beispielsweise mit einer sittlichen Ordnung, wie sie in der amerikanischen Unabhängigkeitserklärung beschworen wird: Alle Menschen sind gleich geschaffen und wurden von ihrem Schöpfer mit bestimmten unveräußerlichen Rechten ausgestattet." In dieser Erklärung komme, so Taylor weiter, „eine Idee sittlicher Ordnung zum Ausdruck, die seither in der Welt beherrschend geworden ist"[44], nämlich die USA, die Taylor, nicht überraschend und explizit Robert Bellahs „Zivilreligion" folgend, „als paradigmatischen Fall für diese neue Ordnungsvorstellung" wählt.[45] Mit Bezug auf David Martin[46] nennt er solche Gesellschaften, „in denen die

---

40 Nicht unerwähnt bleiben sollte bei dieser Suche nach Analogien zwischen dem römischen Papst und dem amerikanischen Präsidenten, dass beide Ämter bisher ausnahmslos dem männlichen Geschlecht vorbehalten waren und dass in beiden Fällen eine Amtsinhaber*in* einer Revolution gleichkäme.

41 Den Hinweis auf diese Parallele verdanke ich Peter Lösche.

42 Vgl. Taylor 2002, 27.

43 Taylor 2002, 31.

44 Taylor 2002, 60.

45 Taylor 2002, 61.

46 Vgl. Martin 1978, 1990.

herrschenden Formen des sozialen Vorstellungsrepertoires zunehmend um die Ordnung gegenseitigen Nutzens kreisen und die ‚barocke' Ordnung als befremdlich […],
als ‚papistisch' betrachtet wird", „anglophon". Diesen Kulturen erscheine es „immer
offensichtlicher, dass gültige religiöse Zugehörigkeit nur freiwillig sein kann." So sä-
hen wir insbesondere in den USA seit dem Ende des 18. Jahrhunderts die „explosions-
artige Ausdehnung" von Freikirchen, und mit ihr „verändert sich das Gesicht der Religion in Amerika." [47] Diese Denominationen „sind wie Verwandtschaftsgruppen" und
„existieren somit in einem Raum, den sie mit anderen ‚Kirchen' teilen, so dass in einem allgemeineren Sinne die gesamte Gruppe ‚die Kirche' bildet."[48]

Es sei „ein charakteristischer Zug des Denominationen-Pluralismus, dass es, gerade
weil die eigene Kirche nicht alle Gläubigen umfasst, ein Zugehörigkeitsgefühl zu einem größeren, weniger strukturierten Ganzen gibt, das alle Gläubigen umfasst. Und
dies kann zumindest teilweise im Staat seinen Ausdruck finden. Das heißt, die Mitglieder sich wechselseitig anerkennender Denominationen können ein Volk ‚vor Gott'
bilden, mit dem Gefühl, bei der Errichtung und Wahrung ihres Staates im Einklang
mit Gottes Geboten zu handeln, wie im Falle der […] amerikanischen ‚Zivilreligion'."[49] Der Denominationen-Pluralismus „impliziert, dass alle Kirchen gleichermaßen Optionen sind, und er gedeiht de facto, wenn nicht gar de jure, in einem Regime
der Trennung von Kirche und Staat am besten. *Auf einer anderen Ebene allerdings
kann das politische Gemeinwesen mit der weiter gefassten, allumspannenden ‚Kirche'
gleichgesetzt werden, und dies kann ein wesentliches Element seines Patriotismus
sein*" (Hervorhebung W. K.). Dieser so gezeichnete Idealtypus sei „nur in den Vereinigten Staaten vollständig verwirklicht."[50]

Taylor kommt also hier nahe an das heran, was ich als den „Katholizismus des Amerikanismus" bezeichnet habe, als das Katholische in der amerikanischen Zivilreligion.

Aber auch in einer ganz anderen Hinsicht finden sich Parallelen zwischen dem katholischen Papst und dem Oberhaupt der Amerikaner, und zwar im Bereich dessen, was ich
„repräsentative Leiblichkeit" nennen möchte. Darunter verstehe ich, dass nicht nur das
Handeln und Denken, sondern auch der Leib der Repräsentanten für die Repräsentierten bewusst oder unbewusst Orientierungspunkte sind, Maßstäbe, an denen sie sich
messen, die sie ablehnen, die sie zu erreichen suchen, die ihnen Quelle von Bewunderung, Nachahmung oder Schrecken sind.

Um dies auf unser Thema anzuwenden und es an einem Beispiel aus jüngerer Zeit anschaulich zu machen: In der dritten Januarwoche 1998 standen Papst und Präsident
praktisch zeitgleich und geographisch nicht allzu weit voneinander entfernt im Licht
der Öffentlichkeit: Während der Papst das amerikanahe Kuba besuchte und dort vor
allem auch über sein Haupt- und Herzensthema sprach, die menschliche Sexualität

---

47 Taylor 2002, 64.
48 Taylor 2002, 65.
49 Taylor 2002, 66.
50 Taylor 2002, 67.

(d.h. ihre Folgen, Schwangerschaft und Abtreibung), stand diese, auf andere Weise, im Mittelpunkt der Aufmerksamkeit für den amerikanischen Präsidenten!

Gemeinsam ist beiden, Papst und Präsident, bei aller Unterschiedlichkeit der Einstellung zu Körper und Körperlichkeit, dass sie repräsentativ und öffentlich die Leiblichkeit zum Thema machen, und zwar sowohl konkret-anschaulich vermittels ihres eigenen Körpers wie auch abstrakt-generalisierend. Und repräsentative Leiblichkeit demonstrieren sie, gewollt oder ungewollt, insofern, als die Mitglieder ihrer jeweiligen Glaubensgemeinschaft sich an dem Umgang ihrer Repräsentanten mit der Leiblichkeit orientieren und sich „repräsentiert" fühlen oder nicht.

So *spricht* der Papst einerseits wieder und wieder über die Leiblichkeit und Sexualität und wie man damit umgehen solle; gleichzeitig *ist* er ein ganz konkreter Leib, ein offensichtlich hinfälliger, durch ein schweres Attentat zeitlebens verwundeter, kranker, leidender, sich aufopfernder, aber trotzdem ungeheuer zäher und zu bewundernder Leib, dessen Besitzer gewiss nicht ohne Eindruck und Respekt für das Kirchenvolk ist. Allerdings: in seinem *Reden* über den Leib fühlt sich speziell das amerikanische Kirchenvolk nicht oder kaum repräsentiert.

Der amerikanische Präsident wiederum führt ebenfalls repräsentative Leiblichkeit vor; und offensichtlich fühlen sich die Glieder seiner „Kirche", des Amerikanismus, durch ihn in hohem Maße repräsentiert. Einwände wiederum gegen diese repräsentative Leiblichkeit hatten die Hohepriester des Amerikanismus, jene Führer der republikanischen Partei, die erfolglos versuchten, den amerikanischen Repräsentierten einzureden, dass sie sich zu Unrecht in der Leiblichkeit des Präsidenten wieder erkennen.

Kurzum: es ist einfach auffällig, in welch hohem Maße in den letzten Jahren die Leiblichkeit des Präsidenten in den Mittelpunkt der Aufmerksamkeit gerückt ist.[51] Vielleicht war sie es immer und ist nur durch Clintons überdeutliche Hinwendung zur sexuellen Komponente seiner Leiblichkeit besonders sichtbar geworden. In jedem Fall erinnert diese repräsentative Leiblichkeit in vieler Hinsicht an die Rolle, die die Leiblichkeit der Päpste, und das hieß damals: ihre Sterblichkeit, seit dem 11. Jahrhundert für die Mitglieder der Kirche gespielt hat.[52]

Zu den vorstehenden Betrachtungen passt auch eine Beobachtung aus dem März 2000, als fast am selben Tag der amerikanische „Papst" und der katholische Papst auf unterschiedliche Art und Weise, vor unterschiedlichem Publikum, aber doch in verblüffender Parallelität, demonstrierten, wie wichtig die Sprache des Leibes und mit ihr die Emotionalität, als öffentlich-symbolischer Akt, ist. Dies wird ganz besonders auffällig, wenn es um Trauer geht.

Da sehen wir in Israel, in der Gedenkstätte Yad Vashem, einen schwer kranken, an der Schwelle zum Tod stehenden alten Mann, tief gebeugt, sein Sprechen kaum vernehm- und verstehbar, der sichtlich zutiefst erschüttert sich für den Jahrtausende alten Antisemitismus von Christen gegenüber den Juden und die Mitschuld an ihrem Leiden entschuldigt. Dies war ohne Zweifel eine Entschuldigung, die *verbal* hinter den Erwar-

---

51 Vgl. auch Stephan/Minkenberg 1999, 303-317.
52 Vgl. Bagliani 1997.

tungen zurückblieb, die man mit dem Auftritt des katholischen Oberhaupts in der Gedenkstätte verbunden hatte, jedoch in der *Körpersprache* weit mehr überzeugte, als es noch so offene Worte der Entschuldigung aus dem Munde bzw. mit der Körpersprache eines vitalen Papstes vielleicht hätten tun können. Hier sahen wir einen uralten Mann, an der Grenze zwischen Leben und Tod stehend, eine uralte Kirche repräsentierend, die durch die Versäumnisse, Schwächen, Sünden und Vergehen der Jahrhunderte gealtert, aber nicht am Ende ist, einen Mann, der, stellvertretend sich an millionenfachen Mord erinnernd, aber auch im Bewusstsein, ja in der allen offensichtlichen Nähe seines eigenen baldigen Todes, die Schuld der „Söhne und Töchter der Kirche" auf sich nimmt, um dadurch eine Wiederauferstehung, oder besser: eine Neugeburt des Verhältnisses von Juden und Katholiken zu initiieren.

Gleichzeitig an einem anderen Ort, in Indien, erleben wir einen Präsidenten, der wieder einmal, wie schon bei anderen Gelegenheiten, z.B. der Oklahoma-Katastrophe, seine mehr als nur verbale, nämlich auch körperlich ausgedrückte Fähigkeit zu trauern demonstriert, indem er z.B. im indischen Parlament in seiner Rede tiefes Mitgefühl für die 35 Menschen zeigt, die am Vorabend seiner Ankunft in Indien einem Terroranschlag zum Opfer fielen; oder indem er bei einer anderen Gelegenheit berichtet, er sei mit der Frau zusammengetroffen, die mit ihrem Mann auf einer Hochzeitsreise war, als das Flugzeug gekidnappt und der Mann von den Terroristen umgebracht wurde.

Dass die Leiblichkeit den Papst (denn man muss annehmen, dass diese ihn in nicht geringer Weise bewegt, wenn er über die Abtreibung spricht), den US-Präsidenten und mit ihnen die Welt in so hohem Maße beschäftigen: ist das nicht Zeichen einer tiefen geistigen Gemeinsamkeit und Herkunft, nämlich aus dem (fast könnte man sagen: julien-greenschen) Leiden an der Körperlichkeit und der tagtäglichen Auseinandersetzung mit ihr? Ist es vorstellbar, dass *Protestanten* so intensiv sich mit der Sexualität auseinandersetzen? Ist es wirklich das *puritanische* Amerika, das, wie es immer heißt, Clinton zusetzt – und nicht das tief im Herzen bewahrt gebliebene *katholische*, das mit solch quälerischer Lust den Körper bekämpft und zugleich ihm erliegt?

In diesem Zusammenhang wäre Julien Green, diese hochinteressante transatlantische, katholisch-puritanische und französisch-amerikanische Persönlichkeit, zu Rate zu ziehen, der z.B. während eines Genf-Aufenthaltes in seinem Tagebuch am 26.8.1954 den Erwerb des *Book of Common Prayer* vermerkt und folgendermaßen kommentiert: „Das war das Buch, das meine Mutter benutzte, und ich muss sagen, dass sie mich mittels dieses Buches stark geprägt hat. Der junge amerikanische Quäker, der eine Dissertation über mich schreibt, würde darin ein sicheres Zeichen meines Protestantismus sehen, aber ich bin keineswegs Protestant, und was ich im Book of Common Prayer suche, ist das Beste, was der Katholizismus dort hinterlassen hat."[53]

Warum ist der protestantische erzogene Julien Green zum Katholizismus übergetreten? Verrät diese Konversion etwas über die heimliche Sehnsucht des Protestantismus nach katholischer Heimat (die vielleicht der Sehnsucht der Amerikaner nach Europa verwandt ist)?

---

53 Green 1990, 767 f.

Die mögliche Bedeutung des amerikanischen (religiösen) Katholizismus für die Entwicklung der katholizistischen Seiten des Amerikanismus

Es ist unübersehbar, dass der Katholizismus in den USA immer mehr am Wachsen ist – mit z.Zt. rund 62 Millionen Gläubigen bilden die Katholiken die größte einzelne Glaubensgemeinschaft – und dass, Nord- und Südamerika zusammengenommen, die Mehrheit der Katholiken nicht mehr in Europa, sondern in Amerika lebt: Rund 63 % der rund 788 Millionen Menschen in ganz Amerika sind katholisch. Ausdruck findet diese wachsende Bedeutung des Katholizismus in Nord- und Südamerika in der *Apostolischen Ermahnung* „Ecclesia in America", die Papst Johannes Paul II. während seiner Amerikareise im Januar 1999 veröffentlicht hat. Darin bekräftigt er seine schon bei seinem Besuch in Santo Domingo 1992 vorgetragene Auffassung, dass die beiden Amerikas als eine Einheit aufzufassen seien, und ermuntert die Bischöfe, „to bring into still deeper spiritual union the peoples who compose this great continent". Die Bischöfe sollten „reflect on America as a single entity, by reason of all that is common to strengthen the bonds of solidarity and communion between the different forms of the continent's rich heritage." Die Entscheidung, von „Amerika" im Singular zu sprechen, sei „an attempt to express not only the unity which in some way already exists, but also to point to that closer bond which the peoples of the continent seek and which the Church wishes to foster as part of her own mission, as she works to promote the communion of all in the Lord."[54]

Was nun eine mögliche Konvergenz von Amerikanismus und Katholizismus anbelangt, muss man auf die eben zitierte Stelle verweisen, an der der Papst deutlich ausspricht, dass oberstes Ziel der Kirche „die Gemeinschaft aller" ist. Wenn auch die Mitglieder der Kirche nicht nur irgend eine Gemeinschaft bilden, sondern eine „im Herrn", so gibt es, abstrahiert man den zugrunde liegenden inklusiven Universalismus und Welteinheitsgedanken, doch durchaus enge Beziehungen zwischen dem amerikanischen und dem katholischen Universalismus – auch wenn, wie zuletzt in den Reden des Papstes auf seiner Reise im Januar 1999, deutlich wurde, dass die Unterschiede zwischen den Werten des weltlich-politisch-ökonomischen Universalismus Amerikas zu denen des spirituell-moralisch-religiösen Universalismus Roms – oder muss man besser sagen: dieses Papstes? – nicht gering sind.

In jedem Fall aber anerkennt der Papst mit diesem Dokument und mit der Rede von dem *einen* „Amerika" einerseits die wachsende Bedeutung des gesamtamerikanischen, darin eingeschlossen des US-amerikanischen Katholizismus; und andererseits betrachtet er fast in einer Art papaler Monroedoktrin die amerikanische, von den USA und dem Amerikanismus beherrschte westliche Hemisphäre als eine Einheit.

---

54 Post-Synodal Apostolic Exhortation „Ecclesia in America" of the Holy Father John Paul II to the bishops, priests and deacons, men and women religious, and all the lay faithful on the encounter with the living Jesus Christ: the way to conversion, communion and solidarity in America, Paragraph 5. Zitiert nach <http://www.cin.org/jp2/ecclamer.html> (zuletzt geprüft am 08.07.03) vom 26.1.99; hier zitiert als „Ecclesia".

Umgekehrt sieht er wohl auch die Gefahr einer zu stark von den USA, vom US-amerikanischen Katholizismus ausgehenden Annäherung an den Amerikanismus und damit des Entstehens einer ungeliebten Form des Katholizismus. Somit *anerkennt* Johannes Paul II. nicht nur den amerikanischen Katholizismus als stets weiter wachsende Kraft innerhalb der Kirche, sondern sieht ihn wohl auch als in Gefahr, sich zu sehr zu „amerikanisieren" und damit seine Seele an die andere große universalistische Kraft, die des Amerikanismus, zu verlieren. Und der Wunsch an die Bischöfe Amerikas, ganz Amerika als eine Einheit zu sehen, mag auch mit der papalen Hoffnung zusammenhängen, der allzu liberale Katholizismus des nördlichen Amerikas möge vom Katholizismus im südlichen Amerika lernen, dessen traditionellere Religiosität ohne Zweifel dem Papst sympathischer ist.

Die mögliche Bedeutung Amerikas für die Zusammenführung der Christenheit zu einer einzigen Kirche und damit zur Wiederherstellung eines wirklichen Katholizismus

Der bereits zitierte Kirchenhistoriker Sidney E. Mead sieht, unter Berufung auf einen anderen großen Kirchenhistoriker, den Deutschen Philip Schaff,[55] die reale Möglichkeit, dass die von *Europa* ausgegangene Kirchenspaltung eines Tages in *Amerika* überwunden wird. Die Grundlagen dafür seien, fast ein Wunder, schon in den Anfängen der Besiedlung des Kontinents durch europäische Einwanderer gelegt worden, durch Toleranz und religiöse Freiheit. „Bemerkenswert an den englischen Siedlungen in Amerika", schreibt Mead, „ist die Tatsache, daß es diese traditionell widerstreitenden Gruppen dort in der kurzen Zeit zwischen 1607 und 1787 lernten, Seite an Seite relativ friedlich miteinander zu leben. Zuerst sahen sie die Notwendigkeit gegenseitiger Duldung ein, schließlich begannen sie, Freiheit für alle als ein angeborenes oder natürliches Recht zu verstehen. Auf diese Weise erwarben die nicht anerkannten Glaubensgemeinschaften – Juden, Katholiken, Baptisten, Quäker und andere – zunächst das Privileg, überhaupt existieren zu dürfen, dann die Duldung ihrer öffentlichen Äußerungen […] und schließlich die vollständige Freiheit nach bürgerlichem Recht."[56] Wie Schaff ist Mead der Meinung, dass es in den USA einen „Gärungsprozeß" gebe und eine „gegenseitige Reibung, die zwar den Eindruck des Chaotischen machen, aus denen sich aber [so Schaff; W. K.] allmählich etwas ganz Neues herausgestalten werde".[57] Klaus Penzel, der zu Meads Buch die Einleitung und einen ausführlichen, die (von Mead vernachlässigte) Rolle der katholischen Kirche skizzierenden Anhang geschrieben hat, hält zumindest die Fragen von Schaff und Mead nach einer möglichen Zusammenführung der in Europa getrennten christlichen Religionen auf amerikanischem Boden für nicht überholt und wagt selbst die Frage, „ob einmal aus dem kirchlich-konfessionellen Dialog, dem einzigartigen Neben- und Beieinander so vieler

---

55 Vgl. Schaff 1888.

56 Mead 1975, 23.

57 Mead 1975, 18.

kirchlicher Traditionen die reife Frucht einer ökumenischen Theologie, ja *die Eine Kirche – wahrhaft katholisch, evangelisch und reformiert* [Hervorhebung W. K.] – hervorgehen wird."[58]

Kurzum: es wird bei uns viel zu wenig als eine der epochalen Leistungen Amerikas beachtet, dass, wie der europäische Ethnizismus und Nationalismus überwunden wurde, so auch die Spaltung der Religionen und Kirchen schon überwunden und vielleicht im „Katholizismus" des Amerikanismus im Hegelschen Sinne „aufgehoben" ist. (Somit wäre möglicherweise die Vision der Einigung aller Kirchen und Glaubensgemeinschaften unter den Mantel der bestehenden oder ganz neuen Una Sancta weder realistisch noch deren Realisierung notwendig, um die Einheit der Christenheit herbeizuführen!)

Alexis de Tocqueville und der amerikanische Katholizismus

Zu behaupten, dass ausgerechnet der Katholizismus in besonderem Maße die für Amerika adäquate Glaubensform und Weltinterpretation sei, scheint angesichts der historischen Erfahrung besonders verwegen; kann doch „der Antikatholizismus als eine Erbkrankheit der amerikanischen Kultur"[59] angesehen werden, die es den katholischen Gläubigen und ihrer Kirche lange sehr schwer machte, in den *mainstream* der amerikanischen Gesellschaft und ihres Selbstverständnisses einzumünden. Allerdings gab es schon nach dem Bürgerkrieg vereinzelte Stimmen, die es wagten, „die Identifizierung von Protestantismus und Amerika in Frage zu stellen" und „sogar die Verbindung von Katholizismus und amerikanischer Demokratie als die kulturelle Formel der Zukunft"[60] für möglich zu halten. Und zu Anfang des 20. Jahrhunderts konnten die amerikanischen Katholiken „mit der Zuversicht in das neue Jahrhundert gehen, daß man sich in Rom daran gewöhnen werde, sie als Amerikaner zu akzeptieren, und daß Amerika lernen werde, sie als Katholiken zu respektieren."[61]

Heute erweisen sich, so Michael Zöller, die Katholiken „als durch und durch loyale Bürger der Republik"; und nicht nur das: manche Beobachter, wie Richard Neuhaus, erwarten sogar einen „catholic moment" im amerikanischen Bewusstsein.[62] Dies sei, so Zöller, nicht erstaunlich; denn es fänden „die Prinzipien der amerikanischen Verfassung nirgendwo eine verläßlichere Stütze als in katholischen Denkgewohnheiten"; insbesondere müsse hier an die die Überzeugung der Gründerväter erinnert werden, dass der Mensch einerseits zu vernünftigem Urteil und daher zur Selbstregierung fähig sei, aber andererseits Grund bestehe, ihm mit Misstrauen zu begegnen und daher gegen die Selbstzerstörung der Republik institutionelle Vorkehrungen zu treffen.[63]

58 Penzel 1975, 252.
59 Zöller 1995, 85.
60 Zöller 1995, 88.
61 Zöller 1995, 140.
62 Vgl. Neuhaus 1987.
63 Vgl. Zöller 1995, 244.

Damit sind wir endlich bei Alexis de Tocqueville angelangt. Oben wurde schon die Vermutung geäußert, dass die Seele jedes Menschen im Grunde eine *anima naturaliter catholica* ist, die selbst Gegner des Katholizismus dazu treibt, entweder die Formen des Katholizismus nolens-volens als die Seele ansprechend anzuerkennen oder aber später zu ihm (mehr oder weniger reumütig) zurückzukehren. Alexis de Tocqueville drückt diese Einsicht im Teil II seines Buches über die Demokratie in Amerika so aus: „Die Menschen unserer Tage sind von Natur dem Glauben wenig aufgeschlossen; sobald sie aber eine Religion haben, treffen sie alsbald in ihrem Inneren auf *einen verborgenen Antrieb, der sie unbewußt dem Katholizismus zudrängt* [Hervorhebung W. K.). Etliche der Lehren und Bräuche der römischen Kirche erstaunen sie; sie bewundern aber insgeheim ihre Regierung, und ihre große Einheit zieht sie an.“[64]

Nun meint (bzw. hofft) Tocqueville, dass die Welt sich mehr und mehr in zwei Gruppen trennen werde: solche, „die das Christentum völlig aufgeben, und die anderen, indem sie in den Schoß der römischen Kirche zurückkehren“[65] – eine Prophezeiung, die bisher nicht eingetreten ist. Vielleicht aber würde Tocqueville zustimmen, wenn man seine Prognose so variierte: Die eine Gruppe von Menschen ist weitestgehend säkularisiert, die andere ist durch die Amerikanisierung „katholisiert“; die eine Gruppe bildet die Bürger der USA, die andere die Bürger Europas.

Und was Amerika angeht, könnte man die Hypothese wagen, dass der Protestantismus, zersplittert, vielfältig und geteilt wie er ist, im Amerikanismus *seine* Katholizität gefunden hat; der Amerikanismus ist es, der den Protestantismus zusammenhält, die amerikanische Zivilreligion ist die Zuflucht des sich – immer noch gemäß Tocqueville – nach Katholizismus sehnenden Protestantismus.

Was Tocqueville selbst angeht, ist verwunderlich, dass m.W. bisher noch niemand *eine* Frage zu seinem Amerika-Buch gestellt hat, die eigentlich sehr nahe liegt. Nämlich die: „Was sucht eigentlich ein Katholik in Amerika?“ Oder genauer: „Was eigentlich sucht der tiefgläubige, aristokratische, europäische, französische Katholik Tocqueville in Amerika?“ Befindet er sich im Grunde seines Herzens nicht *à la recherche du catholicisme perdu*? Ist es denn, wenn nicht seine heimliche Hypothese zu Beginn der Reise, so doch seine Gewissheit spätestens an deren Ende, dass der Amerikanismus das *ancien régime* des europäischen Katholizismus auf amerikanischem Boden im Hegelschen Sinne „aufbewahrt“, nämlich einerseits beendet, andererseits aber auf eine höhere Stufe hebt und dadurch bewahrt?

Tocqueville sieht noch eine weitere, mindestens so tief gehende Verwandtschaft von Amerikanismus und Katholizismus: beide sind – so seine doch zunächst etwas überraschende Diagnose – Bekenntnisse der *Gleichheit*: „Ich denke“, schreibt er im ersten Teil seiner „Demokratie in Amerika“, „daß man die katholische Religion zu Unrecht als einen natürlichen Feind der Demokratie ansieht. Im Gegenteil scheint mir unter den verschiedenen christlichen Lehren der Katholizismus die Gleichheit der Bedingungen am meisten zu begünstigen. Die religiöse Gesellschaft besteht bei den Katholiken nur

64 Tocqueville 1962, 41 (Kapitel: „Vom Fortschritt des Katholizismus in den Vereinigten Staaten“).
65 Tocqueville 1962, 42.

138

aus zwei Teilen: dem Priester und dem Volk. Der Priester steht über den Gläubigen: unter ihm ist alles gleich."

Und weiter: „In bezug auf die Dogmen stehen für den Katholizismus alle Denkenden auf gleicher Stufe; er verpflichtet den Gelehrten wie den Unwissenden, den Mann von Genie wie den gewöhnlichen Menschen auf die Einzelheiten des gleichen Glaubens; er schreibt die gleichen Andachtsübungen dem Reichen wie dem Armen vor, unterwirft den Mächtigen wie den Schwachen der gleichen Strenge; [...] und alle Menschen mit dem gleichen Maßstab messend, führt er alle Gesellschaftsklassen vermischt an den Fuß des gleichen Altars, so wie sie vor den Blicken Gottes in Eins verschmelzen."[66]

Aber, so fragt man sich: Ist es nicht der *Protestantismus*, die religiöse Gemeinde der Gleichen, der die Wurzel aller amerikanischen Gleichheit ist? Nein, sagt Tocqueville; vielmehr ist dieser eine Religion, die „im allgemeinen die Menschen weniger zur Gleichheit als zur Unabhängigkeit drängt."[67] Kurzum: „Werden also die Katholiken der Vereinigten Staaten durch das Wesen ihres Glaubens nicht heftig zu demokratischen und republikanischen Auffassungen gedrängt, so sind sie zumindest nicht von Natur gegen sie gerichtet."[68]

Kardinal Ratzinger hat in einer Rede im November 2000[69] Tocquevilles Beobachtung über die Besonderheit des amerikanischen Katholizismus unausgesprochen bestätigt, als er den beiden von ihm „europäisch" genannten, im 19. Jahrhundert entstandenen Modellen des Verhältnisses von Staat und Kirche das zwischen beiden stehende amerikanische Modell gegenüberstellte. In Europa gibt es demnach einerseits, d.h. vorwiegend in den lateinischen Nationen, das laizistische Modell der strengen Trennung von Staat und Kirche. „Der Staat ist streng geschieden von den religiösen Körperschaften, die in den privaten Bereich verwiesen sind. Er selber lehnt ein religiöses Fundament ab und weiß sich allein auf die Vernunft und ihre Einsichten gegründet." Im germanischen Raum hingegen gebe es „die staatskirchlichen Modelle des liberalen Protestantismus, in denen eine aufgeklärte, wesentlich als Moral verfasste christliche Religion [...] den moralischen Konsens und eine weit gespannte religiöse Grundlage verbürgt, der sich die einzelnen nichtstaatlichen Religionen anzupassen haben." Heute seien die Staatskirchen überall von der Auszehrung befallen: „Von religiösen Körpern, die Derivate des Staates sind, geht keine moralische Kraft aus", schreibt Ratzinger, „und der Staat selbst kann moralische Kraft nicht schaffen, sondern muß sie voraussetzen und auf ihr aufbauen."[70]

Auch hier wiederum gleichen die Worte denen Tocquevilles. Seiner Ansicht nach ist es die Erfahrung von und Sehnsucht nach einer über das Lebens-Dasein hinaus reichenden Realität, nach Unsterblichkeit, die die Religion begründet; und die Religion ihrerseits ist die Kraft, die, so immer noch Tocqueville, die demokratische politische

66 Tocqueville 1959, 333.
67 Tocqueville 1959, 333.
68 Tocqueville 1959, 334.
69 Vgl. Ratzinger 2000.
70 Ratzinger 2000.

Ordnung Amerikas begründet, indem sie die ihr zu ihrem Bestehen notwendigen Fundamente liefert.

Dies allerdings kann Religion, so Tocqueville, nur dann leisten, wenn und insofern sie einzig und allein auf dem *Unsterblichkeitsverlangen* des Menschen gründet, anstatt sich mit einer *Regierung* zu verbinden, also innerweltlich und damit zur Staatsreligion zu werden: „Sucht die Religion ihre Herrschaft nur auf das Unsterblichkeitsverlangen zu gründen, das die Herzen aller Menschen in gleicher Weise bewegt, so kann sie auf Allgemeingeltung rechnen; verbindet sie sich aber mit einer Regierung, so muß sie die Grundsätze übernehmen, die nur auf gewisse Völker anwendbar sind".[71]

Die amerikanischen Katholiken nun bilden, so Ratzinger, gegenüber den beiden von ihm vorgestellten europäischen Modellen ein Drittes: Sie „stehen in ihrem Glaubensleben zwar entschieden zur katholischen Identität, haben aber hinsichtlich des Verhältnisses von Kirche und Politik die freikirchlichen Traditionen in dem Sinn aufgenommen, dass gerade eine nicht dem Staat verschmolzene Kirche die moralischen Grundlagen des Ganzen besser gewährleistet, sodass die Förderung des demokratischen Ideals als eine tief dem Glauben gemäße moralische Verpflichtung erscheint."[72]

Offensichtlich hat Ratzinger einige tiefe Sympathie für dieses amerikanische Modell des Verhältnisses von Religion und Kirche einerseits und Staat und Politik andererseits; und so sollte es nicht wundern, wenn dem amerikanischen Katholizismus mehr und mehr eine Schlüsselrolle bei der Entwicklung des Katholizismus insgesamt zukäme; wenn er sozusagen nach seiner Veränderung in den USA als Re-Import nach Europa zurückkäme – und dort der Religion zu neuer Blüte verhelfen würde.

Schlussbemerkung

Die vorstehenden Überlegungen mögen als übermäßig vereinfachend, als Ungleiches zu Unrecht gleichsetzend und als bodenlos spekulativ betrachtet, ja abgetan werden. Trotzdem seien sie hiermit in der Gewissheit der Öffentlichkeit unterbreitet, dass es potentiell fruchtbringende Überlegungen sind. Tocqueville hat schon einmal mit einer Vorhersage Recht behalten, nämlich derjenigen des Aufstiegs und der Rivalität Amerikas und Russlands; warum sollte er nicht auch mit der Vorhersage Recht bekommen, dass die Zeit des Katholizismus nicht abgelaufen ist, sondern vielleicht wieder kommt; und wenn sich dies bewahrheiten sollte, dann hat Amerika in diesem Prozess eine bedeutende Rolle. Insofern könnte es lohnend sein, einmal die „parallelen Leben", die Geschichte und Wechselwirkung Amerikas und der katholischen Kirche seit den „Atlantischen Revolutionen", genauer zu studieren.

Es gibt auf der Erde zwei große universalisierbare Universalismen: den Katholizismus und den Amerikanismus. Es ist ihre gemeinsame Tragik, dass sie sich lange Zeit als Gegner betrachteten; es ist ihre, und der Welt, Zukunft, wenn sie ihre Gemeinsamkei-

71 Tocqueville 1959, 343.
72 Ratzinger 2000.

140

ten, d.h. ihr gemeinsames, der Welt förderliches Potential, erkennen und mehr und mehr zusammenführen.

Literaturverzeichnis

Adam, Karl: Das Wesen des Katholizismus, 13. A., Düsseldorf 1957.

Bagliani, Agostino Paravicini: Der Leib des Papstes. Eine Theologie der Hinfälligkeit, München 1997.

Cullen, Michael S.: Wo liegt Hitler? Öffentliches Erinnern und kollektives Vergessen als Stolperstein der Kultur, Berlin 1999.

Denzler, Georg: Die sündige Kirche, in: Süddeutsche Zeitung, 11.3.2000.

Dittgen, Herbert: Amerikanische Demokratie und Weltpolitik, Paderborn u.a. 1998.

Green, Julien: Tagebücher 1943-1954, München/Leipzig 1990.

Hacke, Christian: Zur Weltmacht verdammt. Die amerikanische Außenpolitik von Kennedy bis Clinton, Berlin 1997.

Judt, Tony: Sich selbst der schlimmste Feind. Das Paradox der amerikanischen Macht, Merkur 55 (2002), H. 643, 967-980.

Kallscheuer, Otto: Der Vatikan nach Johannes Paul II, Nachwort zu Reese 1998, 397-426.

Kornelius, Stefan: Präsident und Heilsbringer. Bush bedient Religion und Politik gleichermaßen – eines Tages wird er sich entscheiden müssen, in: Süddeutsche Zeitung, 3.1.2001.

Krakau, Knud: Missionsbewußtsein und Völkerrechtsdoktrin in den Vereinigten Staaten von Amerika, Frankfurt/Berlin 1967.

Kroes, Rob: If You've Seen One You've Seen the Mall. Europeans and American Mass Culture, Urbana/Chicago 1996.

Lexikon der Religionen: Phänomene – Geschichte – Ideen, begr. v. Franz Kardinal König, hg. v. Hans Waldenfels, Stichwort „Katholizismus", Freiburg, Basel, Wien 1992, 341-345.

Maase, Kaspar: Bravo Amerika. Erkundungen zur Jugendkultur der Bundesrepublik in den fünfziger Jahren, Hamburg 1992.

Maier, Pauline: American Scripture. Making the Declaration of Independence, New York 1997.

Martin, David: A General Theory of Secularization, Oxford 1978.

Martin, David: Tongues of Fire, Oxford 1990.

Mead, Sidney E.: The Nation With the Soul of a Church, New York 1975.

Mead, Sidney E.: Das Christentum in Nordamerika. Glaube und Religionsfreiheit in vier Jahrhunderten, Göttingen 1987.

Neuhaus, Richard John: The Catholic Moment. The Paradox of the Church in the Post-Modern World, San Francisco 1987.

Ostendorf, Berndt: Das Religiöse in der amerikanischen Demokratie, in: Nach Gott fragen. Über das Religiöse, Merkur 53 (1999), H. 605/606, 891-900.

Penzel, Klaus: Die „nach-protestantische Ära": Ein Rückblick auf das letzte halbe Jahrhundert, in: Mead 1987, 196-254.

Rahner, Karl/Vorgrimler, Herbert: Kleines Konzilskompendium. Sämtliche Texte des Zweiten Vatikanums mit Einführungen und ausführlichem Sachregister, Freiburg i.Br. 1966.

Ratzinger, Joseph Kardinal: Europas Kultur und ihre Krise. Vortrag am 28.11.2000 in der Bayerischen Vertretung in Berlin, in: DIE ZEIT, 7.12.2000.

Reese, Thomas C.: Im Inneren des Vatikan. Politik und Organisation der katholischen Kirche, Frankfurt a.M. 1988.

Rimscha, Robert von: Die flexible Gesellschaft. Amerika als Modell für das 21. Jahrhundert, München 2000.

Roß, Jan: Der Papst. Johannes Paul II. Drama und Geheimnis, Berlin 2000.

Schaff, Philip: Church and State in the United States, or the American Idea of Religious Liberty and Its Practical Effects, with Official Documents, in: Papers of the American Historical Association 2 (1888), 391-543.

Stephan, Ina/Minkenberg, Michael: Präsidenten und Frauen: Privatleben und öffentliches Interesse in den USA und Frankreich, in: Dürr, Tobias/Walter, Franz (Hg.): Solidargemeinschaft und fragmentierte Gesellschaft. Parteien, Milieus und Verbände im Vergleich. Festschrift zum 60. Geburtstag von Peter Lösche, Opladen 1999, 303-318.

Süddeutsche Zeitung: Vatikan kritisiert Bill Clinton, 2.4.1998.

Süddeutsche Zeitung: Der größte Erreger der Welt. CNN – Ted Turners Nachrichtenmonster wird am Donnerstag 20 Jahre alt, 31.5.2000.

Taylor, Charles: Die Formen des Religiösen in der Gegenwart, Frankfurt a.M. 2002.

Tocqueville, Alexis de: Über die Demokratie in Amerika, Erster Teil, Stuttgart 1959, Zweiter Teil, Stuttgart 1962.

Wyss, Beat: Die Welt als T-Shirt. Zur Ästhetik und Geschichte der Medien, Köln 1977.

Zöller, Michael: Washington und Rom. Der Katholizismus in der amerikanischen Kultur, Berlin 1995.

Dieser Beitrag erschien in einer gekürzten Version in „Stimmen der Zeit", Mai 2001, S. 333-344

Christian Schwarz

Die USA als publizistische Herausforderung[1]

I

„Amerika wird auf Anhieb jedem Vorurteil gerecht." Dies aber, so meint der Autor dieser Feststellung, lasse sich ohne große Schwierigkeiten auch von der Bundesrepublik Deutschland sagen. Und, so fügen wir bei, von ein paar anderen Ländern wohl auch. Der Satz stammt aus dem 1984 erschienenen, unverändert lesenswerten Buch „Amerikaner – Freunde, Fremde, ferne Nachbarn". Der Autor, Klaus Harpprecht, weist darin auch darauf hin, dass er eine deutsche Freundin gebeten habe, sich nicht auf den frischen, ersten Blick zu verlassen; man müsse es sich mit anderen Ländern vielmehr schwer machen: Zunächst solle man ihre Fremdheit und ihr Anderssein respektieren, das Verstehen beginne danach. Und Harpprecht ruft am Ende seines Buches dazu auf, „beharrlich zu versuchen, den Medienvorhang der Klischees und die Barrieren der Vorurteile beiseite zu schieben. Tag für Tag."

Fair bleiben und wachsam sein – dies sind im Grunde die beiden Forderungen Harpprechts. Gewiss kein Zufall: Fairness ist eine typisch amerikanische Eigenschaft. Und die namhaften amerikanischen Zeitungen, allen voran „Washington Post" und „New York Times", haben immer wieder und beispielhaft – man denke nur an die Watergate-Affäre – bewiesen, dass sie ihr Wächteramt unerschrocken und unbeirrbar wahrnehmen, ihre Rolle als „vierte Gewalt" gewissenhaft erfüllen und erfüllen wollen. Und sie zeigten auch, dass man wachsam und fair sein kann.

Wie also in der täglichen Berichterstattung und Kommentierung diesem Land gerecht werden? Seiner Größe etwa – ich kann zum Beispiel über Texas nicht so viel berichten wie über Frankreich, obwohl doch Texas flächenmäßig (nicht aber punkto Einwohnerzahl) größer ist als Frankreich. Und welche Maßstäbe gelten für eine Regierung, welche die einzige heute noch wirkende Supermacht vertritt, die manchmal Weltpolizist ist und es manchmal sein möchte? So lautet die faire Fragestellung. Die wachsame ist: Wie werden die USA aufgenommen und beurteilt, welches Bild haben wir heute von Amerika? Und wer gestaltet dieses – seit den 80er Jahren, seit Ronald Reagan übrigens, oft negative – Bild? Natürlich: die Medien. Gerade die europäischen Medien aber haben von den amerikanischen Medien viel lernen können; ein Stichwort: die 1989 aufgestellten ethischen Regeln der „Washington Post" für das Wirken der Journalisten, welche auch die Arbeit von Presseräten in europäischen Ländern inspiriert haben. Meine Arbeit hier ist also beeinflusst vom Denken und Verhalten auf der anderen Seite des Atlantiks. Und die in den USA akkreditierten Korrespondenten orientieren sich ihrerseits immer wieder an den Einschätzungen und Kommentierungen in den

---

1 Die Arbeiten an der Niederschrift dieses Vortrags wurden am 13.10.2002 beendet.

führenden US-Zeitungen – und lassen so amerikanische Sichtweisen in ihre in der Heimat erscheinenden Berichte einfließen.

So ist das Feld denn abgesteckt: Das mir gestellte Thema spricht, so wurde mir beim Nachdenken immer klarer, zwei ineinander übergreifende Themenbereiche an: Wahrnehmung und Berichterstattung über die Wahrnehmung. Es ist nicht wasserklar, sondern das viel zitierte weite Feld.

II

„United we stand" hieß es in den USA nach dem 11. September, mit dem heute nur mehr ein einziger gemeint sein kann. „Stolz" nannte sich die Macht und assoziierte damit „Allmacht". „Wir sind alle Amerikaner" hieß es hierzulande. In den USA war Kritisieren unpatriotisch, „Arroganz der Macht" ein Unwort. In Kriegszeiten kritisiert man die Regierung nicht, mäkelt auch nicht an der Macht herum, denn sie muss gerade in diesen Zeiten eine feste Mauer ohne Risse sein. Nine-eleven hat auch die Europäer, ihre Länder getroffen – sollen also auch sie nun stille sitzen, wenn Kritik angebracht wäre? Die Sowjetunion, die Kommunisten, kann man ja nicht mehr kritisieren, weil es sie nicht mehr gibt; umso mehr sind die USA zur Zielscheibe geworden. Bloß, kritisieren ist einfach, Kritik begründen schon schwieriger; doch schmeicheln ist ein Verkaufsargument, keine Hilfe für den Freund in der Stunde der Bewährung. Loyale, ehrliche wahrhaftige Kritik von Seiten der Verbündeten muss deshalb erlaubt sein – vor allem auch dann, wenn diese Verbündeten selber mitengagiert sind oder von den Folgen eines Engagements direkt und nachteilig betroffen sein könnten. Aktuelles Beispiel: ein Militäreinsatz gegen Irak.

Das muss in europäischen Medien ja nicht gleich zur Spiegel'schen Mobilmachung führen, wie sie ein Titelblatt dieses Magazins im Februar 2002 zeigte: den US-Präsidenten mit seinen wichtigsten Ministern und seiner Sicherheitsberaterin Condoleezza Rice als Kampfgruppe eines Schwarzenegger-Films: „Die Bush-Krieger". Dachten wir's doch: der „Medienvorhang der Klischees"!

Auf der anderen Seite könnte einer fragen, ob es etwa ein Vorurteil sei, zu glauben, in den USA werde die Pressefreiheit hochgehalten. Denn da rief doch tatsächlich die energisch-kompromisslose Mrs. Rice an einem Oktobertag vergangenen Jahres die Chefs der sechs großen TV-Networks an und „empfahl" ihnen, die Bin-Laden-Videos nicht in extenso auszustrahlen, da es möglich sei, dass Bin Laden diese Videos dazu benutze, seinen Al-Quaida-Terroristen verschlüsselte Botschaften zu übermitteln. Konnten die amerikanische Armee und Regierung im Golfkrieg 1991 durch die Steuerung der Veröffentlichung der Bilder lange den Eindruck eines Krieges der chirurgisch sauberen Eingriffe vermitteln, sollten die Medien nun diesmal Selbstzensur üben.

Zensur, auch Selbstzensur, und Pressefreiheit schließen einander aus. Und dennoch unterwarfen sich die großen Fernsehsender weitgehend der „Empfehlung" des Weißen Hauses.

Die amerikanische Schriftstellerin Erica Jong schrieb in der „Zeit" (Nr. 36, 29.8.2002) zum ersten Jahrestag von 9/11: „Amerika hat etwas Widersprüchliches versucht, nämlich eine Großmacht und zugleich eine offene Gesellschaft zu sein, und ist damit gescheitert. Aber der Ehrgeiz, beides zu sein, ist ehrenwert, selbst wenn er weltfremd erscheint." Und weiter:

> „Wir haben uns nicht nur in die (amerikanische) Flagge eingehüllt, wir haben sie als Augenbinde benutzt.
>
> Rührseligkeit hat Wachsamkeit ersetzt. [...] Wir würden den Jahrestag des 11. September am besten begehen, indem wir unser Kritikvermögen zurückerobern. Das wird vielleicht nicht einfach sein. Die patriotische Lethargie, die Amerika erfasst hat, ist ein Dornröschenschlaf. [...] Die Zeit nach dem 11. September war eine harte Lektion in staatlicher Meinungsmanipulation".

Der stets streng analysierende und differenziert urteilende Kommentator und Nahostspezialist Thomas L. Friedmann, einer der diesjährigen Pulitzerpreisträger, hatte schon am 13. September 2001 in der „New York Times" gewarnt: „Sie (die Terroristen) zerstören nur. Wir, im Gegensatz dazu, müssen nun auf eine Art kämpfen, die wirksam ist, ohne dass wir die offene Gesellschaft zerstören, die wir zu schützen suchen."

Gerade wenn die Exekutive stärksten Einfluss auf die Meinungsbildung zu nehmen sucht, muss die Presse, müssen alle Informationsmedien, ihre Aufgabe, Gegengewicht zu sein, aufs Strikteste und Konsequenteste erfüllen.

Kaum Kritik erntet, wer vorbildlich ist. Und die USA, so mahnte Nelson Mandela am UNO-Umweltgipfel in Johannesburg, „müssen in allem, was sie tun, vorbildlich sein, weil sie heute die einzige Supermacht auf der Welt sind".

Am Weltpranger aber stehen heute – die Vereinigten Staaten von Amerika. „Es ist eine der Ironien des 11. Septembers" schrieb Bill Emmott, Chefredakteur des „Economist" in der FAZ (28.8.2002),

> „dass die terroristischen Gräueltaten, die Amerika schwach und verletzlich aussehen sollten, stattdessen dazu führten, dass die Aufmerksamkeit der ganzen Welt darauf gelenkt wurde, wie mächtig die USA sind. Statt Osama bin Laden und Saddam Hussein als das Problem und Amerika als die Lösung zu behandeln, scheinen viele Europäer dazu zu neigen, Amerika als Problem anzusehen."

Nur: dieses „Problem" ist nicht erst seit dem 11. September da; es ist unter dem Sachnamen „Unilateralismus" längst bekannt, Präsident George W. Bush akzentuiert es nur. Von Anfang seiner Präsidentschaft an hatte Bush „America first" zu seinem Motto gemacht. Das wollte nicht nur besagen: Amerika führt, sondern auch: Amerika denkt zuerst an seine eigenen Interessen. Immer mehr kristallisierte sich dann im Lauf von Bushs Dasein im Weißen Haus heraus, dass nur das zählt, was Amerika für gut erachtet; der Rest der Welt muss sich fügen. Siehe: Kyoto-Protokoll, Internationaler Strafgerichtshof und Militärschlag gegen Irak. Die USA wollen allein, unabhängig von Verbündeten, internationalen Organisationen oder Gremien oder auch bisher allgemein gültigen Regeln bestimmen, was sie machen. Oder aber selber die Regeln bestimmen respektive die betroffene Instanz so beherrschen, dass sie sich nie gegen die USA wenden kann. Oder sie gar – das neueste Beispiel, Gipfel der Anmaßung, betrifft die

UNO in der Irak-Krise – kurzerhand für „irrelevant" erklären, wenn sie nicht das zu Stande bringt, was die USA für richtig erachten.

Das unilaterale Denken feiert unter Bush Urständ. Alleingang ist für den Republikaner fast schon das Übliche, jedenfalls etwas Normales. Das Sicherheitsdenken hat für ihn Priorität. So etwa lagen die Verteidigungsausgaben im letzten Budget der Administration Clinton bei 280 Milliarden Dollar, in diesem Sommer billigte der Senat 355 Milliarden (Bush unterzeichnete das entsprechende Gesetz Mitte Oktober 2002) und die Planung für 2007 sieht derzeit 470 Milliarden vor. Zum Vergleich: Die Verteidigungsbudgets aller übrigen Nato-Staaten zusammen belaufen sich im Jahre 2002 auf rund 180 Milliarden Dollar. Bis Januar kostete der Krieg in Afghanistan 3,8 Milliarden.

Unilateralismus, so sagt Michael Mandelbaum, Professor an der Johns-Hopkins-Universität in Baltimore, sei eine normale Tendenz jeden Staates. Aufgrund ihrer internationalen Führungsposition könnten ihn sich die USA aber am ehesten erlauben. „Andere Staaten mögen den Unilateralismus genau deswegen nicht, weil die USA so mächtig sind." Und Condoleezza Rice hatte ja schon in Bushs Wahlkampf die Parole herausgegeben, es komme allein auf die Macht an.

Alt-Bundeskanzler Helmut Schmidt notierte seinerseits in der „Zeit" (Nr. 32, 1.8.2002):

> „Der nationalistisch-egozentrische Einfluss imperialistisch gesinnter Intellektueller auf die Strategie der USA ist derzeit größer als je seit Ende des Zweiten Weltkriegs. Allerdings hatte sich der im Kalten Krieg legitime amerikanische Führungsanspruch schon zur Zeit Reagans, abermals und stärker zur Zeit Clintons, in Richtung auf eine Selbsteinschätzung entwickelt, nach welcher die USA als einzig globale Supermacht den Rat ihrer europäischen Verbündeten eigentlich nicht benötigen. Sie brauchten auch nicht allzu viel Rücksicht auf die Interessen anderer Nationen zu nehmen. Reagan bombardierte Grenada, Clinton bombardierte Belgrad und eine Fabrik im Sudan – alles ohne einen Beschluss des Sicherheitsrats der UNO, alles Verletzungen der Charta der Vereinigten Nationen".

Ob es wirklich Verletzungen der Charta sind, darüber ließe sich im Blick auf das Recht zur Selbstverteidigung streiten, doch der Politologe Robert Kagan, ehemaliger hoher Beamter im Staatsdepartment, hat sicher Recht, wenn er in seinem berühmt gewordenen Aufsatz über „Macht und Schwäche" in der „Policy Review" schreibt: „Die Erinnerung der Amerikaner an die vergangenen fünfzig Jahre ist jene an den Kalten Krieg, der am Ende durch Kraft und Entschlossenheit gewonnen wurde und nicht durch den Triumph des moralischen Gewissens." Die Europäer dagegen wollten nicht mehr auf dem unseligen, unheilvollen Weg der Machtpolitik vorangehen, sie wollten vielmehr „ein für alle Mal die Vergangenheit hinter sich lassen". Und daher setzten sie, so schreibt Kagan, auf Verhandlungen, Diplomatie, Handelsströme, Verführung statt Zwang, Multilateralismus statt Unilateralismus. Der französische Außenminister Dominique de Villepin sagte gegenüber „Le Monde", von einem seien die Europäer überzeugt: „Sicherheitspolitik allein wird nicht in eine neue friedliche und stabile Weltordnung münden."

Gewiss, der 11. September hat die Vereinigten Staaten und ihre Regierung traumatisiert. Dies erklärt vieles von Bushs unilateralem Denken und Handeln. Nur: Solch geartetes Denken und Handeln ist auch ein Fundamentalismus, schließt es doch wie religiöser Fundamentalismus Rücksichtnahme und Toleranz aus. Und selbst wenn die

USA heute auf militärischer, wirtschaftlicher und technologischer Ebene dominieren, so werden sie auf lange Sicht nicht auf Freunde und Verbündete verzichten können. Wer glaubt, er komme allein zurecht, schaffe es allein, fahre damit gar am besten, weil er so nämlich nur sich selber verantwortlich sei, verkümmert am Ende. Jedes Handeln braucht letztlich eine Stütze – Freunde oder Partner oder Verbündete.

Es ist verständlich, dass die USA nach dem 11. September alles unternehmen wollen, nie mehr verwundbar zu sein. In der von Bush formulierten und Ende vergangenen September veröffentlichten „Nationalen Sicherheitsstrategie" wird deshalb gefordert: „Wir müssen die Bedrohung erkennen und zerstören, bevor sie unsere Grenzen erreicht." Zu diesem Zweck wird – gleichsam in Anlehnung an die „moralische Klarheit" und den „gerechten Krieg" aus den Reagan-Jahren – anstelle von Abschreckung der präventive Erstschlag zur Doktrin erhoben. Selbstverteidigung ist laut UNO-Charta zulässig; präventive Selbstverteidigung, auch in einer kriegerischen Form, ist völkerrechtlich im Fall einer angedrohten, offensichtlich unmittelbar bevorstehenden Aggression erlaubt. Der bloße Wunsch nach einem Regimewechsel, in Irak oder irgendwo auf der Welt, ist noch lange kein Grund für einen Krieg. Und ein Präventivkrieg, der quasi „auf Vorrat" im Sinn vorauseilender Notwehr geführt wird, ist im Völkerrecht nicht erlaubt, denn er wäre ein Angriffskrieg. Genau in diese Richtung zielt das neue strategische Denken Bushs, das natürlich ganz jenem der heute in Washington wieder tonangebenden Neokonservativen entspricht. Und so könnte das erwähnte „Spiegel"-Titelblatt am Ende dieses Jahres doch noch richtig sein.

Dass sich die USA schützen wollen – wer versteht das nicht! Dass die USA dabei das Völkerrecht neu schreiben wollen, indem sie beim Recht Abstriche machen – das versteht keiner! Und das Zur-Seite-Schieben der UNO, wie es Washington im Fall Irak noch und noch probierte – das verstehe, wer will! Wir nicht. Die Schwächung der UNO ist in keinem Fall im Interesse der Amerikaner – wenn dies doch nur auch die Regierung Bush verstünde!

Nordamerika ist nicht das Maß aller Dinge, auch wenn heute in Washington manche möchten, dass es für alle Welt genau das ist: das Maß aller Dinge.

So viel zur aktuellen Wahrnehmung eines Landes, das hart geprüft wurde, dem Europa – man vergesse es nie! – viel zu verdanken hat, das oft fasziniert, aber oft auch heftiges Kopfschütteln auslöst – und gerade dann dazu führt, die eigene Position zu überdenken. Die Herausforderung wird so zur Chance.

Doch wie kommt der Journalist zur Wahrnehmung und was macht er dann damit? Auch hier regt Amerika an, genauer: das Wirken der namhaften amerikanischen Medien.

III

Es waren zwei amerikanische Journalisten gewesen, Carl Bernstein und Bob Woodward von der „Washington Post", die mit ihren Enthüllungen über den Watergate-Skandal den Recherchierjournalismus begründeten. Und es war eine amerikanische

Zeitung gewesen, die seit exakt zwanzig Jahren erscheinende „USA Today", die den farbigen Häppchenjournalismus mitsamt seiner Themensetzung abseits der Politik lancierte, die das Leserauge vor allem Info-Grafiken schauen statt ausführliche Erläuterungen lesen ließ und so gedrucktem Fernsehen glich. In beiden Fällen setzten amerikanische Medien Maßstäbe, forderten die Konkurrenz im eigenen Land und die europäischen Medien gleichzeitig heraus: Müssen wir das übernehmen, das auch so machen? Es blieb in beiden Fällen auf dem alten Kontinent nicht ohne Antwort.

Der investigative Journalismus ist ein grundsätzlicher Ansatz des angelsächsischen Journalismus. Neugierige Respektlosigkeit gehört heute auch zum Rüst- und Werkzeug des europäischen Journalisten. Und die von Bernstein und Woodward zur Regel erhobene Forderung nach der 2. Quelle, also dem so genannten „Gegenchecken", ist heute diesseits und jenseits des Atlantiks gültig und unabdingbar. Dazu gehört auch das uralte, aber unverändert richtige *audiatur et altera pars*.

Der angelsächsische Journalismus zeichnet sich weiter durch die Trennung von Information und Meinung aus. Die Berichte sind faktenorientiert, durch Quotes angereichert; der Kommentar steht separat, oft in einer gesonderten Schrift oder gar auf einer eigentlichen Meinungsseite. Bevor man drauflos kommentiert, so lautet die Regel, muss man sagen respektive schreiben, was denn das Ereignis, die „News" ist, die man kommentieren will. Denn nur die Information erlaubt ja die Einschätzung, Würdigung, das Urteil. Im Film „Up close and personal" sagt die von der hinreißenden Michelle Pfeiffer gespielte Reporterin an entscheidender Stelle: „Ich bin nur aus einem einzigen Grund hier: um die Story zu erzählen."

Sehen, hören – und dann schreiben, berichten, was man gesehen und gehört hat, klar, ungeschminkt, schnörkellos, unvoreingenommen: Das ist, wenn es denn sprachlich gut formuliert ist, weit spannender als jeder Kommentar.

Das ist die hohe Schule – auf die nun aber der bunte Häppchenjournalismus nicht wirkungslos blieb. Die Nachrichten und Berichte lebendiger, attraktiver und knapper, das heißt griffiger formuliert, verpacken – das wurde auch für die so genannte seriöse Presse zur Pflicht, auch in Europa. Als „USA Today" damals, vor zwanzig Jahren, die Farbe als gestalterisches Mittel einzusetzen begann, rieben sich alle die Augen – und erwachten mit der Erkenntnis, dass sie nicht nur das News-Formulieren, sondern auch das Layout ihrer Zeitung dem neuen Lesen und Sehen anzupassen hatten. Denn nicht nur der Text, sondern eben auch seine Präsentation prägt das Gesicht einer Zeitung. Natürlich wissen wir alle, dass die pink- und mintfarbenen, die himmelblauen und grellgelben Bonbons in den großen runden Kesseln in den Autobahnraststätten künstlich gesüßt sind – aber wir schauen halt doch hin, verführbar wie wir sind!

Der Häppchenjournalismus zeugte zwei Kinder, den Spotjournalismus und das Infotainment. Im ersten fällt der Lichtkegel immer nur just auf das wichtigste Ereignis, während die anderen News, unter ihnen gewiss auch manch andere wichtige, im Dunkeln bleiben. Der republikanische Senator Warren Rudman meinte in einem 2001 erschienenen Report über die nationale Sicherheit, die amerikanischen Medien kämen ihm manchmal wie große, bestens organisierte Feuerwehren vor, die sofort ausfahren, wenn irgendwo ein Brand gemeldet wird. Alle gingen sie dann zum selben Feuer, verharrten dort und schauten was weiter passiere, ohne darauf zu achten, ob sich vielleicht in ihrer Stadt an anderer Stelle noch etwas ereignet habe.

Das Infotainment hat dazu geführt, dass das Dauerskandalisieren Mode geworden ist. Es hat aber auch dazu geführt, dass Aufmacher über Verkehrsstaus oder Potenzpillen nichts Ungewöhnliches mehr sind. Dies wiederum führte in den USA dazu, dass die Berichterstattung über die internationale Aktualität durch die großen Fernsehsender innerhalb von zehn Jahren um die Hälfte zurückging, wie Ken Auletta, Medienspezialist des „New Yorker", feststellte. „Die Magazine brachten Berühmtheiten auf der Titelseite. Artikel über Spaltungen im Islam betrachteten sie als langweilig." Die Auslandsberichterstattung schrumpfte aber in allen US-Medien. „Für große Fragen hat sich niemand interessiert", gibt Michael Hoyt, Chefredakteur der „Columbia Journalism Review", zu.

Umso heftiger, umso bitterer war am 11. September das Erwachen. Es müsste eine Lehre für alle jene Blätter und TV-Sender sein, welche die Auslandsberichte zugunsten einer verstärkten Regionalisierung oder eines gesteigerten Unterhaltungsjournalismus zurückdrängen möchten.

Thomas Sancton, über viele Jahre hinweg Chef des Pariser Büros von „Time", schrieb: „Eine Supermacht, die drei Viertel des Planeten ignoriert, macht dies auf eigenes Risiko und ihre eigenen Kosten".

Als weiteres Kind des Häppchenjournalismus erscheinen die neu in Mode gekommenen, gratis verteilten Pendlerzeitungen, wobei diese vorab mit stark reduzierten und vereinfachten Berichten und Nachrichten arbeiten. In der deutschsprachigen Schweiz heißt diese Pendlerzeitung „20 Minuten". Nachdem sie die Leserschaft ihres Anfang des Jahres 2002 eingestellten Konkurrenzblattes „Metropol" übernehmen konnte, steht sie – man höre und staune – laut der neuesten Mach-Basic-Studie der AG für Werbemedienforschung bereits an dritter Stelle der meist gelesenen Zeitungen hinter dem Boulevardblatt „Blick" und dem „Tages-Anzeiger" aus Zürich.

Recherchierjournalismus ist zeitintensiv und kostet vor allem viel Geld. Beides liegt nicht im Trend der Zeit. Vielmehr ist für die Medienschaffenden der Kostendruck, das rein wirtschaftliche Denken, in ihren Häusern zum großen Thema geworden. Das ist in den USA so, wie etwa die „Post"-Redakteure Leonard Downie jr. und Robert G. Kaiser in ihrem vor kurzem erschienenen Buch „The News about the News. American Journalism in Peril" darlegen, und es ist in europäischen Ländern so, wie Sparübungen zum Beispiel bei der „Süddeutschen Zeitung", der „FAZ", der „Welt" oder der „NZZ" zeigen. Zeitungen aber sind keine Renditeobjekte, so wie Journalisten, ausgenommen einige so genannte Stars, auch keine Cadillacs fahren. Zählt nur noch die Rendite, geht die publizistische Qualität sukzessive verloren – und verringert sich gleichzeitig das Wissen der Menschen. Die Medien haben, wie Downie und Kaiser zu Recht mahnen, eine Aufgabe im Dienste der Gemeinschaft: die Nachrichten, wie man es einst formulierte, „unters Volk zu bringen", das heißt, der Gemeinschaft durch Kenntnis der Ereignisse und der Handlungsträger zu ermöglichen, an den öffentlichen Angelegenheiten teilzuhaben und teilzunehmen. Dem reinen Profitdenken, wie es zunächst vor allem in den USA genährt wurde, ist zu widerstehen, denn Wissen ist ein Grundrecht.

IV

Thomas Jefferson sagt: „Wenn ich zu entscheiden hätte, ob wir Herrschaftsinstitutionen, aber keine Zeitungen haben sollten, oder Zeitungen, aber keine Herrschaftsinstitutionen, würde ich ohne zu zögern letzterem den Vorzug geben." Dieses für den Journalisten so erfreuliche Wort überträgt zugleich den Medien eine ungeheure Verantwortung. Vielleicht könnten die Zeitungen sie leichter tragen, wenn sie sich heute wieder daran erinnerten, dass sie auf Englisch „newspapers" heißen. Und dies wiederum besagt, dass es nicht ums bloße Gefallenwollen geht, auch nicht in jenem Land, das den „Show-Charakter des Daseins" (NZZ) immer wieder herausstreicht, sondern dass es ums Sammeln, Verbreiten und Kommentieren von Ereignissen und Neuigkeiten geht. Seit Watergate ist dies zuweilen zugunsten des Wächteramts über das Tun der Mächtigen in den Hintergrund geraten. Leider, denn angesichts der Fülle der „News" ist die Zeitung noch immer das beste Mittel, die Spreu vom Weizen zu trennen und hernach die Fakten einzuordnen und zu gewichten. Das aber erfordert Glaubwürdigkeit. Denn ohne Glaubwürdigkeit kein Vertrauen. Das gilt für Politiker wie für Medienschaffende, und ist zu beiden Seiten des Atlantiks noch immer die wichtigste Herausforderung – die einzige Richtschnur.

Michael Eilfort

Politische Opposition in den Vereinigten Staaten und in Deutschland.

Ähnlichkeiten nicht nur im Kern: Auch ein Vergleich von Äpfeln und Birnen kann aufschlussreich sein

Das lateinische „oppositio" ist wörtlich zu übersetzen mit „Entgegensetzung", etwas weiter mit „Gegenüberstellung", „Widerstand", „Widerspruch". Der politische Begriff und das Verständnis von Opposition als parlamentarischer Gegenkraft bzw. Regierungsalternative wurden vom klassischen britischen Parlamentarismus des 19. Jahrhunderts geprägt. Seitdem gilt die Chance der Opposition, in der geregelten Auseinandersetzung mit der Regierung einen Machtwechsel erreichen zu können, als Gradmesser einer freiheitlichen Demokratie und Gütesiegel eines parlamentarischen Regierungssystems.

Parlamentarischer Opposition bzw. institutionalisierter politischer Opposition kommen drei zentrale Funktionen zu. Von besonderer Bedeutung sind Kritik und Kontrolle, verstanden als laufendes Bewerten und Überprüfen des Regierungshandelns und der Regierungsvorhaben, auch als Korrektiv und Machthemmung im Sinne eines Systems von „checks and balances". Zu nennen sind zweitens die Aufgaben, sachliche und personelle Alternativen zur Regierungspolitik und zu deren Vertretern zu entwickeln und zu kommunizieren. Dies heißt, auch streitig Stellung zu beziehen und eine Regierung unter den Druck besserer Konzepte zu setzen, damit im Wettbewerb der Ideen die Sachrichtigkeit von politischen Entscheidungen ein möglichst hohes Maß erreicht. Dazu kommt, drittens, die Integrationsfunktion: Opposition ist der institutionalisierte Hoffnungsträger Unzufriedener, führt auch Minderheitensichten in den politischen Prozess ein und trägt durch diese Einbindung dazu bei, das politische System insgesamt zu stabilisieren und auf Mehrheitsfähigkeit, sprich, die politische Mitte hin zu orientieren. Grundsätzlich stehen dafür zwei Strategien zur Verfügung: Kooperation und Konfrontation.

Opposition kann also vieles sein: eben Entgegnung, Kritik, Ablehnung und Verweigerung, des Weiteren Mitwirkung und Beeinflussung, Offenlegung, Demaskierung und Kontrolle, Ausgleich, Gegengewicht und Antipode, eine Einstellung wie eine organisierte Partei, Gruppe oder Bewegung. Aspiration aber ist sie nie – es sei denn, für einige wenige Realitätsverweigerer, die mancher Mühsal pragmatischer Kompromisssuche überdrüssig sind und sich nach vermeintlich einfacher Weltsicht und der reinen Lehre sehnen. Alle anderen aber dürften in der Opposition bestenfalls die zweitschönste Aufgabe im politischen System sehen, im Regelfall zu verstehen als negative Kompetenzzuweisung in Form einer verlorenen Wahlauseinandersetzung wie als Kontrollauftrag mit der Aussicht, nach guter Führung und Profilierung vielleicht ein paar Jahre später selbst gestalten zu können.

Im institutionellen Rahmen und mit der Aussicht auf einen normalen demokratischen Wechsel ausgeübte politische Opposition steht im Blickfeld dieses Vergleichs zwischen den Vereinigten Staaten und der Bundesrepublik Deutschland. Um empirisch ohnehin kaum feststellbare Systemopposition geht es ebenso wenig wie um außerparlamentarische Opposition im herkömmlichen Verständnis. Sehr wohl dagegen auch um politische Opposition außerhalb des Parlaments, die im eher präsidentiellen System der USA sogar vom Präsidenten durch sein Veto-Recht gegenüber Kongress-Beschlüssen ausgeübt werden kann. Selbst in der deutschen parlamentarischen Demokratie träfe eine Eingrenzung des Begriffs auf die „parlamentarische Opposition" nicht ganz die Realität, solange bei entsprechenden Mehrheitsverhältnissen politische Opposition regelmäßig auch außerhalb des Bundestages, nämlich über den Bundesrat, stattfindet und damit den eigentlichen Hebel auch der parlamentarischen Opposition darstellt.

Diese steht im Zentrum von Fraenkels Oppositionsdefinition als „verfassungsrechtlich anerkannte und verfassungspolitisch notwendige Zusammenarbeit der in parlamentarischen Gruppen zusammengefassten Mitglieder eines Parlaments, die der Regierung weder angehören noch sie unterstützen"[1]. In Anlehnung daran erscheint Lösche die „Anwendung des Oppositionsbegriffs auf das präsidentielle Regierungssystem der Vereinigten Staaten widersinnig"[2]. Wasser konstatiert: „Wo sich schon der amerikanische ,party'-Begriff inhaltlich viel differenzierter darstellt als unsere ,Partei', wecken der Parteisphäre zugehörige Begriffe wie ,Fraktion', ,Koalition' oder ,Opposition' als analytische Instrumente zur Erhellung politischer Realitäten in den Vereinigten Staaten noch größere Bedenken"[3]. Dies gilt es zu berücksichtigen, aus gutem Grund ist auch im Titel nicht von parlamentarischer, sondern von politischer Opposition die Rede.

Die Bedenken Wassers gegen die Übertragung des Begriffs „Opposition" auf die Vereinigten Staaten scheinen aber weniger weitreichend als die opportunistischen Vorbehalte des von ihm geschätzten Aufklärers und Freiheitsverfechters Thomas Jefferson gegen politische Opposition:

> „Jefferson fühlte und gebärdete sich [...] in seinem Staatsamt als Vizepräsident der Vereinigten Staaten neben dem relativ konservativen Nachfolger Washingtons im Präsidentenamt, John Adams (1796-1800), als der eigentliche Repräsentant einer dezidiert alternativen Regierungspolitik, einer systemkonformen Opposition also. Sobald er und seine Anhänger jedoch 1801 an die Macht kamen und in Amt und Würden standen, fanden sie, dass es neben ihnen ,eigentlich' keinen weiteren Bedarf an einer alternativen Opposition mehr geben könne, da ja nun ,die Richtigen' an den Rudern säßen."[4]

Politische Opposition in den Vereinigten Staaten und in Deutschland zu betrachten, heißt durchaus, Äpfel mit Birnen zu vergleichen: So steht der Begriff jenseits des Atlantiks eher für ein von unterschiedlichen politischen Akteuren aus wechselnden An-

---

1   Fraenkel 1957, 226.
2   Lösche 1993, 115.
3   Wasser 1998, 305.
4   Steffani 1998, 8.

lässen praktiziertes Verhalten, hierzulande eher für eine fest gefügte politische Kraft. Wie befruchtend der Vergleich gleichwohl zu sein vermag, wird im Folgenden zu zeigen sein – auch anhand geradezu verblüffender Parallelen in der jüngeren Geschichte. Über den Vergleich der Rolle und Möglichkeiten der politischen Opposition in beiden Ländern hinaus soll vor allem für Deutschland noch auf einen Aspekt abgehoben werden, der bislang in Abhandlungen zum Thema „Opposition" kaum Beachtung fand: Die erlebte, oft erlittene Oppositionswirklichkeit jenseits von Verfassungstheorie und -praxis, von Institutionen, geregelten Verfahren und schönen Schaubildern, so z.B. die informellen und medialen Rahmenbedingungen für eine Opposition, die gruppendynamischen wie die individuellen psychologischen Prozesse in ihren Reihen und nicht zuletzt fehlende Möglichkeiten der Kontrolle und Auseinandersetzung mit einer zunehmend „außerparlamentarischen Regierung".

Wo alle (auch) Opposition sind: Die Vereinigten Staaten

Wesentlich mehr als parlamentarische Systeme, deren zentrales konstitutives Element die Wahl der Regierung durch das und die Verantwortung der Regierung vor dem Parlament ist, sind die Vereinigten Staaten durch einen wirklichen Dualismus von Exekutive und Legislative geprägt. Der gewählte Präsident und seine „Secretaries" – Minister gibt es nicht und dem Parlament dürfen die Leiter der exekutiven Fachbereiche auch nicht angehören – müssen sich damit arrangieren, dass der Großteil der Gesetzgebungsarbeit im Kongress stattfindet und praktisch keine Gesetzesvorlage dort so zum Beschluss kommt, wie sie eingebracht wurde. Für den Präsidenten und seine Administration bedeutet dies ein ständiges Ringen um Einfluss, Kontrolle der Agenda und Kompromisse. Bei alledem können sie sich nicht auf feste Mehrheiten und nur ansatzweise auf „Fraktionsdisziplin" verlassen.

Selbst wenn die Partei des Präsidenten formal über die Mehrheit verfügt, muss er im Einzelfall und ad hoc um Unterstützung werben:

> „Auch in den neunziger Jahren votierten nur in rund zehn Prozent aller namentlichen Abstimmungen mindestens 90 Prozent der Abgeordneten einer Partei gegen mindestens 90 Prozent der Abgeordneten der anderen Partei. Rund ein Drittel aller Abstimmungen im Kongress, bei denen eine Mehrheit der einen Partei gegen eine Mehrheit der anderen Partei votiert, werden von der Minderheitspartei gewonnen."[5]

Insbesondere im parteiferneren Senat verlaufen die „Frontlinien" oft unübersichtlich. Im Herbst 2002 stimmte der Resolution, die Präsident Bush freie Hand bezüglich des Irak geben sollte, z.B. der Demokrat und Vizepräsidentschaftsbewerber von 2000, Joe Lieberman, zu, während republikanische Senatoren ihre Unterstützung verweigerten.

Dies hängt auch mit der relativen Schwäche amerikanischer Parteien zusammen: Von zentral organisierten und straff geführten Mitglieder- oder Programmparteien kann keine Rede sein, eher von jeweils lockeren Bündnissen der republikanischen oder demokratischen Parteigliederungen aus den Einzelstaaten oder auf den Ebenen darunter.

---

5   Zit. n. Helms 2002, 134 f.

Entsprechend gilt im Parlament ungeachtet der in den vergangenen Jahren gestiegenen „Fraktionsdisziplin", Homogenität und Bedeutung der Fraktionsführer: Das einzelne Kongressmitglied ist unabhängiger und tritt überwiegend als Einzelkämpfer auf. Nominierungen finden meistens durch Vorwahlen, die so genannten „primaries", statt, ebenso steht durch das Fehlen von irgendwie gearteten Parteilisten die ohnehin gering ausgeprägte Parteihierarchie eher am Rand. Alle Mitglieder des Kongresses sind direkt gewählt, die Mitglieder des Repräsentantenhauses müssen sich sogar im Zweijahrestakt dem Wählervotum stellen und fühlen sich umso mehr dem Wahlkreis und den sie unterstützenden Verbänden verpflichtet. Die umfangreichen persönlichen Mitarbeiterstäbe der Abgeordneten verstärken diese Tendenz noch, weil die Verlängerung von Arbeitsverträgen natürlich von der Wiederwahl eines Abgeordneten abhängt und weniger vom Wohlergehen und Gesamtbild seiner „parlamentarischen Familie". Auch deshalb findet, sobald für einen Parlamentarier wichtige Wahlkreis- oder Verbandsinteressen berührt sind, oppositionelles Verhalten gegenüber dem Präsidenten in beiden Kammern des Kongresses auch in dessen „eigenen" Reihen statt.

Dazu kommt, dass im Gegensatz zum deutschen Muster jedes Mitglied des Kongresses über zentrale parlamentarische Rechte verfügt wie beispielsweise die Gesetzesinitiative oder das Recht jedes einzelnen Mitglieds eines Ausschusses, abgesehen vom Präsidenten und seinem Stab, von jedem anderen Angehörigen der Exekutive verlangen zu können, Rede und Antwort zu stehen. Nicht zuletzt vermögen – inzwischen eingeschränkt – einzelne Parlamentarier mit Dauerreden Abläufe und Abstimmungen zu blockieren. Der „Filibuster-Rekord" steht immer noch bei Strom Thurmonds 24 Stunden und 18 Minuten in einer Rede gegen die „Rassenvermischung" 1957.

Schließlich wird die Unübersichtlichkeit noch durch die Existenz von eigentlich sechs Parteien im Kongress erhöht: Hierbei werden im Regelfall nicht nur Demokraten und Republikaner, sondern jenseits deren Trennungslinie Liberale und Konservative – ein Republikaner aus Maine dürfte weiter „links" stehen als ein Demokrat aus Mississippi – Presidential und Congressional Majority unterschieden. Aus ihnen entstehen Mehrheiten in ständig variierender Geometrie. Lediglich die nach Regionen, ethnischen Gemeinsamkeiten oder Berufsgruppen organisierte informelle Zusammenarbeit parteiübergreifender Parlamentariergruppen, der so genannten „caucuses", wurde durch den Verlust von Sonderrechten und Ausstattung etwas geschwächt, findet aber nach wie vor statt. In Deutschland ist es dagegen nicht vorstellbar, dass z.B. SPD- und Unionsabgeordnete aus Nordrhein-Westfalen gemeinsam gegen den erklärten Willen einer oder beider Fraktionsführungen abstimmen, ebenso wenig, dass tendenziell konservativere baden-württembergische SPD-Parlamentarier bei streitigen Abstimmungen mit eher liberalen Hamburger Unionskollegen votieren.

Alles zusammen führt zum Fehlen einer klaren Unterscheidungsmöglichkeit zwischen Regierung und Opposition: „Wo keine auf Dauer und Konsistenz angelegte parlamentarische Regierungsmehrheit existiert, gibt es entsprechend auch keine Minderheit, also keine Opposition."[6] Insofern ist politische Opposition in den USA ein Vorgang

---

6   Lösche 1993, 118.

und weder Zustand noch Organisation. Anders ausgedrückt: Ein Stück weit sind sowohl Präsident wie Kongress zugleich „Oppogierung" und „Resition".

Verorten könnte man die Oppositionsrolle auf der einen Seite am ehesten noch im Kongress, dies dürfte auch die trotz aller Zweifel vorherrschende Sichtweise sein. Als stärkste Waffe beider Kammern gilt dabei, präsidentielle Gesetzgebungswünsche durch fehlende Mehrheit in nur einer von ihnen scheitern zu lassen. Der Senat hat dazu die Möglichkeit, auch personelle Vorschläge des Präsidenten für wichtige Führungspositionen – von zu berufenden „Kabinettsmitgliedern" bis hin zu Botschaftern – abzulehnen. Als besonderes Instrument, sozusagen als „parlamentarische Atombombe", steht noch das Impeachment, also das Amtsenthebungsverfahren gegen den Präsidenten, zur Verfügung. Da es dabei in erster Linie um ein rechtliches Verfahren im Parlament zur Feststellung möglicher Verfassungsverstöße eines Präsidenten und eigentlich weniger um politische Auseinandersetzungen geht, ist das Impeachment nicht mit einem Misstrauensvotum zu vergleichen. Insofern dürften die Republikaner am Ende der 90er Jahre mit ihrem Versuch, Präsident Clinton entsprechend zu sanktionieren, über das Ziel hinausgeschossen sein: Der Lebemann in ihm hat sich sicher manche unkonventionelle Freude im Amt gegönnt, einen Verfassungsverstoß stellt der Austausch mit einer Praktikantin aber kaum dar.

Insgesamt wird die Exekutive regelmäßig in wesentlich stärkerem Umfang, aggressiver und mit schärferen parlamentarischen „Waffen" als im deutschen Bundestag von den Ausschüssen und Unterausschüssen des Kongresses gezwungen, Rechenschaft abzulegen. Deren Vorsitzende sämtlich von der jeweiligen Mehrheitspartei nach dem amerikanischen Grundsatz „Dem Sieger die Beute" bestellt, – im Bundestag dagegen werden Ausschussvorsitze nach dem Schlüssel des Wahlergebnisses „gerecht" verteilt – können auf die Unterstützung eines im Vergleich zu Deutschland üppigen Apparates zurückgreifen und nutzen den überwiegenden Teil der Ausschuss-Sitzungen für Kontroll- und Untersuchungsaufgaben.

> „Die einzelnen Untersuchungsausschüsse gewinnen dadurch an Schwerkraft, dass sie in einer konkret abgesteckten Politikarena verortet und mit Interessengruppen sowie Regierungsbehörden verbunden sind und sie sich zugleich gegenüber anderen Politikarenen abschotten. [...] Von einem derart vernetzten ‚iron triangle' [...] kann gegen den Präsidenten systematische Obstruktionspolitik betrieben werden."[7]

Kongress als Teil der Exekutive, Präsident in der Opposition?

Auf der anderen Seite aber verstehen viele Amerikaner unter „government" eben nicht nur den Präsidenten und seine Administration („executive branch"), sondern auch die beiden Häuser des Kongresses („legislative branch"). Genau in diesem Sinne wird auch von „unified government" gesprochen, wenn der Präsident in beiden Kammern über eine ihm grundsätzlich geneigte Mehrheit verfügt, und von „divided government", wenn er sich einer qua Parteizugehörigkeit eher oppositionell eingestellten

---

7   Lösche 1993, 122.

156

Mehrheit gegenübersieht. Die Gesetzesinitiative liegt ohnehin ausschließlich beim Kongress, und dort können Alternativen zur Politik des Chefs der Exekutive nicht nur wie in Deutschland formuliert, sondern unter Umständen auch durchgesetzt werden. Versucht der Präsident dies per Veto zu verhindern, ist das nichts anderes als oppositionelles Verhalten.

Unter den Bedingungen des „divided government" kann der Präsident folglich selbst zur politischen Opposition gegen Mehrheiten im Kongress werden, wie z.B. Bill Clinton nach den Erdrutschsiegen der Republikaner Newt Gingrichs im Herbst 1994: Die Erfolgsquote Clintons – bemessen am Anteil der vom Präsidenten ausdrücklich unterstützten Kongressmaßnahmen oder -beschlüsse – hatte zwischen 1993 und 1994 bei 86,4 Prozent gelegen und damit ähnlich hoch wie unter den gleichen Bedingungen des „unified government" die der Präsidenten Kennedy, Johnson und, etwas abgeschwächt, Carter. Zwischen dem Debakel der Demokraten bei den Zwischenwahlen 1994 und der Wiederwahl Clintons 1996 lag der Wert im von den Republikanern beherrschten Kongress bei nur mehr 45,7 Prozent[8]. In der zweiten Amtszeit zwischen 1997 und 2001 bestätigte sich ein anderes, regelmäßig wiederkehrendes Phänomen: Während man vielleicht erwarten könnte, ein nicht wieder wählbarer, von Wahlüberlegungen also freier und zudem gerade bestätigter Präsident würde kraftvoll Politik gestalten und durchsetzen, kommt es zunehmend zum Gegenteil.

> „Insofern die Kompromissbereitschaft des Kongresses sich stets in beträchtlichem Maße im Verhältnis zum künftigen Machtpotential des Präsidenten bemisst, führt dieses eher dazu, dass die Rücksichtnahme einzelner Kongressmitglieder auf die politischen Interessen des Präsidenten sukzessive abnehmen und damit im Ergebnis regelmäßig eine Konstellation produzieren, die in den USA als ‚lame duck presidency' beschrieben wird."[9]

Selbst dabei bieten sich für Führungskräfte der dem Präsidenten kritisch gegenüberstehenden Partei im Kongress gewöhnlich nur wenig Möglichkeiten der Profilierung als quasi vorbestimmte Präsidentschaftsbewerber. Die „Opposition" zum Präsidenten im Kongress bietet eher inhaltliche Alternativen bzw. übt starken bis dominierenden Einfluss auf die Gesetzgebung aus. Ein „Schattenkabinett" im britischen Sinne bietet sie indes nicht an. Zu hinterfragen ist aber, ob darin tatsächlich ein wichtiger Unterschied zu parlamentarischen Demokratien generell liegt[10]: In Deutschland gibt es zwar informell einen „Oppositionsführer" im Bundestag, der insbesondere bei gleichzeitiger Ausübung des Parteivorsitzes ein beachtliches Gewicht auf die Waagschale legt, – gleichwohl zeigen aber sowohl die Beispiele Kohl 1979 wie Scharping 1995, dass ein Partei- und Fraktionsvorsitzender nicht zwangsläufig der Spitzenkandidat bei der nächsten Bundestagswahl ist. In den USA hat seit Kennedy kein Kongressmitglied, geschweige denn eine dortige Führungskraft, den direkten Weg in das Weiße Haus gefunden, stattdessen waren vier der fünf letzten US-Präsidenten früher Gouverneure in US-Bundesstaaten gewesen.

---

8   Vgl. Helms 2002, 142.
9   Helms 2002, 140.
10 Vgl. Helms 2002.

In den vergangenen Jahrzehnten war in den Vereinigten Staaten das „divided government" eher Regel denn Ausnahme und pflegte die Partei des Präsidenten – es gibt immer genug Anlässe, mit Regierungspolitik unzufrieden zu sein – bei den Zwischenwahlen mitten in dessen Amtszeit eher an Unterstützung zu verlieren.

Nur 2002 war vieles anders. Allerdings dürften die starken Gewinne für die Republikaner zu einem Großteil mit dem 11. September 2001 zu erklären und auf die Entschlossenheit zurückzuführen sein, mit der sich auch die Wähler um die Flagge bzw. ihren Präsidenten geschart haben. Dass George W. Bush als erster republikanischer Präsident überhaupt eine Mehrheit im Repräsentantenhaus ausgebaut hat und als erster Republikaner seit Eisenhower von der Mehrheit in beiden Kammern des Kongresses unterstützt wird, unterstreicht den Ausnahmecharakter dieses Wahlgangs. Als dessen Folge ist die Wirksamkeit institutionalisierter politischer Opposition deutlich reduziert: Einzig die Republikaner bestimmen in den USA 2003 und 2004 die politische Agenda, gegen sie gibt es keine Anhörung im Senat und nicht einmal Abstimmungen über Gesetzesvorlagen.

Während in Deutschland die Schlagkraft der parlamentarischen Opposition maßgeblich von der Verfügbarkeit eines außerparlamentarischen Instruments – der Mehrheit im von Länderexekutiven besetzten Bundesrat – abhängt, ist in den USA politische Opposition umso stärker, je mehr die politischen Grundlinien des Präsidenten und der beiden gewählten Kammern des Parlaments auseinander fallen. In der zweiten Hälfte der Präsidentschaft von George W. Bush kann davon keine Rede sein. Dennoch wird sich in „normaleren" Zeiten wieder der langfristige Trend bestätigen: Mehr als zwei Drittel des Zeitraums seit dem 2. Weltkrieg sind – ganz anders als vor 1945 – durch die Konstellation des „divided government" gekennzeichnet, tendenziell mit republikanischen Präsidenten und demokratischen Kongressmehrheiten.

Mit dem Zustand des „divided government" wird in den Vereinigten Staaten oft – teils zu Recht, teils irreführend – der Begriff „gridlock" verbunden, eine Art Mischung aus Reformstau und Blockade: Da das politische System darauf basiert, dass Exekutive und Legislative zusammenarbeiten müssen, kommt es zum Stillstand, sobald sich eine Seite dieser Kooperation entzieht. Der Kongress kann ohne Unterschrift des Präsidenten kein Gesetz, auch keinen Haushalt durchbringen, der Präsident wiederum kann ohne Kongress nur verwalten, nicht gestalten, ja, Gesetze nicht einmal einbringen. Ein eindrucksvolles Beispiel des „gridlock" lieferten der Demokrat und Präsident Clinton sowie der republikanisch dominierte Kongress im Herbst 1995, als sie sich lange nicht auf einen Bundeshaushalt einigen konnten und Bundesangestellte sogar auf ihr Gehalt warten bzw. nach Hause geschickt werden mussten. Dies war allerdings das Ergebnis einer besonders aufgeheizten politischen Stimmung und nicht normales „Abfallprodukt" des „divided government" – genauso wenig wie sich ein Präsident unter den Vorzeichen des „unified government" sicher sein kann, dass es nicht zu Blockaden kommt:

„Zusammenfassend lässt sich sagen, dass die Effekte von ‚divided government' – entgegen der traditionellen Vermutung – keine generelle Entscheidungsblockade [...] verursachen; es werden aber gleichwohl weniger besonders wichtige Maßnahmen verabschiedet als unter den Bedingungen einer gleichgerichteten parteipolitischen Kontrolle von Legislative und Exekutive."[11]

„An end to gridlock!"[12]: Ob Bill Clintons Aussage im Präsidentschaftswahlkampf 1992 angesichts bestehender demokratischer Dominanz im Kongress tatsächlich „einer der entscheidenden Gründe für die Abwahl von George Bush" war, ist eher zu bezweifeln. Zu oft haben die Amerikaner über mehrere Jahrzehnte hinweg und mit eher wachsender Neigung bei Kongresswahlen, insbesondere bei Zwischenwahlen, zum Ergebnis des „divided government" beigetragen, als dass man dies nicht als bewusstes Setzen von Gegengewichten interpretieren müsste. Eine „allmächtige" Regierung scheint seit 1945 im Regelfall nicht mehr gewollt zu sein, effektive Kontrolle und mehr Machtteilung dagegen sehr wohl. Letzteres ist ohnehin ein prägendes Element amerikanischer politischer Kultur: Sie ist fast seit den Anfängen gekennzeichnet unter anderem durch ein ausgeklügeltes System von „checks and balances", ein großes Interesse an Transparenz und demokratischer Kontrolle, weniger starke „cleavages" in der Wählerschaft wie in deren Köpfen und damit eher pragmatische als programmatisch-ideologisch festgelegte Parteien, die gleichwohl politische Kontroversen offener, härter und vor allem streitiger austragen als in Deutschland üblich. Auch die Wahlkämpfer-Weisheit „negative campaigning pays" würde kaum so regelmäßig zu starker Umsetzung kommen, wenn das demoskopisch ja auch während des Wahlkampfs ständig genau beobachtete amerikanische Publikum sich von härteren politischen Auseinandersetzungen abwenden würde.

Deutsche Missverständnisse: Die ungeliebte Opposition als notwendiges Übel

Ganz anders in Deutschland, wo die Devise zu gelten scheint: Lieber alles grau in grau und vor allem keinen Streit. Umfragen, denen zufolge zwei Drittel der repräsentativ Ausgewählten die wichtigste Aufgabe der deutschen parlamentarischen Opposition in der Unterstützung der Regierung sehen[13], belegen einen zweifelhaften Aspekt der deutschen politischen Kultur als Folge im Grunde apolitischer oder politikfeindlicher Denktraditionen – man denke an Goethes „Faust": „Ein garstig Lied! Pfui! Ein politisch' Lied" – und obrigkeitsstaatlicher Restbestände. Die vielleicht rückläufige, aber vorhandene Sehnsucht nach harmonischer wie starker Führerschaft jenseits des Parteienhaders trägt zu einer Konsenssucht bei, die politischen Wettbewerb, zu dem auch Zuspitzung gehört, allzu leicht in den Bereich des politisch nicht Korrekten rückt. Vor diesem Hintergrund nimmt es z.B. nicht wunder, dass im Bundestagswahlkampf 2002

---

11 Helms 2002, 143.

12 Zit. n. Gellner 1996, 3.

13 Der Mannheimer Forschungsgruppe Wahlen erklärten für das Politbarometer 07/2000 64 Prozent der Befragten, dass sie von der Opposition vor allem eine konstruktive Unterstützung der Arbeit der Bundesregierung erwarteten. Nur 22 Prozent votierten für eine kompetitive statt der konsensualen Strategie.

das bayerische Wappentier eher zurückhaltend als Salonlöwe präsentierte und ein kantiger, tatkräftiger und zur mobilisierenden Polarisierung herausragend geeigneter Politiker Erfolg durch die Umwidmung zum weichgespülten Kuschelbayern erhoffte.

Generell gilt für deutsche Oppositionspolitiker: Anders als ein Bundeskanzler letztlich aller Deutschen verkörpern sie schon grundsätzlich nicht das Ganze und haben in mehrfacher Hinsicht wenig Anlass, konsensual aufzutreten. In der Parlamentsberichterstattung werden sie von den Medien umso eher zitiert, je aggressiver sie den politischen Gegner angehen. Mit der Amtsautorität eines vermeintlich über den Parteien stehenden sowie für das größere Ganze einstehenden Regierungsmitglieds aufzutreten und sich einem Harmonie verströmenden, erhabenen Diskurs hinzugeben, ist ihnen nur bei Verzicht auf Medienpräsenz möglich. Vor allem Oppositionsführer im Bundestag sind deshalb oft genug mit der Erwartung konfrontiert, auch zur moralischen Erbauung der eigenen Reihen den „Wadlbeißer" zu geben und damit eine öffentlich gut wahrnehmbare, jedoch wenig geliebte Rolle auszufüllen. Ungeachtet aller verfassungsrechtlichen und politischen Möglichkeiten der Opposition: Dieser Aspekt deutscher politischer Kultur macht ihre Arbeit nicht leichter.

Ein anderes, immer noch verbreitetes Missverständnis stellt die Annahme eines Dualismus zwischen Exekutive und Legislative dar. Stattdessen verläuft im parlamentarischen System auch der Bundesrepublik die „Frontlinie" natürlich zwischen der Regierung und der sie tragenden parlamentarischen Mehrheit einerseits und der parlamentarischen Opposition andererseits. Dabei hat Mehrheit Mehrheit zu sein und zu „stehen". Sieht man von den sehr seltenen Fällen ab, in denen die Fraktionen z.B. in grundsätzlichen ethischen Fragen die Abstimmung freigeben, stellt die Niederlage der Regierung bzw. der sie tragenden Parlamentsmehrheit auch bei nur einer inhaltlich noch so unbedeutenden Abstimmung praktisch automatisch eine existenzielle Gefahr für diese Regierung dar. Deshalb drohte im Herbst 2001 schon die im Vergleich zum beschriebenen Irak-Votum des US-Kongresses weitaus weniger weitreichende Entscheidung über eine Bundeswehrbeteiligung an der internationalen Schutztruppe für Afghanistan die Regierung zu spalten. Bundeskanzler Schröder sah sich veranlasst, sein Amt mit der Vertrauensfrage zur Disposition zu stellen und damit den Rückhalt der eigenen Truppen zu erzwingen.

Ein zentraler, damit zusammenhängender Unterschied zwischen den Systemen liegt eben darin, dass in Deutschland der einzelne Abgeordnete eher wenig, die Partei dagegen tendenziell stärker zählt. Über die durchschlagenden oppositionellen Waffen im Bundestag verfügen die Fraktionen als Bindeglieder zwischen Parteien und Parlament: auf institutioneller Ebene durch die Herrschaft über die Agenda und die Vergabe der Redezeiten; infrastrukturell durch einen relativ umfangreichen Fraktionsapparat, dem auf Seiten der einzelnen Abgeordneten vergleichbar kleine Mitarbeiterzahlen gegenüberstehen. Die Nominierung von aussichtsreichen Bundestagskandidaten allein durch die Parteien sowie die Bedeutung der Landeslisten leisten ein Übriges. Wie sehr hierzulande die Fraktionen und damit ihre Mitglieder als lediglich parlamentarische Instrumente der „übergeordneten" Partei gesehen werden, zeigte nicht zuletzt im Herbst 2002 die Verdrängung des von breiter Unterstützung in der CDU/CSU-Bundestagsfraktion getragenen Vorsitzenden durch die CDU-Parteivorsitzende.

Anders als in den Vereinigten Staaten hat der einzelne Abgeordnete also nur sehr begrenzte Kontrollrechte, die wesentlichen Instrumente parlamentarischer Kontrolle liegen in den Händen der Fraktionen: Fragestunden, Regierungsbefragungen, Große und Kleine Anfragen wie Aktuelle Stunden können nur Gruppen von Abgeordneten durchsetzen. Ausschließlich über die bzw. zwischen den Fraktionen erfolgt die Festlegung der Tagesordnung des Plenums, oft unter Berücksichtigung des Reißverschlussverfahrens – erster Tagesordnungspunkt nach Wahl der großen Regierungsfraktion, zweiter nach dem Geschmack der großen Oppositionsfraktion usw. Dies stellt zusammen mit der nach Proporz erfolgenden Teilhabe der Opposition an Vorsitzendenpositionen in ständigen Bundestagsausschüssen im internationalen Vergleich ein besonderes Oppositionsrecht dar – an der strukturellen Unterlegenheit der Opposition und den fest gefügten Machtverhältnissen im Bundestag ändert es genauso wenig wie andere „Vorrechte", die vermeintlich besonders der parlamentarischen Minderheit nützen: Wahr ist, dass Mitglieder von Landesregierungen jederzeit im Bundestag sprechen, auf landespolitische Erfolge verweisen und Oppositionskonzepte damit glaubhaft unterstreichen können. Wahr ist indes auch, dass dies auf die Redezeit der entsprechenden Fraktion angerechnet und der Sinngehalt des Ganzen ja zuweilen von der Opposition selbst in Zweifel gezogen wird. So antwortete der Unions-Kanzlerkandidat Stoiber Anfang Juli 2002 auf die Frage eines Journalisten, warum er nicht anlässlich einer Haushaltsdebatte im Bundestag die Gelegenheit zum Schlagabtausch mit dem Bundeskanzler wahrnehme und stattdessen zeitgleich einige hundert Meter entfernt eine Rede halte: „Die Leute überbewerten den Bundestag".

Der bayerische Ministerpräsident hat damit wohl weniger eine Missachtung des gesamten Parlaments beabsichtigt als aus der Praxis heraus eine Einschätzung des Einflusses der dortigen Opposition gegeben und deren Situation wohl realistischer beschrieben als manche wissenschaftliche und von der Theorie geprägte Publikation: Da wird, formal sicher nicht unberechtigt, von einer „ungewöhnlich großzügig beschaffenen institutionellen Chancenstruktur der parlamentarischen Opposition" sowie „ausgeprägten Mitwirkungs- und Vetorechten"[14] gesprochen oder formuliert: „Gut ausgebildete parlamentarische Arbeitsstrukturen mit ressortorientierten Ausschüssen und nach gleichem Muster gegliederten Fraktionen binden die Opposition in jedem Stadium des parlamentarischen Entscheidungsgangs in die Verantwortung ein und eröffnen ihr schon aus strukturellen Gründen erhebliche Mitsteuerungsmöglichkeiten".[15] Das klingt fast zu schön, um noch Wahlen gewinnen zu wollen.

Paradigmenwechsel: Die Regierung bekämpft die Opposition

Bei aller gebotenen Vorsicht gegenüber erbsenzählenden Herangehensweisen an politische Vorgänge – schon die Parlamentsstatistik spricht eine andere Sprache:

---

14 Helms 2002, 40 f.
15 Beyme 1997, 264 ff.

„Vor allen Dingen die Regierungsvorlagen besitzen eine Chance auf Verabschiedung, während Bundestags- und Bundesratsvorlagen deutlich geringere Realisierungschancen besitzen: Insgesamt 85,1 Prozent aller Gesetzentwürfe der Bundesregierung wurden auch verabschiedet, während nur 34,0 Prozent bzw. 30,1 Prozent der Projekte der beiden anderen Verfassungsorgane ihren Weg in das Bundesgesetzblatt fanden."[16]

Während diese durchschnittlichen Werte für die Jahre 1949 bis 1998 die Oppositionschancen noch greifbar erscheinen lassen, ergibt eine methodisch präzisere Betrachtung der Jahre 1949 bis 1987 ein anderes Bild: Danach waren lediglich an die 11 Prozent inhaltlich gestaltender Bundesgesetze auf Initiative der Opposition zustande gekommen.[17] Der Rekordwert von 20,2 Prozent wurde in der Wahlperiode 1969 bis 1972 erreicht, als sich die Union als betrogener Wahlsieger und nur kurzzeitig verhinderte Nebenregierung empfand. Ihre gouvernementale Attitüde und konstruktive Sacharbeit wurde allerdings bei der „Willy-Wahl" 1972 alles andere als belohnt. Damit wird auch ein Grundproblem oppositioneller Sacharbeit deutlich.

Selbst wenn nämlich – selten genug – über den „Oppositionsinitiativenanteil" hinaus sich in Gesetzesbeschlüssen des Bundestages einzelne Anregungen der Opposition wieder finden sollten, dann allenfalls deshalb, weil dies in der breiten Öffentlichkeit nicht deutlich wird. „Politische Urheberrechte" gibt es nicht und Bundestagsbeschlüsse, die in wegweisende Gesetzesänderungen sowie Wohltaten der Regierung münden, werden von der Öffentlichkeit auch mit dieser verbunden und keinesfalls mit den möglicherweise oppositionellen geistigen Vätern:

„Gerade Gesetzentwürfe der parlamentarischen Minderheit erleiden häufig das Schicksal, zunächst der Ablehnung durch die Regierung anheim zu fallen, um nach Abwarten einer taktischen Schamfrist im Gewande einer gouvernementalen Vorlage wieder auf der parlamentarischen Bühne zu erscheinen. Regelmäßig kann sich dabei die Regierungsmehrheit des Kurzzeitgedächtnisses von Bürgern und Journalisten sicher sein: Oft reichen nur wenige Monate Abstand, um den zugrunde liegenden oppositionellen Impuls vergessen zu machen."[18]

Zumindest die Erfolgsaussichten der Opposition bei Wahlen werden durch ihre parlamentarische Mitwirkung nicht unbedingt erhöht. Auch mit manchem Kontrollrecht stößt die Minderheit schnell an Grenzen. So resultieren aus den allmittwöchlichen Regierungsbefragungen, in deren Rahmen demonstrativ gelangweilte Staatssekretäre die zum Teil bemühten Fragen aus den ebenfalls dünn besetzten Oppositionsreihen abtropfen lassen, ebenso selten spektakuläre oder zumindest über Interessengruppen hinaus wahrnehmbare Punktsiege wie aus der großen Zahl parlamentarischer Anfragen. Das konstruktive Misstrauensvotum als zurückhaltende deutsche Version der parlamentarischen Verantwortlichkeit der Regierung hat zur Stabilität im Nachkriegsdeutschland sicher beigetragen, ein aussichtsreiches Angriffsinstrument parlamentarischer Opposition ist es allerdings nicht.

Selbst das eigentlich eher von der oppositionellen Minderheit genutzte investigative Folterwerkzeug des parlamentarischen Untersuchungsausschusses – bis zur Jahrtau-

---

16 Sebaldt 2001, 50.
17 Vgl. Sebaldt 2001, 51.
18 Sebaldt 2001, 56.

sendwende gingen ca. vier Fünftel von ihnen auf Oppositionsanträge zurück, zur Einsetzung reicht ein Viertel der Mitglieder des Bundestages – kehrte sich in jüngster Zeit gegen die Opposition: Die Arbeit des Parteispendenausschusses in den Jahren 2001 und 2002 bestand vordergründig in der Aufklärung illegaler Spenden an die CDU, in Wahrheit aber erfolgte der Versuch der moralischen Diskreditierung und Vorführung der aktuellen Minderheit durch die Mehrheit. Nichts anderem diente auch das Kommandounternehmen, wegen angeblich verschwundener Regierungsakten aus den 90er Jahren mit Hilfe eines willfährigen „Sonderermittlers", geschickt aus dem Lager der Opposition gewählt, die Staatsanwaltschaft in die Verfolgung eben der parlamentarischen Opposition einzuschalten – ohne haltbaren Grund, wie sich später herausstellte. Man kann gespannt sein, ob derartige Regierungsstrategien zur Schwächung der Opposition und/oder Ablenkung von Sachproblemen weitere Anwendungsgebiete finden. Auch auf andere Weise schien sich ein gewisser Paradigmenwechsel anzudeuten, wonach nicht mehr die Opposition die Regierung bekämpft, sondern die Regierung die Opposition: Im Jahr 2000 beispielsweise versuchte man mittels eines perfiden „Policy-Mix" aus steuerfinanzierten Feldzügen politischer Korrektheit – die anfängliche Kampagne gegen Rechtsextremismus wandelte sich schnell und wundersam zum „Aufstand der Anständigen" gegen „Rechts" und zu einer regierungsamtlich mitorganisierten öffentlichen Empörung; Sebnitz lässt grüßen –, die Opposition an den rechten Rand zu drängen und selbst ein für allemal die Exklusivität politischer Mitte zu beanspruchen.

Soweit die deutsche Opposition dann nicht mit ihrer moralischen Rechtfertigung beschäftigt ist – mit teilweise überschießendem Eifer, wie das im August 2000 aus Bayern angeregte NPD-Verbotsverfahren belegt – und ihre eigentlichen Funktionen wahrnimmt, sind dabei letztlich andere Institutionen neben dem Bundestag die wirksamsten Hebel. Da ist zum einen das fast ausschließlich von der Opposition in Anspruch genommene Recht eines Drittels der Mitglieder des Bundestages zu nennen, im Rahmen einer abstrakten Normenkontrolle durch das Bundesverfassungsgericht die Verfassungskonformität von parlamentarisch beschlossenen Maßnahmen überprüfen zu lassen. Auch die Mehrzahl der entsprechenden Organstreitverfahren wird von der Bundestagsopposition bzw. ihr politisch nahe stehenden Länderregierungen angestoßen – mit durchaus guten Chancen. Dies belegte auch die Entscheidung des Bundesverfassungsgerichts 2003, das Zustandekommen des Bundesratsbeschlusses vom 22. März 2002 über das von der rot-grünen Bundesregierung vorgelegte Zuwanderungsgesetz wegen der Wertung des gespaltenen Abstimmungsverhaltens des Landes Brandenburg als „ja" für verfassungswidrig zu erklären. 2001 hatte das Gericht das Königsrecht des Parlaments, das Haushaltsrecht, unterstrichen, indem es gegen die Gültigkeit außerparlamentarischer Zusagen der Beschaffung neuer Transportflugzeuge für die Bundeswehr durch den Verteidigungsminister Einwände erhob.

Da jede Bundesregierung bemüht sein muss, derartige Konstellationen und mögliche Niederlagen von vornehrein zu vermeiden, erfolgt im Regelfall eine vorauseilende Berücksichtigung gravierender Kritikpunkte, d.h. dass sich schon das Wissen um die Existenz dieses möglicherweise von der Opposition in Anspruch genommenen Sanktionsmechanismus auswirkt.

Zum anderen gibt es natürlich die oppositionelle Waffe schlechthin, den Bundesrat. Verfügt die Bundesregierung dort über eine Mehrheit, ist also sozusagen der Zustand des „unified government" gegeben, ist die Bedeutung dieses Bundesorgans zumindest in der öffentlichen Wahrnehmung weitgehend reduziert. Gleichwohl stellt es auch noch dann eine weitere Profilierungsmöglichkeit für die Personalreserve der Opposition in Form von Länderregierungschefs auf bundespolitischer Bühne dar. Ist aber die Waffe aus Sicht der Bundestagsopposition geladen, sprich, verfügt sie in der Länderkammer über eine ihr grundsätzlich geneigte Mehrheit, steigen ihre Einflusschancen unter den Bedingungen des „divided government" ungemein. Das gilt im Besonderen für die so genannten Zustimmungsgesetze, denen der Bundesrat zustimmen muss, weil Länderinteressen und -rechte berührt sind. Der Anteil dieser Gesetze ist fast stetig gestiegen und bewegt sich auf die Grenze von zwei Dritteln aller vom Bundestag bereits beschlossenen Maßnahmen zu, deren „Blockade", also Ablehnung bzw. Nichtannahme im Bundesrat, den größten Machtfaktor parlamentarischer Opposition darstellt – auch wegen der teilweise ähnlichen antizipierenden Wirkung wie im Fall des Damoklesschwerts Bundesverfassungsgericht.

Dazu kann auch im Fall der „Einspruchsgesetze", die keiner Zustimmung der Länderkammer bedürfen, die Opposition der Regierung die Arbeit zumindest erschweren: Legt eine Bundesratsmehrheit Einspruch gegen einen solchen Gesetzestext ein, kann dieser zwar vom Bundestag zurückgewiesen werden, was allerdings keiner einfachen, sondern der so genannten „Kanzlermehrheit" bedarf, also der absoluten Mehrheit der Mitglieder des Parlaments – was zu starker Einschränkung nicht nur der regierungsamtlichen Reisetätigkeit in Sitzungswochen des Bundestages zwingt.

Nun mag all dies fast wie die Beschreibung eines oppositionellen Paradieses klingen, umso mehr, als sich „CDU/CSU-geführte Bundesregierungen (ohne Berücksichtigung der Großen Koalition) zwischen 1949 und Ende 2000 nur während knapp 40 Prozent ihrer Regierungszeit und SPD-geführte Regierungen nicht einmal während 3 Prozent ihrer Regierungszeit auf parteipolitisch gleichgerichtete Mehrheiten im Bundesrat stützen"[19] konnten. Wie in den Vereinigten Staaten ist auch in der Bundesrepublik „divided government" eher die Regel, und wie die amerikanischen Wähler scheinen auch die deutschen bewusst für mehr Ausgleich und Kontrolle im politischen System zu votieren oder, genauer, sich zu enthalten.

Überschätzter Bundesrat

Der systematische Oppositionseffekt bei Landtagswahlen hat sich auf fast dramatische Weise Anfang 2003 in Hessen und Niedersachsen bestätigt, wo die Union triumphierte, weil enttäuschte SPD-Sympathisanten in die Enthaltung flüchteten. Wer im Bund in der Regierungsverantwortung steht, macht fast zwangsläufig Fehler, enttäuscht Erwartungen, muss Kompromisse suchen. Die grundsätzliche Folge: Die größte der die Bundesregierung tragenden Parteien kann bei Landtags- und Kommu-

---

19 Wagschal 2001, 872 f.

nalwahlen ihre möglichen Wähler weniger gut motivieren als die Opposition im Bund, die von der dann geringeren Wahlbeteiligung mit prozentualen Gewinnen profitiert – ohne dabei zwangsläufig die eigenen Stimmen zu mehren. Bis 1969 waren es eher bürgerliche Wähler, die regionale und kommunale Wahlen zum Protest nutzten, während nach dem Bonner Machtwechsel die Union ihrerseits in den 70er Jahren fast überall hinzugewann, wo die Beteiligung gegenüber der Vorwahl absank. Von 1982 bis 1998 wiederum erwiesen sich Landtags- und Kommunalwahlen als Ventil für Unzufriedene aus dem regierenden bürgerlichen Lager mit der bekannten Folge, dass die Opposition im Bundestag über den Bundesrat mitgestalten und in den Ländern personelle Alternativen entwickeln kann. Genau dies geschieht seit 1998 mit umgekehrten Vorzeichen. Wahlenthaltung wird zum Politikum, weil sie die Bundesregierung daran hindert, zu mächtig zu werden, und eine ausgleichende Wirkung im politischen System entfaltet.[20]

Gleichwohl: Die Möglichkeiten der parlamentarischen Opposition im Bezug auf den Bundesrat werden zum einen stark überschätzt, zum anderen mit einem hohen Preis bezahlt. Erstens verfügt der Bundesrat auch nicht nur ansatzweise über das machtpolitische Instrumentarium beispielsweise des US-Kongresses oder der „Offensivkräfte" des Bundestages. Die deutsche Länderkammer kann aus Sicht der Bundestagsopposition lediglich Schlimmeres verhindern und aus einer schlechten Politik allenfalls eine weniger schlechte machen, wirklich gestalten kann sie gegen die Mehrheit des Deutschen Bundestages nicht.

Zweitens: Wenn sie über eine Bundesratsmehrheit verfügt, verwischen sich die Verantwortlichkeiten im politischen System und die Bundestagsopposition steht vor einem grundsätzlichen und zu ständigem internen Streit führenden Dilemma: Geht sie auf Konfrontationskurs, erlaubt sie der Regierung, die Verantwortung für deren Fehlleistungen oder Nichthandeln auf die Länderkammer zu schieben, deren „Blockade-Mehrheit" als destruktiv zu brandmarken und auch über die Medien Druck zu erzeugen, die Opposition müsse, da mit in der Verantwortung, auch eigene Konzepte präsentieren – mit der Gefahr, die Nachteile interner Entzweiung darüber zu erleiden, zugleich die Praxistauglichkeit und mögliche Vorteile aber nicht belegen zu können. Als Beispiel mag die „Agenda 2010" dienen, die ersten, von Bundeskanzler Schröder Mitte März 2003 im Bundestag angekündigten wirtschafts-, finanz- und sozialpolitischen Reformvorschläge. Allein durch die feierlich zelebrierte Vorstellung einer Liste von Ideen entstand in der Öffentlichkeit der Eindruck, die Regierung habe bereits gehandelt. Tatsächlich lagen aber über zwei Monate später weder konkrete Gesetzesentwürfe auf dem Tisch noch war eine Regierungsmehrheit im Parlament erkennbar, während die Opposition von allen Seiten mit Hinweis auf den Bundesrat aufgefordert wurde, nun „auch" ihre Konzepte vorzulegen. Will sich die Opposition in der Länderkammer ablehnend verhalten, kommt das Risiko hinzu, sich gegebenenfalls wegen mangelnder Geschlossenheit der eigenen Reihen zu blamieren – wie im Sommer 2000, als die Bundesregierung ihre Steuerpläne im Bundesrat durchsetzte, weil der Berliner Regierende Bürgermeister mit einem Notgroschen für das Olympiastadion gekauft worden

---

20 Vgl. Eilfort 1994, 330 ff.

war und sich nach dessen „Umfallen" wie Dominosteine Bremen und Brandenburg anschlossen. Generell besonders schwierig zu organisieren ist der Zusammenhalt bei finanzpolitisch relevanten Entscheidungen: Notorisch klamme Landesregierungen neigen, haben sie Geld vor Augen, leicht dazu, sachliche Einzelfallaspekte wie ordnungspolitische Gesichtspunkte und parteipolitische Erwägungen hintanzustellen.

Entscheidet sich die Opposition dagegen für die andere Strategie und kooperiert, mag dies der Sacheffektivität und breiten Legitimation von Maßnahmen dienen. Konstruktive Bereitschaft zum verantwortungsvollen Mitgestalten gelangt indes kaum an die Öffentlichkeit und führt, weil Erfolge mit der Regierung „heimgehen", aus wahltaktischer Perspektive sogar zu negativen Ergebnissen.

Ein Musterbeispiel für die konsequente Umsetzung einer einmal beschlossenen Oppositionsstrategie war die SPD-Blockade im Bundesrat 1996/1997, mit der die Sozialdemokraten genau zu dem Reformstau erheblich beitrugen, den sie im Bundestagswahlkampf 1998 erfolgreich beklagten – und 2000 mit ersten Schritten anzugehen schienen, die schon Jahre zuvor hätten Gesetzeskraft erlangen können. Der eher kooperative Stil der Unionsfraktion wie der Unionsländer im Bundesrat in den Jahren nach 1998, insbesondere auch nach dem 11. September 2001, war dagegen nicht nur aus der Not potentiell fraglicher Geschlossenheit geboren. Er hängt auch mit der Einstellung der bürgerlichen Wähler zusammen, die politische Obstruktion mit parteipolitischem Hintergrund nicht allzu lange zu tragen bereit sind. Die Wahlchancen der Union 2002 hat die partielle Kooperation dagegen nicht unbedingt verbessert. So unterstreichen die Erfahrungen der Sozialdemokraten in der 13. und der Christdemokraten in der 14. Wahlperiode: Konfrontation dürfte für eine Opposition erfolgreicher als Kooperation sein, soweit es die harmonieorientierte deutsche politische Kultur und der politische Gegner mit seinem „Blockade-Vorwurf" zulassen.

Inhaltliches Profil und den Beweis der Regierungsfähigkeit scheint man jedenfalls leichter durch den Beispielcharakter der Arbeit von Länderregierungen zu gewinnen.

Geradezu verblüffend ist hier die Parallele zu den USA: Wie dort im Fall der Präsidenten hatten vier der letzten fünf Bundeskanzler zuvor Länderregierungen geführt. Dazu waren in Deutschland vier von den letzten fünf unterlegenen Kanzlerkandidaten amtierende Ministerpräsidenten – offensichtlich sind in beiden Ländern Erfahrungen in der Exekutive gefragt und in den Ländern bzw. Einzelstaaten auch entsprechende Profilierungsmöglichkeiten gegeben.

Der Preis für gute Einflusschancen und die Präsenz von Länderregierungen auf der nationalen Ebene sowie für den außerparlamentarischen Hebel der Berliner Opposition ist allerdings hoch: Weil Ministerpräsidenten und ihre Kabinette anders als Gouverneure in den Vereinigten Staaten an der Bundesgesetzgebung beteiligt sind, führt dieser Ausgleichs- und Integrationsmechanismus – unabhängig von der Qualität und dem Erfolg der Beteiligung – zur Wahrnehmung in der Öffentlichkeit, alle politischen Seiten seien einbezogen, alle irgendwie verantwortlich und irgendwie auch nicht. Mit der Folge, dass der – meist wenig sichtbare – Einfluss der Opposition auf die laufenden Regierungsgeschäfte größer, ihre Chance zur Erlangung der Macht auf der nationalen Ebene aber geringer ist als in anderen Ländern. So könnte beispielsweise nach einem

Wechsel im Berliner Schloss Bellevue 2004, bei entsprechender Unionsmehrheit im Bundesrat und noch weiteren „Geländegewinnen" der CDU, insbesondere im SPD-Stammland Nordrhein-Westfalen 2005, vor der Bundestagswahl 2006 das Pendel wieder in die andere Richtung ausschlagen: Große Magazine würden mit dunkel eingefärbten Deutschlandkarten einprägsam vor der totalen schwarzen Herrschaft warnen und so bei manchem harmonisch-konsensual denkenden und zu taktischem Handeln neigenden Wähler Alarm auslösen. Das paradoxe Ergebnis wäre vielleicht ein Beitrag dazu, dass dann beim wichtigsten Wahlgang im Land alles beim Alten bliebe und eine Bundesregierung quasi als Opposition aus Angst vor vermeintlich „ungebremster" Durchsetzungskraft der eigentlichen Opposition gewählt würde.

Nicht zu bestreiten ist, dass bei allen Bundestagswahlen nach 1949 nur ein einziger politischer Wechsel durch Wählervotum erfolgte – und selbst das womöglich vor allem wegen des von den Medien wie auch der blockierenden Opposition stark beförderten Empfindens, dass da jemand im Amt schon zum Altkanzler gereift war. So erscheint politische Opposition in der Bundesrepublik nur formal in einer starken Position. Sie ist überall beteiligt – und doch nirgendwo richtig dabei? Dies darf nicht als politisch naiv missverstanden werden: Wer die Mehrheit der Bevölkerung bei einer Wahl nicht von sich zu überzeugen vermag, sitzt zu Recht in der Opposition und stellt auch keine Nebenregierung dar. Natürlich sollte bei aller Berücksichtigung des Minderheitenschutzes im Parlament auch die vom SPD-Fraktionsvorsitzenden Franz Müntefering nach der Bundestagswahl 2002 unterstrichene Devise „Mehrheit ist Mehrheit" in einer Demokratie Gültigkeit besitzen. Misst man wie eingangs erwähnt die Qualität einer Demokratie auch an der Chance der Opposition, die Macht nicht nur durch Koalitionswechsel, sondern durch Wahlen zu erlangen, muss doch die Frage erlaubt sein, ob im – blockierten? – politischen System der Bundesrepublik nicht etwas weniger Beteiligung aller und stattdessen klarere Verantwortlichkeiten und vielleicht sogar ein dabei behilfliches Mehrheitswahlrecht wundersame Wirkungen entfalten könnten.

Noch jedenfalls vermischen sich letztlich wenig zielführende Vorrechte mit der politischen Kultur und weiteren, im Regelfall wenig beachteten Gesichtspunkten zu einer relativ tristen Berliner Oppositionswirklichkeit.

Oppositionswirklichkeit zwischen Tristesse und wachsender Ohnmacht

Vor allem die Wirkungen und der gewachsene Einfluss der Medien bis hin zum Internet bieten zusätzliche Chancen, stellen insgesamt politische Opposition nicht nur in Deutschland jedoch vor eher größere Probleme. Erstens: Soweit die viel beschriebene „Amerikanisierung" nicht nur von Wahlkämpfen Mediatisierung und Personalisierung bedeutet, vergrößert sie zusätzlich den Abstand in der Wahrnehmbarkeit von Regierung und Opposition. Es ist ja richtig, dass eine Regierung eher Wahlen verliert als eine Opposition Wahlen gewinnt. Trotzdem gehört zu elektoral erfolgreicher Oppositionspolitik die durchschlagende öffentliche Thematisierung nicht nur der Schwächen der Regierung, sondern auch der Oppositionsalternativen. Genau dies ist angesichts der Zuspitzung politischer Aussagen auf mehrsekündige Satzfetzen und der wachsenden Personalisierung auch der wenigen noch transportierten politischen Inhalte eher schwieriger geworden.

Anders als Regierungschefs, Regierungsmitglieder und Funktionsträger in Regierungsfraktionen haben Oppositionspolitiker im Bund schließlich kaum Gelegenheit, repräsentative Termine wahrzunehmen: Symbolische Politik und präsidiale Posen z.B. bei der Eröffnung von Museen oder Messen entfallen ebenso weitgehend wie demonstrative Betroffenheit beim Besuch von Flut- und anderen Opfern. Leistungsschauen staatlicher Investitionstätigkeit sind wie Zeiten menschlicher Schicksalsschläge Stunden der Exekutive. Für die in der Mediengesellschaft so wichtigen Bilder fehlen der Opposition also die Anlässe. Die Spitzenkräfte der parlamentarischen Minderheit müssen in der veröffentlichten Meinung tendenziell mehr auf die Kraft des Wortes setzen und bei öffentlichen Auftritten eher auf ihre rhetorischen Fähigkeiten und Überzeugungskräfte als auf die Wirkung des Rahmens einer Veranstaltung. Die Rede eines Regierungschefs oder Ministers dagegen wird schon von vornherein als Ereignis aufmerksam wahrgenommen, weil der einfliegende Helikopter, Schwärme von Journalisten und Photographen, die vollzählig anwesende lokale Prominenz und abschreckend dreinblickende Leibwächter die Bedeutung des Augenblicks ungeachtet seines Inhalts zu dokumentieren scheinen.

Überdies trägt das krasse Ungleichgewicht der Kräfte zwischen Regierung und Opposition, konkret deren jeweilige finanzielle und personelle Ausstattung, das seine bei – vor und nach 1982 und 1998! In der CDU/CSU-Bundestagsfraktion der 15. Wahlperiode beispielsweise sehen sich jeweils eine Hand voll Mitarbeiter vierstelligen Personalumfängen in Bundesministerien gegenüber und mühen sich, mit Hilfe einer kleinen Fraktionspressestelle Ansätze von öffentlicher Durchschlagskraft zu erzielen gegenüber der Kampagnenmaschinerie des Bundespresseamts, das selbst bescheidenste Fortschritte wie das noch nicht einmal komplett umgesetzte „Hartz-Konzept" zur Reform des Arbeits„markts" in ganz Deutschland auf monatelangen Jubeltourneen feiert.

Arbeitsweise und Wirkung der Medien tragen eben zur Verstetigung von Regierung und Opposition ihrerseits eher bei – es sei denn, es handelt sich bei Regierenden um schlecht inszenierte bzw. inszenierbare oder um überaus lange im Amt befindliche Politiker. Zugang zu Regierenden bedeutet Zugang zu den interessanteren Informationen und attraktiveren Terminen: In vielen der von ihrer Auflagenhöhe und der Nähe zur Macht nicht eben unabhängigen Medien ist eine doch eher ausgeprägte Neigung zur freiwilligen Selbstbescheidung gegenüber Regierenden bei der Inanspruchnahme von Pressefreiheit und ein weniger schonender Umgang mit Oppositionspolitikern zu beobachten. Unvorteilhafte Bilder eines Bundeskanzlers werden weitaus seltener abgedruckt als Ablichtungen eines im Plenum gähnenden Oppositionsführers. Photographen oder Journalisten, die im ersten Fall womöglich von den begehrten Reisebegleitungslisten gestrichen werden oder keine Interviewtermine bekommen, wissen im Fall des zweiten zu genau, wie sehr er auf sie angewiesen ist. Dazu kommt, dass auch Medienleute sich in einem von anderen Menschen nicht unterscheiden: Sie wollen lieber beim Sieger sein und nicht dauerhaft gegen die Stärkeren anschreiben oder ansenden.

Die strukturelle Unterlegenheit der Opposition wird am deutschen Beispiel besonders deutlich, wo es um politische Schuldzuweisungen und Geschichtsklitterungen als Teil des ganz normalen PR-Wahnsinns geht: Der mit hoher Drehzahl arbeitenden rot-grünen Regierungspropagandamaschinerie gelingt es erstaunlich oft, selbst nach mehrjähriger eigener Regierungsverantwortung Journalisten und der Öffentlichkeit zu vermitteln, an allen exekutiven Fehlleistungen, Unterlassungen sowie der „deutschen Krankheit" seien ausschließlich die Globalisierung, die Krise der Weltwirtschaft, der 11. September 2001, der Irak-Krieg 2003 und natürlich das Erbe der Regierung Kohl schuld. Weitaus weniger Durchschlagskraft kann dagegen die Oppositions-Version entwickeln, der Kanzler sei für alles Negative bis hin zum Wetter allein verantwortlich.

Drittens: Besonders aufregend sind Regierung wie Opposition für die Medien dann, wenn sie sich mit sich selbst auseinandersetzen – genau dazu ist die Versuchung in der Opposition aber deutlich größer. Ohne die disziplinierende Wirkung von Macht und den Zwang, die eigene Mehrheit immer wieder zusammenzuhalten, kann deshalb parasitäre Publizistik vor allem zu einem Oppositionsproblem werden. Medienpräsenz vermag sich schließlich zur abhängig machenden Droge zu entwickeln. Der letzte Regierungssprecher Helmut Kohls drückte dies so aus: „Man wird süchtig danach, sich in der Zeitung zu lesen."[21] Otto Hauser verlor 1998 neben seinem Amt auch die politische Bühne des Bundestagsmandates. Andere dagegen verloren „nur" ihr Amt – und konnten dann als langjährige ehemalige Bundestagspräsidentinnen, Generalsekretäre, Minister und Staatssekretäre für ihre Fraktion zu einer echten Belastung werden, weil sie keine Rücksichten mehr zu nehmen brauchten und allzu oft auch nicht wollten. Denn zu gut kennen sie den einzigen Weg zur Sicherung nacheilender medialer Aufmerksamkeit und bedienen diesen Mechanismus, der dem Absatz von Memoiren und anderen Publikationen höchst förderlich ist, meist ohne Zögern: Nämlich ihren Namen und Bekanntheitsgrad gegen die eigene Partei oder Fraktion verwenden zu lassen – sei es durch vermeintlich inhaltlich motivierte Kritik am eigenen Lager, durch Übernahme von Kommissionstätigkeiten an dem Parlament vorbei, dem frau einst vorsaß, sei es des Weiteren durch Besuche bei bedrängten arabischen Potentaten oder durch ständiges nölendes Querdenken: Die Kritik eines Ex-Generalsekretärs und Ministers a.D. am eigentlichen politischen Gegner interessiert keinen, ein sich vom eigenen Fraktionsvorsitzenden abgrenzendes Statement erreicht die Titelseiten der Zeitungen.

Hier liegt auch eine Erklärung dafür, wieso es zu dem Eindruck kommen konnte, dass in der 14. Wahlperiode von 1998 bis 2002 „der Kanzler lange Zeit einen ungewöhnlich stark auf Konsens ausgerichteten Regierungsstil an den Tag legte"[22]: Die vermeintliche Einbindung der Opposition bestand hauptsächlich darin, gegen den Willen ihrer Führung ehemalige und an Publicity interessierte Unions-Größen an der Spitze von ansonsten regierungskorrekt besetzten Gremien zu platzieren. Ein Stück weit wurde die parlamentarische Minderheit damit erfolgreich entwaffnet, weil allein Richard von

---

21 Stuttgarter Zeitung vom 2. Februar 2002, 31.

22 Helms 2002, 61.

Weizsäckers Gesicht regelmäßig bei der Verkündung somit scheinbar überparteilicher Kommissionsbefunde zu sehen war, von der Elbe-Flut bis zur Bundeswehr.

Vor 1998 war parasitäre Publizistik geradezu ein Markenzeichen des damaligen niedersächsischen Ministerpräsidenten Schröder, der erst den Parteivorsitzenden Scharping zermürbte und dann den Parteivorsitzenden und Kanzlerkonkurrenten Lafontaine aus dem Weg räumte. Insgesamt erschwert diese Art öffentlicher Präsenz die Arbeit besonders einer Oppositionsführung deshalb so sehr, weil sie öffentlich den Eindruck von Zerstrittenheit befördert und damit sowohl die Integrationsleistung in Zweifel als auch mögliche Nachahmer oder nur wohlmeinende, aber die entsprechenden Debatten noch verlängernde Wortmeldungen nach sich zieht. All dies hängt mit einem in Deutschland angesichts seiner politischen Kultur besonders wichtigen operativen Ziel von Partei- und Fraktionsführungen zusammen: Geschlossenheit. Eine der größten Herausforderungen vor allem in der Opposition liegt darin, alle Andenker, Überdenker, Zu-Kurz-Denker, Nachdenker, Schnelldenker, Querdenker und Bedenker bzw. Bedenkenträger unter einen Hut zu bringen. Gelingt das nicht, wird die Minderheit im Parlament nicht als ernsthafte Alternative wahrgenommen. Uneinheitlichkeit gilt als Zeichen von Schwäche und Führungsversagen – auch weil die leserbriefschreibenden Bürger oder Journalisten, die gerne von dem nur seinem Gewissen verpflichteten Abgeordneten schwärmen, oft identisch mit denen sind, die in beißenden Kommentaren ein nicht geschlossenes Abstimmungsverhalten einer Fraktion als Politikunfähigkeit geißeln.

In vielen Sitzungen eines Geschäftsführenden Fraktionsvorstandes oder eines Fraktionsvorstands steht nach längerer streitiger Diskussion in Sachfragen, die nicht das „Herzblut" der Fraktion bzw. der hinter ihr stehenden Parteien berühren, die Frage im Raum, mit welcher inhaltlichen Position am ehesten Geschlossenheit herstellbar sei: Mangelnde Geschlossenheit mindert eben erwiesenermaßen Wahlchancen drastisch. Aber nicht nur das: Sie verbaut auch die ohnehin geringen Aussichten, einer Regierung und Parlamentsmehrheit Zugeständnisse abzutrotzen.

Ein Beispiel aus dem Sommer 2001: Im Deutschen Bundestag stand eine Abstimmung über die Entsendung von Bundeswehreinheiten nach Mazedonien an. Unübersehbar war im Vorfeld die Mühe der Bundesregierung, die eigene Mehrheit im Parlament in dieser Frage zusammenzuhalten. Die Unionsfraktion sowie CDU und CSU entschieden sich daraufhin, die vermeintliche Schwäche der Regierung auszunutzen und deren Unterstützung mit der Forderung nach zusätzlichen Mitteln für die aus Oppositionssicht dramatisch unterfinanzierte Armee zu verbinden. Dieses Junktim bzw. die Drohung, aus taktischen Gründen gegebenenfalls gegen die eigene politische Grundlinie und den als richtig erachteten Mazedonien-Einsatz zu votieren, konnte nur bei absoluter Geschlossenheit funktionieren, da der Regierung, wenn überhaupt, im Parlament nur wenige Stimmen fehlen würden.

Prompt kam es, wie es in der Opposition eben so kommt: Der außenpolitische Sprecher der Unionsfraktion kündigte als erster und unter großer medialer Beachtung an, dem Einsatz im Parlament in jedem Fall zuzustimmen. Einige schnell folgende Kollegen – Motto: „Lieber an der Spitze einer Bewegung als hinter der Entwicklung herlaufen" – sorgten für einen Dominoeffekt. Den Führungen in Partei und Fraktion, die vorher beharrlich wie kraftvoll darauf verwiesen hatten, man werde in jedem Fall klar Kurs halten – eben um die unsicheren Kantonisten wenigstens ruhig und die Zauderer bei der Stange zu halten – blieb dann im Sinne der Geschlossenheit nur noch eine Wendung übrig: Durch maßvolles Entgegenkommen der Bundesregierung bei der Bundeswehr-Finanzierung wurde der Schwenk erleichtert, ließ aber wegen seiner Geschwindigkeit diejenigen noch schlechter aussehen, die die taktische Position noch verteidigten, als die Führungen schon eine neue Parole ausgegeben hatten.

Das Beispiel unterstreicht einen vierten Befund: Opposition ernährt sich selbst. Die Strukturen und Spezialisierungen in einer Bundestagsfraktion beruhen letztlich auf freiwilliger Selbstbeschränkung unter gleichen und formal unabhängigen Mitgliedern. Dazu kommen informale Verhaltensregeln, die entweder aus Einsicht oder aus Interesse am Fortkommen innerhalb der Gruppe Akzeptanz finden. Beispiele sind die Normen, der Fraktion keinen Schaden zuzufügen und „grundsätzliche Loyalität gegenüber der eigenen Fraktionsführung und Solidarität gegenüber den Kollegen zu zeigen"[23]. Dennoch fühlen sich Abgeordnete letztlich für alles zuständig und leisten einen bedeutenden Anteil ihres Engagements nicht zur Mehrung des Glanzes der Fraktionsführung, sondern zur Mehrung des eigenen Ansehens. Dies kann man ihnen auch schwerlich verdenken, denn ein Abgeordneter, der nicht an seine Wiederwahl und damit auch an sein Profil und seine Medienpräsenz denkt, hat eigentlich seinen Beruf bzw. seine Berufung verfehlt.

Besonders stark wirken die zentrifugalen Kräfte in einer Oppositionsfraktion. Nichts verschleißt so sehr wie der Zustand der weitgehenden parlamentarischen Machtlosigkeit, verbunden mit einem relativen Schattendasein in den Medien – am 13jährigen Leiden und eher disparaten Zustand der SPD-Fraktion zwischen dem Machtverlust im Oktober 1982 und dem Sturz des Parteivorsitzenden Scharping im November 1995 war dies gut ablesbar. Erst mit dem neuen Parteivorsitzenden Lafontaine, mit dessen Blockadekurs im Bundesrat und der zunehmend realen Machtperspektive für 1998 kam die Disziplin zurück, die für erfolgreiche Fraktionsarbeit notwendig ist. Wenn Aussicht auf die Regierungsübernahme besteht, sind alle potentiellen Minister und Staatssekretäre bereit, vieles zurückzustellen, was der in der Öffentlichkeit wahrgenommenen Geschlossenheit und damit den Wahl- und ihren Karrierechancen abträglich sein könnte. So stellte sich die SPD-Bundestagsfraktion vor allem 1998 fast als Monolith und die Unionsfraktion 2002 nicht viel weniger geschlossen dar.

Lässt die politische Lage dagegen einen noch länger anhaltenden Verbleib in der Opposition vermuten, ist die Neigung groß, sich darin nicht nur im Sinne der Akzeptanz demokratischer Wählerentscheidungen, sondern auch recht gemütlich durch Pflege kleiner Biotope einzurichten. Die Bereitschaft, im Interesse der Geschlossenheit der Fraktion eigene inhaltliche Ansichten oder persönliche Interessen zurückzustellen, tendiert dann zuweilen gegen Null, weil gleichzeitig der Führung einer Oppositionsfraktion praktisch alle Disziplinierungsmittel fehlen: Im Raum stehende Drohungen,

---

23 Schwarzmeier 2001, 35.

die man nicht einmal aussprechen muss, erhöhen in Regierungsfraktionen signifikant die Kompromissbereitschaft, sind in Oppositionsfraktionen dagegen eher irrelevant, wie beispielsweise der Verlust von Ämtern und Dienstwagen oder die weiträumige Umgehung eines Wahlkreises bei Ministerbesuchen oder Infrastrukturmaßnahmen.

So vermögen sich dann selbst die wenigen parlamentarischen Waffen einer Opposition schnell gegen dieselbe zu richten. Beispiel „namentliche Abstimmung": Besonders bei unpopulären oder mit Wahlversprechen kaum noch in Einklang zu bringenden Gesetzentwürfen wird diese Abstimmungsart, bei der das Stimmverhalten eines jeden Abgeordneten sich im Bundestagsprotokoll wieder findet, mit großer Begeisterung von der Opposition gefordert – die sich dann umso mehr blamiert, wenn beim konkreten Abstimmungsvorgang zum Beispiel am frühen Freitagnachmittag ein großer Teil ihrer Abgeordneten schon auf dem Weg in den Wahlkreis ist, weil alles wieder wichtiger scheint als das geschlossene Auftreten der parlamentarischen Minderheit.

Kleinmütigkeit, Resignation und Selbstbezogenheit können für längere Zeiten zu selbsterfüllenden Prophezeiungen werden, gemäß dem Lutherschen Diktum, dass aus einem verzagten Arsch kein fröhlicher Furz komme. Nach den für sie verheerenden Zwischenwahlen im November 2002 erfuhren dies auch die Demokraten im amerikanischen Kongress, die ohne eindeutige Führungspersönlichkeiten, ohne inhaltliches Profil und ohne Erfolgsperspektive dastanden. So wie Machtstrukturen sich selbst bestärken und verstärken, so weisen – bei ähnlichen Abnutzungseffekten – oppositionelle Ohnmachtsstrukturen ebenfalls eine eingebaute Tendenz dazu auf, sich zu verfestigen.

Schließlich, fünftens, erweist sich der Bedeutungsverlust des Deutschen Bundestages als besonders schmerzlich für die parlamentarische Opposition.

Anders als für eine Regierung bzw. Regierungsparteien ist das Parlament für eine Opposition bzw. Oppositionsparteien die einzige und entscheidende Bühne. Deshalb ist es meist die Opposition allein, die versucht, der ausufernden außerparlamentarischen „Kommissionitis" Gerhard Schröders entgegenzuwirken, auf geordneten Gesetzgebungsverfahren zu bestehen oder die Bundesregierung zu ermuntern, zumindest gelegentlich im Parlament vorbeizuschauen und auch dort einmal eine bedeutende Rede zu halten. Die Regierung neigt dagegen dazu, den Bundestag tendenziell weniger als hohes Haus denn als ausführendes Instrument oder Stätte lästiger Rechtfertigung zu betrachten. Als Beispiel mag die „Europa-Rede" des Außenministers Fischer in der Humboldt-Universität zu Berlin im Mai 2000 dienen: Der Rahmen war glanzvoll, die zu erwartenden Bilder schön und, vor allem, mit Widerspruch war nicht zu rechnen – also lieber ein „Event" setzen als sich dort auf eine inhaltliche Auseinandersetzung einlassen, wo die Opposition über verbriefte Rechte und annähernd gleiche Redezeiten verfügt.

Nur in äußerst seltenen Fällen und dann, wenn die Kujonierung gar zu offensichtlich wird, finden sich auch die die Regierung tragenden Fraktionen, noch seltener einmal der in seiner Partei stark eingebundene Parlamentspräsident zu einem leichten Aufbäumen parlamentarischer Selbstachtung bereit. Ein Großteil der Außenwirkung des Deutschen Bundestages, die Qualität von Debatten, die Wahrung der Rechte des Parlaments, diese hängen letztlich mehr von der parlamentarischen Minderheit als von der

172

Mehrheit ab. Grundsätzlich gilt dies unabhängig von der politischen Couleur, das Ausmaß der Entparlamentarisierung in den Jahren nach 1998 überrascht allerdings doch. Vielleicht liegt die Antwort auf eine zunehmend außerparlamentarische Regierung sowohl in mehr außerparlamentarischer Opposition durch die parlamentarische Opposition als auch in einem größeren Mut zur Polarisierung. Das Bedürfnis nach Klarheit und Unterscheidbarkeit in der Politik dürfte mit der Komplexität und Unüberschaubarkeit vieler Lebensbereiche eher zunehmen – also lieber schwarz-weiß als dunkelgrau-hellgrau. Mit den Worten eines APO-Veteranen: „Eine Politik, die glaubt, sich der Regierung so weit nähern zu müssen, dass sie von ihr nicht mehr zu unterscheiden ist und der Verwechslung wegen am Ende gar noch gewählt wird, taugt einfach nichts."[24]

Literaturverzeichnis

Beyme, Klaus von: Der Gesetzgeber. Der Bundestag als Entscheidungszentrum, Opladen 1997.

Eilfort, Michael: Die Nichtwähler. Wahlenthaltung als Form des Wahlverhaltens, Paderborn 1994.

Fraenkel, Ernst: Opposition, in: Staat und Politik, 2. A., Frankfurt 1957.

Gellner, Winand: Die Blockade der politischen Gewalten in den USA, in: ApuZ, B8-9/1996, 3-10.

Helms, Ludger: Politische Opposition. Theorie und Praxis in westlichen Regierungssystemen, Opladen 2002.

Lösche, Peter: Opposition und oppositionelles Verhalten in den Vereinigten Staaten, in: Euchner, Walter (Hg.): Politische Opposition in Deutschland und im internationalen Vergleich, Göttingen 1993, 119-126.

Schwarzmeier, Manfred: Nur „Stilfragen"? Informale Verhaltensregeln und Handlungsnormen im Deutschen Bundestag, in: Oberreuter, Heinrich/Kranenpohl, Uwe/Sebaldt, Martin (Hg.): Der Deutsche Bundestag im Wandel. Ergebnisse neuerer Parlamentarismusforschung, Wiesbaden 2001, 27-45.

Sebaldt, Martin: Das Ringen um die thematische Lufthoheit: Zur Konkurrenz von Regierungsmehrheit und Opposition in der Gesetzgebungsarbeit des Deutschen Bundestages, in: Oberreuter, Heinrich/Kranenpohl, Uwe/Sebaldt, Martin (Hg.): Der Deutsche Bundestag im Wandel: Ergebnisse neuerer Parlamentarismusforschung, Wiesbaden 2001, 46-62.

Steffani, Winfried: Opposition: der „eigentliche" Beweger der Politik?, in: MUT 375 (1998) Nov., 6-16.

Stuttgarter Zeitung vom 2. Februar 2002.

Wagschal, Uwe: Der Parteienstaat der Bundesrepublik Deutschland. Parteipolitische Zusammensetzung seiner Schlüsselinstitutionen, in: ZParl 32 (2001), 861-886.

Wasser, Hartmut: Politische Parteien und Wahlen, in: Adams, Willi Paul/Lösche, Peter (Hg.): Länderbericht USA, 3. A., Bonn 1998, 305-339.

---

24 Joschka Fischer, zitiert nach: www.aphorismen.de unter dem Stichwort „Opposition".

Iring Wasser

Von Amerika lernen.

Ein Erfahrungsbericht über die Akkreditierung von Hochschulstudiengängen in Deutschland

Die Auseinandersetzung mit Fragen der Qualitätssicherung hierzulande ist weit mehr als eine intellektuelle Fingerübung. Sie ist *das* Kernthema der augenblicklichen Hochschul- (man könnte hinzufügen Schul-)Debatte und beeinflusst in zunehmendem Maße die Arbeit vieler Funktionsträger im Bildungssektor. In nahezu allen Einrichtungen ((Technischen) Universitäten, Fachhochschulen, aber auch Berufsakademien) und Fachkulturen des tertiären Bildungssektors halten innovative Verfahren der Qualitätssicherung und -optimierung Einzug. Ich konzentriere mich in meinem Beitrag im Wesentlichen auf das Instrument der Akkreditierung, wiewohl es eine Vielzahl weiterer Instrumente wie Evaluationsverfahren, hochschulinterne Kontrollen und Leistungsanreize, staatliche Vorgaben und Auflagen etc. gibt. Keinem dieser Verfahren eignet jedoch eine vergleichbare Dynamik, was darauf zurückzuführen ist, dass nach dem Willen der bundesdeutschen Kultusministerkonferenz zukünftig nahezu alle Studienangebote einer Akkreditierung unterliegen werden.

Für den Trend zur flächendeckenden Einführung von Qualitätssicherungs-/Akkreditierungsverfahren zeichnet eine ganze Reihe von Faktoren verantwortlich. Sicher spielen die finanzpolitischen Engpässe in den Bildungshaushalten der Länder eine Rolle, verknüpft mit der Auflage an die Adresse der Hochschulen, mit knappen Ressourcen effizienter umzugehen. Einen wichtigen Impetus bildet ferner das Bemühen der europäischen Bildungsminister zur Schaffung eines einheitlichen europäischen Hochschulraumes im Rahmen des Bologna-Prozesses. Als entscheidender Katalysator fungiert jedoch die weit verbreitete Auffassung, dass die deutschen Hochschulen im internationalen Wettbewerb an Boden verloren haben. Belege für diese These der nachlassenden Wettbewerbsfähigkeit sind allgegenwärtig und lassen sich stichwortartig (ohne Anspruch auf Vollständigkeit) folgendermaßen zusammenfassen:

Die im internationalen Maßstab (zu) langen Studienzeiten, hohe Abbrecherquoten, die geringe Attraktivität deutscher Hochschulen für ausländische Studieneliten, die fehlende internationale Kompatibilität deutscher Hochschulabschlüsse (80 % aller Bildungssysteme weltweit operieren mit einem zweiphasigen, durchgängig modularisierten Bachelor-/Mastersystem), das bescheidene Abschneiden in einschlägigen Leistungsvergleichen (PISA im Schulbereich wird reproduziert in einschlägigen OECD-Leistungsstudien für den Hochschulbereich), die mangelnde Innovations- und Adaptionsfähigkeit der Studienangebote, eingepasst in das feste, unflexible Korsett von Rahmenprüfungs- und Studienordnungen mit national begrenztem Gültigkeitsanspruch.

Seit Beginn der vergangenen Dekade sind in nahezu allen Bundesländern umfassende Hochschulreformen eingeleitet worden, um dem Abwärtstrend zu begegnen. Sie alle zielen darauf ab, den Hochschulen ein größeres Maß an Autonomie zu übertragen, den internen Wettbewerb unter ihnen anzufachen und ihre internationale Positionierung in der Konkurrenz zu internationalen Bildungsanbietern zu stärken. Zusammen genommen resultieren sie in einem deutlichen Paradigmenwechsel in der deutschen Hochschulpolitik, dessen Kernpunkte wie folgt lauten: Aufgabe staatlicher Steuerungselemente zugunsten verstärkter Hochschulautonomie (Globalbudgets statt kameralistischer Haushaltsführung, Zielvereinbarung statt staatlicher Detailsteuerung, Etablierung von Stiftungsuniversitäten nach amerikanischem Vorbild), Förderung der Profilbildung im Hochschulsektor bei gleichzeitiger Abkehr vom Ideal der Volluniversität, einschneidende Veränderung des Beamten-/Besoldungsrechts mit leistungsbezogener Besoldung des Hochschulpersonals, Infragestellung des Beamtenstatus.

Im Kontext meines Beitrages besonders erwähnenswert sind ferner die durch die Novellierung des Hochschulrahmengesetzes im Jahre 1998 stimulierte, zunächst probeweise erfolgte und nunmehr auf eine dauerhafte Grundlage gestellte Einführung innovativer Studienangebote mit gestuften, modularisierten und damit international kompatiblen Bachelor- und Masterabschlüssen sowie die Etablierung eines weitgehend in privater Trägerschaft organisierten Evaluations- und Akkreditierungssystems nach amerikanischem Vorbild. Diese auch für andere angelsächsische Länder prägende Form der Qualitätssicherung ist gekennzeichnet durch eine stringente Überprüfung festgelegter Qualitätsstandards in Forschung und Lehre im Rahmen eines so genannten Peer-Review-Verfahrens, in denen sich neben Fachkollegen aus anderen Hochschulen vielfach Repräsentanten von Fachgesellschaften, berufsständischen Vereinigungen und der Wirtschaft beteiligen. Die Programmverantwortlichen für die zur Begutachtung anstehenden Studienprogramme und Repräsentanten der geprüften Institutionen sind an allen Phasen des Akkreditierungsprozesses beteiligt und arbeiten aktiv an Planungen und Selbstevaluationsverfahren mit, deren Ziel in der Sicherstellung und Optimierung einer hohen Qualität der Studienangebote an ihrer Alma Mater besteht.

Die Umstellung auf die neuen Studienstrukturen mit einer Qualitätssicherung mittels Akkreditierung weist eine hohe Dynamik auf. Von den insgesamt ca. 9500 vorgehaltenen Studiengängen in Deutschland sind ca. 1500 bereits auf eine modularisierte Bachelor-/Masterstruktur umgestellt und unterliegen damit der Auflage zur Akkreditierung durch in Deutschland etablierte regionale, überfachliche Akkreditierungsagenturen auf der einen bzw. fachlich spezialisierte Fachakkreditierungsagenturen auf der anderen Seite.[1] Da sich im vergangenen Jahr ferner die so genannten „Gemeinsamen

---

1 In Deutschland gibt es augenblicklich sechs Akkreditierungsagenturen, drei von ihnen fachlich spezialisiert, drei überfachlich ausgerichtet. Zu Ersteren zählt die Akkreditierungsagentur für Studiengänge der Ingenieurwissenschaften, Informatik, Naturwissenschaften und Mathematik (ASIIN), die Foundation for International Business Administration Accreditation (FIBAA) und die Agentur für Studiengänge im Bereich Heilpädagogik, Pflege, Gesundheit und Soziale Arbeit (AHPGS), zu Letzteren die Agentur für Qualitätssicherung durch Akkreditierung von Studiengängen (AQAS), die Zentrale Evaluations- und Akkreditierungsagentur Hannover und das Akkreditierungs-, Zertifizierungs- und Qualitätssicherungsinstitut (ACQUIN). Eine Zusammenfassung

Kommissionen" (besetzt mit Vertretern der Hochschulrektoren- und der Kultusministerkonferenz) aufgelöst haben, die in der Vergangenheit mit Hilfe von Rahmenprüfungsordnungen detaillierte einheitliche nationale Vorgaben in Bezug auf Studienin-
halte und -strukturen in Diplomstudiengängen verfügt hatten, werden zukünftig nach
dem Willen der KMK auch diese einer Akkreditierung unterliegen, sofern keine Rahmenprüfungsordnungen vorliegen oder die geltenden Rahmenprüfungsordnungen
überholt sind.[2]

Der geschilderte Prozess ist jedoch nicht allein eine Reaktion auf vermeintliche oder
tatsächliche Defizite der deutschen Hochschulausbildung, sondern, positiv gewendet,
auch in einer europäischen politischen Vision verankert. Im Rahmen der so genannten
„Bolognadeklaration" haben die Bildungs- und Wissenschaftsminister von mittlerweile 33 europäischen Staaten die Vollendung eines einheitlichen Hochschulraums bis
zum Ende dieser Dekade vereinbart. Als wesentliche Voraussetzungen hierfür hat man
sich u.a. auf die Neustrukturierung des Studienangebotes in zwei Zyklen und die Einführung einheitlicher, grenzüberschreitender Qualitätssicherungssysteme verständigt.[3]

In Deutschland orientieren sich die Bildungseliten in Fragen der Qualitätssicherung am
Vorbild der Vereinigten Staaten von Amerika. Das Interesse an einem Informations-
austausch bzw. einer engen Kooperation mit dem transatlantischen Partner ist darauf
zurückzuführen, dass die Idee der institutionellen wie studiengangsbezogenen Akkreditierung in den Vereinigten Staaten geboren wurde und man darauf setzt, aus langjährigen Erfahrungen lernen und „best practice"-Beispiele als Orientierungshilfe nutzen
zu können. Darüber hinaus besteht ein Interesse daran, den attraktiven amerikanischen,
angelsächsischen und internationalen Bildungs- und Arbeitsmarkt für deutsche Stu-
dienabsolventen zu öffnen.

Auf beiden Seiten des Atlantiks besteht allerdings ein anhaltend hohes Maß an Unwis-
senheit über die jeweils anderen Bildungs- und Qualitätssicherungssysteme, das die
notwendigen Lernprozesse massiv beeinträchtigt. Die wechselseitige Ignoranz und
Missverständnisse sind auf unterschiedliche Hochschultraditionen und Bildungskultu-
ren zurückzuführen, die nachfolgend gegenübergestellt werden.

---

zum Stand der Einführung von BA-/MA-Programmen an deutschen Hochschulen findet man in
Klemperer u.a. 2002. Die aktuellsten Daten über die derzeitigen BA-/MA-Angebote an deutschen
Hochschulen werden vom Hochschulkompass vorgehalten (<www.hrk.de>).

2   Maßgeblich hierfür ist der Beschluss der Kultusministerkonferenz vom 24.05.2002 i.d.F. vom
     19.09.2002, „Statut für ein länder- und hochschulübergreifendes Akkreditierungsverfahren".

3   Einen aktuellen Überblick über den Stand des Bologna-Prozesses findet man auch in der Ausgabe
     der Deutschen Universitätszeitung vom 21.02.2003. Instruktiv ist besonders Altenmüller 2003,
     der den Stand der Bemühungen im Vorfeld der Bologna-Folgekonferenz in Berlin im Herbst 2003
     skizziert.

Unterschiedliche historische Traditionen in den USA und Deutschland

In den USA sind Evaluation und Akkreditierung als Instrumente der Qualitätssicherung und -verbesserung mindestens seit Anfang des 20. Jahrhunderts fester Bestandteil der Hochschulkultur, während sie in Deutschland eine Entwicklung der jüngsten Vergangenheit sind. In den Vereinigten Staaten von Amerika reichen die ersten Bemühungen um eine institutionelle und fachspezifische Qualitätssicherung zurück bis in die Gründungsphase der Nation.[4] Erste Beispiele für eine flächendeckende institutionelle Akkreditierung von Hochschulen („*institutional accredication*") datieren um die Jahrhundertwende, als ausgehend von den Neu-England-Staaten mit der aufeinander folgenden Gründung von sechs regional getrennten, von den Mitgliedshochschulen selbst finanzierten und weitgehend ohne staatliche Gängelung operierenden Akkreditierungsagenturen (New England, Middle States, North Central, Northwest, Southern, Western Association of Schools and Colleges) einheitliche Ausbildungsstandards (in den Bereichen Curriculum, Lehrkörper, Serviceleistungen für Studierende, Verwaltungs- und Organisationsstrukturen etc.) für die Hochschulen der jeweiligen Regionen als Mindestanforderungen festgelegt wurden. In der Folge gründeten berufsständische Vereinigungen, Verbände und Wissenschaftsgesellschaften weitere *Fachakkreditierungsagenturen*, die sich – in Ergänzung zur institutionellen Akkreditierung – der Sicherung von Qualitätsstandards in Studiengängen und Fachbereichen verschrieben und verschreiben.[5] Insgesamt gibt es heute knapp 80 Regional- und Fach-Akkreditierungsagenturen, die unter dem Dach des Council for Higher Education Accreditation operieren.[6]

In der Bundesrepublik Deutschland hingegen ist die Idee der Akkreditierung gerade einmal fünf Jahre jung. Geboren im Zusammenhang mit der Novellierung des Hochschulrahmengesetzes im Jahre 1998 werden seither die Weichen für eine Stärkung der

---

4   Vorläufer moderner Akkreditierungsverfahren in den USA können bis in die Gesetzgebung des Staates New York im Jahre 1787 zurückverfolgt werden. Dort war vorgesehen, dass jedes College im Staat einmal im Jahr von einem Mitglied des staatlichen Universitätsverwaltungsrates zu besuchen war. Einen Überblick über die „Akkreditierung auf amerikanische Art" findet sich bei Richter 2002.

5   Die Vorhut bildete dabei die Medizin: Seit 1904 überprüfte die American Medical Association (bzw. Nachfolgeeinrichtungen wie der Accreditation Council for Graduate Medical Education) die medizinischen Fakultäten. Im Bereich der Ingenieurwissenschaften entstanden 1932 Vorläufer des heutigen Accreditation Board for Engineering and Technology mit mittlerweile knapp 30 Mitgliedsfachverbänden. Im Bereich der Lehrerbildung schließen sich im Jahre 1954 zahlreiche Fachverbände zum National Council for Accreditation of Teacher Education (NCATE) zusammen, das heute als unabhängige Fachakkreditierungsagentur aus 33 Berufsverbänden von Lehrern, Lehrerausbildern, Fachleuten für einzelne Unterrichtsfächer sowie für Schulfragen zuständigen Beamten auf kommunaler und Landesebene besteht.

6   Einen Überblick über die amerikanische Entwicklung findet sich in Myers u.a. 1998. Aktuelle Informationen finden sich ebenfalls auf der Webpage des amerikanischen Councils for Higher Education <www.chea.com>.

Hochschulautonomie zulasten staatlicher Reglementierung gestellt, was man mit der Forderung nach kompensatorischer Qualitätssicherung verknüpft.

Divergierende Hochschulkulturen – die unterschiedliche Rolle staatlicher Interventionen für die Qualitätssicherung im tertiären Bildungssektor

Im Gegensatz zur Bundesrepublik Deutschland spielen seit Gründung der Vereinigten Staaten sowohl Bundesregierung wie Einzelstaaten nur eine untergeordnete Rolle als Garanten für die Sicherung der Qualitätsstandards in Forschung, Lehre und Studium. Vor diesem Hintergrund kam in den USA zu einem frühen Zeitpunkt dem Aufbau eines staatsfernen Systems der Qualitätssicherung und des Verbraucherschutzes für Studierende, Eltern, Wirtschaft und Gesellschaft ein hoher Stellenwert auf der bildungspolitischen Agenda zu. In der Bundesrepublik Deutschland hingegen gehört „Bildungspolitik" zu den Kernkompetenzen der Bundesländer. Sie stellen maßgeblich die Finanzierung der Hochschulen sicher und regelten bislang über die Kultusministerkonferenz im Benehmen mit der Hochschulrektorenkonferenz einheitliche Ausbildungsinhalte und -strukturen für die Fächerkulturen. Für amerikanische Verhältnisse undenkbar: Über zentrale Verteilungssysteme werden in Numerus-Clausus-Fächern Studierende auf Hochschulen verteilt, eine Auswahl der Studentenklientel durch die Anbieter findet faktisch nicht statt.

Unterschiedliche Varianz in den Bildungsangeboten des tertiären Hochschulsektors

Die hierzulande weit verbreitete Kritik an einer Kopie des nordamerikanischen Vorbildes basiert auf der Einschätzung, dass die Qualität der Hochschulausbildung in den USA sehr heterogen sei. Die hohe Varianz in der Qualität der Studienangebote in den Vereinigten Staaten lasse dort eine Akkreditierung zwingend erforderlich erscheinen, während die Qualität der deutschen Hochschulausbildung im direkten Vergleich als einheitlicher und in der Breite fundierter eingestuft wird. Diese Vorbehalte intensivieren sich vor dem Hintergrund der Tatsache, dass sich die studiengangsbezogene Akkreditierung in den USA im Regelfall auf einen ersten berufsqualifizierenden Abschluss bezieht, der zu 80 % mit einem Bachelor degree abschließt, während in Deutschland bisher noch das (in einer vier- bis fünfjährigen Studienzeit zu absolvierende) Diplom-, der Magister- oder Staatsexamen das Maß aller Dinge ist. In der Tat ist in den Vereinigten Staaten der Begriff des tertiären Bildungssektors sehr viel weiter gefasst. Ausbildungen, die hierzulande an Berufsschulen oder an Technikerschulen stattfinden, werden dort dem tertiären Kernbildungssektor zugeschlagen. Es gibt in den USA ca. 3500 Einrichtungen des tertiären Bildungssektors, zu denen auch Colleges mit zweijähriger Ausbildung, technische und berufsbildende Colleges, Colleges für die Lehrerausbildung und Universitäten mit Angeboten für Studenten mit abgeschlossenem Studium und für die berufliche Weiterbildung gehören. Sie alle variieren erheblich in der Qualität ihres Studienangebotes, ein Umstand, der auch die dortige Akkreditierungspraxis vor erhebliche Anforderungen und Belastungen stellt. Mit dem Instrument der Akkreditierung wird die Einhaltung vorab definierter (Mindest-)Standards überprüft. Je diversifizierter ein Hochschulsystem ist, desto schwieriger erscheint es auch, die Studienangebote „über einen Kamm" zu scheren. Deutschland zeichnete sich in der Vergangenheit dadurch aus, dass zwischen den Einrichtungen desselben Hochschultypus keine entscheidenden Qualitätsunterschiede auszumachen und demzufolge kaum Korrelationen bezüglich der Wahl des Hochschulortes und des Ausbildungsstandes bzw. der Karrierechancen abzuleiten waren. Auf die Ursache wurde bereits hingewiesen: Seit vielen Jahrzehnten verhandelte die deutsche Kultusministerkonferenz (KMK) in Abstimmung mit der Hochschulrektorenkonferenz (HRK) in so genannten „Gemeinsamen Kommissionen" Rahmenprüfungsordnungen mit einheitlichen Ausbildungsinhalten und -strukturen für die einzelnen Fachkulturen auf einer nationalen Basis. Nachdem diese „GemKos" vor kurzem abgeschafft wurden und ein Wettbewerb Einzug in die deutsche Hochschullandschaft hielt, der die Hochschulen zur Profilbildung und zur Positionierung im Wettstreit mit nationalen und internationalen Bildungsanbietern zwingt, verliert dieses Argument an Kraft.

Die unterschiedliche Rolle der Akkreditierung für die Feststellung der Berufsfähigkeit

Nachdem der Staat in den USA weitgehend als Regulationsinstanz zurückgenommen ist, bedarf es der Akkreditierung zur Sicherstellung der Berufsqualifizierung. Eine Vielzahl der angesprochenen, auf bestimmte Fachrichtungen ausgerichteten Akkreditierungsagenturen sind aus der Notwendigkeit geboren worden, ein in der beruflichen Praxis gefordertes Mindestmaß an Qualitätsstandards sicherzustellen. Früh hat sich dort ein Prinzip etabliert, das sich bis zum heutigen Tag gehalten hat: Der große Einfluss der Fachgesellschaften und Berufsverbände auf die Qualitätssicherung des Studienangebotes. Da Studienprogramme im Allgemeinen weder von den Staaten lizenziert noch von institutionellen Akkreditierungsagenturen akkreditiert werden, ist deren Akkreditierung durch anerkannte fachspezifische Agenturen insbesondere mit Blick auf den Arbeitsmarkt und die spätere Akzeptanz der Absolventen in bestimmten Berufsfeldern von entscheidender Wichtigkeit. Dies wird nirgendwo deutlicher als im Bereich der Ingenieurwissenschaften, wo die Aufnahme einer Berufstätigkeit vielfach von der Aufnahme in ein Ingenieurregister abhängt, wofür wiederum mindestens das Absolvieren eines akkreditierten Studienganges und eine praktische Tätigkeit bestimmter Dauer nachgewiesen werden müssen. In Deutschland hingegen ist das erfolgreiche Bestehen des Studiums im Regelfall gleichbedeutend mit der Berechtigung zur Berufsausübung.

Das unterschiedliche Selbstverständnis des Hochschulpersonals in den USA und Deutschland mit seinen Konsequenzen für die Akzeptanz der Akkreditierung

In Deutschland haben nicht wenige Hochschullehrer massive Vorbehalte gegenüber den neuen Qualitätssicherungsinstrumenten. Die *grundsätzlichen* inhaltlichen Vorbehalte resultieren aus dem Umstand, dass die im Grundgesetz niedergelegte Freiheit von Forschung und Lehre für deutsche Professoren unantastbar ist und Interventionen in die eigene Lehr- und Forschungstätigkeit, von welcher Seite auch immer, auf massiven Widerstand treffen. Vor diesem Hintergrund erklärt es sich, dass eine Begutachtung (und sei es „nur" durch Fachkollegen, aber auch durch Repräsentanten der Wirtschaft, der Fachgesellschaften oder der Studierendenschaft) in der deutschen Professorenschaft ausgesprochen unpopulär ist. In der Vergangenheit kam als anerkanntes Instrument der Qualitätssicherung im Bereich der Forschung das Begutachtungsverfahren der Deutschen Forschungsgemeinschaft als Grundlage für die Vergabe staatlicher Forschungsmittel zum Einsatz. Im Bereich von Lehre und Studium jedoch betritt man Neuland. Eine Prüfung durch Fachgutachter aus dem eigenen Lehrgebiet wird nicht selten als Einmischung in die eigenen Angelegenheiten und überflüssige und bürokratische Prozedur wahrgenommen, die in erheblichem Umfang Zeit und Ressourcen in Anspruch nimmt, die Aktualität und Qualität der eigenen Lehrinhalte sowie die didaktischen Fähigkeiten auf den Prüfstand stellt und das Potential hat, sich zunehmend zu einem entscheidenden Parameter im Hinblick auf das eigene berufliche Fortkommen und Besoldungsfragen zu entwickeln.

In den USA hingegen sehen sich die Hochschullehrer mit anderen Rollenerwartungen konfrontiert, verstehen sie sich nolens volens zunächst als Dienstleister für ihre Kunden in Gestalt amerikanischer Studierender, die erhebliche Gebühren für ihre Ausbildung überweisen und im Gegenzug eine hervorragende Qualität des Studienprogramms einfordern, so dass ein systemimmanenter Druck zur ständigen Infragestellung existiert.

Die Bedeutung der Akkreditierung für die Verteilung von staatlichen Mitteln

In den USA spielt die Akkreditierung eine entscheidende Rolle bei der Zuteilung staatlicher Mittel. So tragen etwa die Mittel des so genannten Title IV Student Assistance Program des Higher Education Act von 1965 in bedeutendem Umfang zu den Hochschulhaushalten bei. Gewährt werden dieses Mittel allerdings nur, wenn die Hochschule von einer institutionellen Agentur akkreditiert worden ist und im so genannten „Federal Register" Aufnahme gefunden hat. Die Akkreditierung spielt auch eine Rolle bei der Verleihung der „state licensure" und der „degree-granting-licensure", die es privaten wie öffentlichen Hochschulen erlaubt, Studiengänge und anerkannte Abschlüsse anzubieten und entsprechende einzelstaatliche Finanzzuweisungen zu beantragen. In Deutschland wird dieser Gesichtspunkt in Zukunft mit Sicherheit ebenfalls eine verstärkte Rolle spielen.

Gemeinsamkeiten und Unterschiede in den Qualitätssicherungssystemen – Perspektiven und Ausblick

In den USA haben sich in der Vergangenheit zwei Kategorien von Akkreditierungsagenturen herauskristallisiert: Regionale, die für die Akkreditierung der Hochschulinstitutionen des tertiären Bildungssektors in einer Region zuständig sind, sowie fachlich ausgerichtete, die die Akkreditierung von Studiengängen in spezifischen Fachkulturen vornehmen. In Deutschland gibt es bislang fast ausschließlich fachlich orientierte Akkreditierungsagenturen. Die institutionelle Akkreditierung steckt noch in den Kinderschuhen, kommt aber langsam etwa in Bezug auf die Akkreditierung von Privaten Hochschulen (vgl. die Aktivitäten des Wissenschaftsrates) oder Berufsakademien zum Tragen.

Die Verfahrensabläufe und ihre Prinzipien orientieren sich am angelsächsisch-amerikanischen Vorbild. Dessen drei entscheidende Prinzipien – Selbstverwaltung, peer-review und Selbstevaluierung und -optimierung – bilden auch hierzulande das Rückgrat der Begutachtungen. Allerdings steht nach meiner Einschätzung im deutschen Modell der Kontrollgedanke noch im Vordergrund; auch wird das Instrument der Akkreditierung als Mittel zur Abgrenzung zwischen den Hochschultypen verwendet, während in den USA – nicht zuletzt aufgrund der längeren Erfahrung mit einem etablierten Instrumentarium – andere Ziele im Vordergrund stehen. Dieser Unterschied lässt sich auch an Hand der Kriterien nachvollziehen, die im Rahmen einer Akkreditierung zur Anwendung kommen. Während in Deutschland die Qualitätskriterien bislang sehr stark „inputlastig" ausfallen, dominieren in den USA die „output"-Kriterien. Im Mittelpunkt einer Begutachtung steht dort die Frage, ob eine Hochschuleinrichtung des tertiären Bildungssektors die selbst formulierten Ausbildungsziele mit den vorhandenen Ressourcen auch erreichen kann. Dieser Ansatz trägt der auch der angesprochenen hohen Varianz in Art und Güte des Bildungsangebotes Rechnung.

Mittel- und langfristig gibt es für die deutsche Bildungspolitik keine Alternative zur Akkreditierung mittels peer-review. In ihr vereinen sich zwei zentrale Zielsetzungen: Die partnerschaftliche Zusammenarbeit von Hochschulen und Wirtschaft/Fachgesellschaften in gemeinsamen Akkreditierungsverfahren und die Versicherung gegenüber den Mitgliedern des Bildungswesens, der Öffentlichkeit und den Behörden, dass die Hochschulen und die von ihnen angebotenen Studiengänge über ausreichende finanzielle, personelle und sonstige Kapazitäten und eine angemessene Ausbildungsqualität verfügen. Darüber hinaus wird in einer vernetzten globalisierten Wissenschafts- und Wirtschaftswelt der internationalen Vergleichbarkeit von Studienangeboten, ihrer Qualitätsbewertung nach wechselseitig akzeptierten Standards und dem Transfer von erworbenen Qualifikationen eine entscheidende Bedeutung zukommen.[7] Nicht zu übersehen ist schließlich, dass wir es mit einem immer stärker zunehmenden Wettbewerb von Studien- und Weiterbildungsangebote auf internationaler Ebene zu tun haben und sich der Akkreditierungsmarkt zu einem boomenden internationalen Markt entwickelt, bei dem es nicht zuletzt auch um gewichtige monetäre Interessen gehen wird.

Literaturverzeichnis

Altenmüller, Hartmut: Unter Erfolgsdruck, in: DUZ, 21.02.2003, 10-12.

Klemperer, Anne/von der Wende, Marijk/Witte, Johanna: The Introduction of Bachelor- and Master Programmes in German Higher Education Institutions – Survey, Twente University, Gütersloh 2002.

Myers, Richard/Frankel, Mary/Reed, Kathrine/Waugaman, Paul: Die Akkreditierung amerikanischer Hochschulen, hg. v. Bundesministerium für Bildung, Wissenschaft, Forschung und Technologie, Berlin 1998.

Richter, Roland: Akkreditierung auf amerikanische Art, in: DUZ, 13.09.2002, 28 ff.

---

7   In allen Regionen dieses Globus entstehen derzeit Akkreditierungs- und Evaluationsverbünde im Hochschulbereich, die sich untereinander vernetzen und zunehmend neben die bisher existierenden bi- und multilateralen vertraglichen Abmachungen zwischen einzelnen Staaten und Hochschulen treten. Prominentestes Beispiel für einen solchen Akkreditierungsverbund ist der seit 1989 existierende „Vertrag von Washington", in dem sich eine Reihe von Nationen (darunter auch die USA, Kanada, Australien, GB, Irland) die wechselseitige Gleichwertigkeit („substantial equivalency") ihrer Akkreditierungssysteme und der akkreditierten Studiengänge im Bereich der Ingenieurwissenschaften attestieren und dies zur Grundlage für die akademische und professionelle Mobilität von Studierenden bzw. Absolventen innerhalb der Signatarstaaten machen. Auch Deutschland wird über die Akkreditierungsagentur für Studiengänge der Ingenieurwissenschaften, Informatik, Naturwissenschaften und Mathematik in Kürze dem „Washington Accord" beitreten.

Hartmut Wasser

Versuch über das Wesen politischer Freundschaft.

Von der Beziehung zwischen John Adams und Thomas Jefferson

Dem Anlass dieses Symposiums, meiner Emeritierung, entsprechend, habe ich lange nach einem Thema gesucht, das ihm gerecht werden möchte, und zwar in mehrfacher Hinsicht. Es sollte von einiger Relevanz, einigem Interesse natürlich auch, für die an dieser Veranstaltung Teilnehmenden sein, Kollegen und Freunde aus frühen und späteren Tagen, ganz verschiedenen Wissenschaftsbereichen und Berufssphären zugehörig, und deshalb nicht mit allzu speziellen politikwissenschaftlichen Fragestellungen und Ausführungen zu konfrontieren. Es sollte die Möglichkeit der Danksagung an alle Mitwirkenden, Organisatoren, Sponsoren, Referenten und aus nah und fern zur Tagung Angereiste eröffnen, d.h. einen Inhalt transportieren, der dankbare und freundschaftliche Empfindungen vermitteln könnte. Und schließlich sollte das Thema etwas von meinen eigenen wissenschaftlichen Bemühungen und Interessen kundtun, von denen ich mir Begleitung in den „Ruhestand" genannten Lebensabschnitt erhoffe. Plötzlich fiel es mir wie Schuppen von den Augen: Über Freundschaft würde ich ein paar unvorgreifliche Reflexionen anstellen, über ein Thema also, das den erwähnten Erfordernissen und Bedürfnissen halbwegs gerecht zu werden vermöchte. Es würde die Aufmerksamkeit auch der nicht sozialwissenschaftlich geprägten Teilnehmer gewinnen, meiner Dankbarkeit Ausdruck verleihen und Einblicke in meine eigenen wissenschaftlichen Interessen, nämlich solche historisch-politischer Natur mit amerikanistischem Fokus, gewähren können, die aktiv zu befördern mir hoffentlich der Ruhestand ermöglichen wird.

Seit Jahren beschäftige ich mich mit der Generation der amerikanischen Gründerväter, ganz besonders mit Thomas Jefferson, dem dritten Präsidenten der USA; mein Literaturverzeichnis, im Anhang abgedruckt, weist die Früchte solch wissenschaftlichen Treibens aus. Augenblicklich fasziniert mich ganz besonders die eigenartige Beziehung zwischen dem „Weisen von Monticello" und seinem Mentor der Revolutionsjahre, Gegner der politischen Amtsjahre und (wieder erstandenen) Freund des Alters, John Adams, dem „Weisen von Quincy". Das Eintauchen in geschichtliche Fragestellungen und Zusammenhänge, diese persönliche Bemerkung möge man mir gestatten, verbindet mich übrigens mit zahlreichen älteren Kollegen, die sich, wenigstens partiell, aus der Tagesaktualität verabschieden und ihr Augenmerk auf die Historie richten, ohne dabei der benachbarten Disziplin ins Handwerk pfuschen zu wollen.

Man möge mir nachsehen, wenn ich die politischen Ereignisse und ideologischen Positionen der Jahrzehnte zwischen Unabhängigkeitserklärung 1776 und dem Ende der zweiten Präsidentschaftsperiode Thomas Jeffersons 1809 im Wesentlichen als bekannt voraussetze und im Übrigen auf zwei schöne und aufschlussreiche Publikationen verweise, in denen die eigentümliche Beziehung zwischen Adams und Jefferson aufs Anschaulichste Leben gewinnt, auf Merrill D. Petersons Studie „Adams and Jefferson. A

Revolutionary Dialogue" aus den späten 70er Jahren – Peterson, Thomas Jefferson Foundation Professor emeritus der University of Virginia, darf neben Dumas Malone als bester Kenner des „Weisen von Monticello" gelten – und auf das faszinierende Buch von Joseph J. Ellis, Ford Foundation Professor of History am Mount Holyoke College, „Founding Brothers. The Revolutionary Generation" aus dem Jahr 2000, das vor wenigen Wochen unter dem Titel „Sie schufen Amerika. Die Gründerväter von John Adams bis George Washington" auch auf Deutsch erschienen ist. Es bündelt zum Gruppenportrait zusammen, was von Ellis in zuvor publizierten Arbeiten etwa über John Adams („Passionate Sage") und Thomas Jefferson („American Sphinx") noch als Einzelgemälde gefertigt worden ist – das Schlusskapitel ist mit „The Friendship" überschrieben und zielt auf das merkwürdige Verhältnis zweier „Founding Brothers", nämlich eben dasjenige von John Adams und Thomas Jefferson.

Für die meisten ihrer Zeitgenossen galten die beiden als zwar sonderbares, aber letztlich unzertrennliches Paar. John Adams, ein untersetzter, fast etwas plump wirkender Mann, von Temperamentsausbrüchen heimgesucht; Thomas Jefferson groß, schlank, beherrscht, distanziert, in vielem ein rätselhafter Charakter. Sie hatten während der revolutionären Jahre zwischen 1774 und 1776 zusammen im Kontinentalkongress gedient und sich dabei – etwa bei der gemeinsamen Arbeit an der Unabhängigkeitserklärung – in hohem Maße schätzen gelernt. Für die anschließenden drei Jahrzehnte, in denen sie gleichzeitig und nacheinander ihre glänzenden politischen Karrieren durchliefen, entfernten sie sich freilich in ihren ideologischen Positionen ein gut Stück Wegs voneinander, „blickten sie", wie Adams formulierte, „durch die entgegengesetzten Enden des Fernrohrs auf die Welt". Adams galt zeitlebens als überzeugter „Federalist", diente acht Jahre lang als Vizepräsident unter George Washington, amtierte dann von 1796 bis 1800 für vier Jahre als Präsident der USA. Jefferson hatte nach einer Amtsperiode als „Secretary of State" in Washingtons erstem Kabinett mit den „Federalists" gebrochen, kandidierte und verlor 1796 als „Republikaner" (und damit als Gegner konsolidierter Macht) knapp gegen John Adams im Rennen um die Präsidentschaft, musste, einer Laune der frühen US-Verfassung preisgegeben, als Vizepräsident unter John Adams dienen, um in einem erbittert geführten neuen Wahlkampf im Jahre 1800 den wieder kandidierenden Präsidenten zu besiegen. In den heftigen politischen Kontroversen der 1790er Jahre blickten die beiden immer wieder von unterschiedlichen ideologischen Ecken aufeinander: ob es um Alexander Hamiltons Finanzpolitik oder um Amerikas Haltung gegenüber dem revolutionären Frankreich ging, ob der Jay-Vertrag mit Großbritannien oder das angemessene Verhältnis zwischen der Bundesgewalt und den Einzelstaaten zur Debatte standen. In fast allen politischen Fragen dieser Zeit nahmen Adams und Jefferson gegensätzliche Positionen ein, auch und vor allem während Jeffersons acht langen Präsidentschaftsjahren, die Adams von Quincy her grollend und von Sorge um seinen eigenen Nachruhm umgetrieben, mit kritischen Kommentaren begleitete.

Und doch hatte über alle Jahre und Kontroversen hinweg eine geheimnisvolle Affinität zwischen ihnen Bestand, die bloß unvollkommen nachzuvollziehen ist. Abigail Adams erzählte Freunden inmitten heftiger Gefühlsausbrüche ihres Mannes, Jefferson sei „der einzige Mensch, mit dem sich mein Lebensgefährte in völliger Freiheit und ohne jeden

Vorbehalt verbinden konnte." Dabei flossen durchaus harsche Worte aus Quincy. Gewiss, so Adams, seien sie beide einst enge Freunde gewesen, aber dann habe Jefferson „fast jeden Spitzbuben unterstützt und bezahlt, der mein Feind gewesen ist". Als Benjamin Rush, Revolutionär der ersten Stunde und renommierter Arzt in Philadelphia, an John Adams schrieb, er sei eben von einem Traum erwacht, in dem der „Weise von Monticello" und der „Weise von Quincy" wieder vereint gewesen seien, riet ihm Adams, „doch ein neuerliches Schläfchen zu machen und zu seiner [Adams'; H. W.] Instruktion und Erbauung vom Charakter Jeffersons und dessen Administration zu träumen [...]" – wobei er vorher zu sagen wage, dass dabei ein veritabler „Alptraum" zu erwarten sei. Nach menschlicher Voraussicht stand eine Erneuerung der frühen Freundschaft zwischen Thomas Jefferson, dem Sieger der „Revolution von 1800", und dem gewissermaßen in die innere Emigration getriebenen John Adams nicht zu erwarten; viel eher musste man mit lebenslanger Feindschaft rechnen, wenn man die Verbitterung des um seinen Ruhm fürchtenden Grantlers von Quincy in Rechnung stellte. Und doch geschah das Unerwartete, das Wundersame, wenngleich erst nach elf Jahren. Der erste Versuch, die zerbrochene Beziehung zu restaurieren, war 1804 gescheitert. Abigail Adams hatte dem Präsidenten zum Tod seiner jüngeren Tochter, Maria, kondoliert, Jefferson die Gelegenheit genutzt, einen Versöhnungsballon zu starten – der freilich platzte im gewissermaßen hinter dem Rücken von John Adams geführten Briefwechsel mit Abigail. Diese beendete den Austausch wechselseitiger Erklärungen nach einiger Zeit, weil die politischen Differenzen – über die gegensätzlich postulierten Gefährdungen der Republik vor und um 1800 herum – nicht zu überbrücken waren und sie Jeffersons (inzwischen freilich schon in Feindschaft umgeschlagene) Verbindung mit dem Schmierenjournalisten James Callender auch jetzt noch nicht verzeihen mochte. Nun aber, 1811, versuchten sich zwei den gealterten Streithähnen nahe stehenden „Gutwettermacher", der schon erwähnte Dr. Benjamin Rush und Edward Coles, Privatsekretär Präsident Madisons, Virginier und Freund Jeffersons, am Brückenschlag. Coles versicherte Adams bei einem Besuch in Quincy der ungeachtet aller früheren Meinungsverschiedenheiten anhaltenden Zuneigung des Herrn von Monticello, worauf der dort angesiedelte „Weise" einen veritablen Gefühlsausbruch durchlitt, der im Ausruf „Ich liebte Jefferson immer und liebe ihn noch" gipfelte. Kaum erreichte die Kunde von solchem Bekenntnis Monticello, als Jefferson seinerseits die Flagge der Versöhnung hisste, worauf Rush postwendend an Adams schrieb, er solle doch den Olivenzweig annehmen, „der ihm von der Hand eines Mannes" gereicht werde, „der Sie immer noch liebt". „Gemeinsame Arbeiter am großen Gebäude der amerikanischen Unabhängigkeit! [...] Umarmt, umarmt einander!" John Adams antwortete in humoriger Weise: Seine früheren Differenzen mit Jefferson – „all miserable frivolities"; er, Adams, habe auf formelle Rednerauftritte im Kongress gesetzt, Jefferson auf schriftliche Botschaften; er, Adams, habe sich mit einem einzigen Lever pro Woche begnügt, „Jeffersons ganze acht Jahre waren ein einziges Lever" (was freilich Jeffersons Amtsgebaren unfair karikierte); Jefferson (und Rush) hätten Freiheit und „straight hair" bevorzugt, er sei der Meinung gewesen, man müsse auch über politische Ordnungsfragen nachdenken, und gelocktes Haar sei ebenso republikanisch wie glattes; im Übrigen habe er Jefferson nie als Feind betrachtet, sondern „ihn immer als

Freund geliebt. Wenn ich je von ihm ein Unrecht empfangen – oder solches geargwöhnt – habe, habe ich dies schon vor langer Zeit vergeben." Im Übrigen, merkt er mit großer Lust an der Pointe an, sei Jefferson für ihn immer so etwas wie ein Sohn gewesen, und er erkühne sich zu der Behauptung, „er sei sein Lehrer in der Politik gewesen und habe ihm all dasjenige beigebracht, was in dessen politischem Tun und Lassen gut und gediegen gewesen sei".

Aber warum in Gottes Namen sollte er sich mit Jefferson brieflich austauschen? „Ich habe ihm nichts anderes zu sagen, als dass ich ihm eine leichte Reise gen Himmel wünsche, wenn er geht. Und er kann mir wohl nur zu sagen haben, mich diesbezüglich zu beeilen und bereit zu sein. Freilich mögen Zeit und Zufall, vielleicht sogar Absicht, binnen kurzem einen Briefaustausch zwischen uns zuwege bringen." Schon eine Woche später, am 1. Januar 1812, – das Datum war viel sagend –, schien diese Zeit für ihn gekommen, griff er zur Feder, übermittelte Grüße zum Jahreswechsel und kündigte eine Sendung mit „two pieces of homespun" aus seiner Region an. Dass Jefferson die Botschaft verkannte, hatte nachvollziehbare Gründe, die im Embargo europäischer Waren wurzelten; jedenfalls antwortete er prompt, und wie so oft vom Persönlichen ins Allgemeine rutschend, mit einem Essay über heimische Erzeugnisse, um kurz darauf zu entdecken, dass es sich bei dem „homespun" um die beiden Bände „Lectures on Rhetoric and Oratory" von John Quincy Adams, dem Sohn des „Weisen von Quincy", handelte: Ein Missverständnis stand am Beginn der neuen Kontaktaufnahme.

Aber das Eis war gebrochen. Vierzehn Jahre lang, von 1812 bis 1826, floss von jetzt an ohne nennenswerte Unterbrechung die Korrespondenz zwischen Quincy und Monticello hin und her, bis beide Briefschreiber 1826 zum Tode bereit waren: ein zutiefst berührendes Exempel, das vom Sieg der Freundschaft über den Geist der Parteilichkeit kündet und das Bewusstsein der ganzen Nation für die symbolische Kraft des amerikanischen Geschehens seit 1776 schärft. Beide Männer betrachten den weit gespannten, Vergangenheit, Gegenwart und Zukunft umfassenden, Geschichte, Politik, Philosophie und andere Wissenschaften berührenden Meinungsaustausch als Vermächtnis an ihr Volk – ihre Briefe sind zur späteren Veröffentlichung bestimmt, auch dort, wo sie sehr Persönliches anklingen lassen. Dabei ist Adams die treibende Kraft, der mindestens zwei, gelegentlich vier Briefe nach Monticello schickt (trotz fortschreitender Gicht in den Händen, die das Schreiben erschwert), wo Jefferson mit einem antwortet, und sich für sein Säumen mit der Sintflut der ihm aufgenötigten Korrespondenz entschuldigt, „der Last meines Lebens", die vor allem seine späten Jahre in Monticello so sehr beschwert, dass er des Öfteren ins mehrere Tagesreisen entfernte Poplar Forest flüchtet, um Abstand zu gewinnen, um mit sich selbst ins Reine zu kommen. Als er dem Partner von der Flut der jährlich bis zu 1200 Briefen berichtet, die Antwort heischten, antwortet ihm der, er selbst erhalte weit weniger, beantworte auch die meisten nicht, weshalb er seine diesbezüglichen Energien ganz und gar auf Monticello konzentrieren könne.

Politische Kontroversen existieren weiter, tauchen zuweilen zwischen den Zeilen und sehr gelegentlich auch direkt in den Briefen, vor allem jenen von Adams, auf: Sie umfassen geschichtsphilosophische Gegensätze, die sich in unterschiedlichen Interpretationen von Ursprung, Bedeutung und künftiger Entwicklung der „Amerikanischen Revolution" oder, ganz zentral, in unterschiedlichen Bewertungen der Französischen Revolution, ihres geleugneten oder akzeptierten Zusammenhangs mit 1776, ihrer Auswirkungen, der Gründe ihres Scheiterns und anderem mehr manifestieren. Sie handeln von der richtigen, naturgewollten oder politisch veränderbaren, Gesellschaftsordnung, wobei John Adams auch das Institut der Sklaverei anspricht – und in Monticello auf eine Mauer des Schweigens stößt. Sie kreisen um die Frage, ob die politische Ordnung der USA stärker durch Zentralismus oder Partikularismus bedroht sei – und konkretisieren sich in Differenzen über die Zulässigkeit der Sklaverei im „Missouri Territory", eine national zu entscheidende Frage, so Adams, eine regionale Angelegenheit, so Jefferson, der für den Fall um den Bestand der Union fürchtete, dass der US-Kongress von oben oder außen her das Missouri-Problem regulierte. Aber beide Autoren suchen diese politischen Kontroversen doch nach Kräften zu umgehen, geben sich diplomatisch – vor allem Jefferson vermeidet es, wenn irgend möglich, dem Älteren zu widersprechen und bevorzugt im Diskurs philosophische, religiöse und wissenschaftliche Themen. „Wohin will mich greisenhafte Geschwätzigkeit führen?", fragt er rhetorisch den Freund in Quincy, und gibt selbst die Antwort: „In die Politik, die ich doch hinter mir gelassen habe. Ich halte wenig von ihr und spreche noch weniger von ihr. Ich habe Zeitungen zugunsten von Tacitus und Thukydides, von Newton und Euklid beiseite gelegt; und ich finde mich dabei glücklicher." Sorgfältig arrangieren die beiden „Weisen" ihre Worte, sorgfältig komponieren sie ihre Gedanken – als spürten sie die Fragilität ihrer wieder entdeckten Freundschaft. Wenn sich feindliche Stimmen artikulierten, die (vergangene) üble Nachrede zwischen Adams und Jefferson um politischer Zwecke willen aufwärmten, versicherten die ehemaligen Rivalen umgehend, sich daraus nichts (mehr) zu machen: An ihrer Entschlossenheit, ihr Leben in Freundschaft zu beschließen, ließen sie nicht rütteln.

„Seien Sie versichert, mein lieber Herr", schreibt Jefferson bei einer solchen Gelegenheit, „dass ich ganz und gar unfähig bin, auch nur die geringste Irritation aus dem gerade unternommenen Bemühen zu beziehen [die Rede ist von 1823 veröffentlichten Briefen, die Adams um 1800 herum mit bitteren Invektiven gegen Jefferson geschrieben hatte, H. W.], Dornen auf das Kissen des Alters, des Ansehens und der Weisheit zu streuen und Unkraut zu säen zwischen Freunden, die fast ein halbes Jahrhundert lang eben solche gewesen sind. Ich ersuche Sie, Ihren Geist nicht durch diesen bösartigen Versuch beunruhigen zu lassen, seinen Frieden zu vergiften […]." John Adams lässt den Brief am Frühstückstisch in Quincy verlesen und nennt ihn „den besten Brief, der je geschrieben ward […], ein Brief, wie ich ihn erwartet habe, nur unendlich besser formuliert." Die ganze Affäre vertiefe nur ihre Freundschaft, lässt er den Briefpartner in Monticello wissen und signiert sein Schreiben mit den Initialen J. A. und der Bemerkung, „im 89. Jahr seines Lebens immer noch zu beleibt, um noch länger zu überdauern!"

Als sich der 50. Jahrestag der Unabhängigkeitserklärung näherte – die Rede ist vom Jahr 1826 –, wurden Adams und Jefferson, die noch lebenden Hauptakteure der amerikanischen Revolution, mit Bitten überhäuft, an den allerorten geplanten Feierlichkeiten teilzunehmen. Beide lehnten mit Verweis auf ihr Alter und ihre schlechte Gesundheit ab, äußerten ihr Bedauern – und bereiteten schriftliche Verlautbarungen vor, beredte Erklärungen ihres letzten Willens gewissermaßen, die auf den Festversammlungen zu Gehör gebracht würden. John Adams, der seit seinem Rückzug in das Privatleben nicht müde geworden war, die historische Bedeutung der Unabhängigkeitserklärung zum bloß ornamentalen Beiwerk der wirklichen „Amerikanischen Revolution" zu verkleinern, die sich im Übrigen in Qualität und Dauerhaftigkeit erst noch beweisen müsse, konnte jetzt, da die jährliche Feier des 4. Juli zum allseits vollzogenen Ritual seiner Landsleute geworden war, sein Missfallen an der vermeintlich unberechtigten Übertreibung des Dokuments nur in verhüllter Form bekunden, erklärte aber apodiktisch, die endgültige Bedeutung der „Amerikanischen Revolution" stehe noch nicht fest. Gewiss sei die revolutionäre Ära „eine erinnerungswürdige Epoche in den Annalen der menschlichen Rasse"; aber Amerikas künftiger Entwicklung erst sei es auferlegt, „die hellste oder dunkelste Episode zu formen, je nach Gebrauch oder Missbrauch der politischen Institutionen [...]". Die Nachwelt würde über die definitive Bedeutung des revolutionären Geschehens entscheiden, weitere Herausforderungen stünden an – und Adams hatte nie ein Hehl aus seiner Überzeugung gemacht, dass allzu viel Demokratisierung und allzu prononcierter Föderalismus das kunstvolle Gebäude des gewaltenteiligen Regierungssystems der USA irreparabel beschädigen könnte – und dass in jedem Fall auf eine saubere Scheidelinie zur Französischen Revolution, diesem „Unglück der Menschheit", zu achten sei.

Inzwischen verfasste auch der andere Patriarch, der Herr von Monticello, mit großer Sorgfalt seinen, wie er wusste, letzten Beitrag, der auf das öffentliche Verständnis dessen, was die „Amerikanische Revolution" bedeutet hatte, ebenso dringlich einwirken wollte. Zutiefst bedauere er sein krankheitsbedingtes Fernbleiben von den Feierlichkeiten in Washington und „dem kleinen Kreis, Rest jener Schar verdienstvoller Persönlichkeiten, die mit uns an jenem Tag die kühne und bedenkliche Wahl zwischen Unterwerfung und dem Schwert" getroffen hätten; und machte umgehend und unmissverständlich klar, welche Geschichtsträchtigkeit die Entscheidung für das Schwert mit sich führte, nämlich Signal zu sein „für die ganze Welt (für einige Teile früher, für andere später, aber zuguterletzt eben für ihre Gesamtheit)", Signal für die Menschen allerorten, „ihre Ketten zu zerbrechen, mit denen sie sich, überredet von klerikaler Ignoranz und Aberglauben, selbst gebunden haben, und dann Segen und Sicherheit der Selbstregierung zu erringen [...]. Alle Augen sind heute für die Menschenrechte geöffnet [...]", für die unbestreitbare Wahrheit, „dass die Masse der Menschen nicht mit Sattelzeug auf dem Rücken geboren ist und wenige Begünstigte mit Stiefeln und Sporen, um auf ihr rechtmäßig und mit dem Beifall Gottes zu reiten. Solche Einsichten eröffnen begründete Hoffnungen für alle Menschen."

Optimismus und Zukunftsgläubigkeit in Monticello, jedenfalls was diese Botschaft anbelangt (sie stehen in krassem Widerspruch zu den dunklen Schatten, welche die letzten Lebensjahre Jeffersons in Monticello verdüsterten). Das globale Modell des „self government" war auf einen guten Weg gebracht; Amerika hatte die Vorreiterrolle übernommen und die Eröffnungsfanfare zum weltweiten Kampf der Befreiung von jedweder Form der Unterdrückung geblasen; der Sieg war vorherbestimmt. Skepsis eher in Quincy, wo Adams die Zerbrechlichkeit des amerikanischen Herrschaftsmodells betonte, wo er Realismus und Rationalität anmahnte, um das nationale Überleben

zu sichern, wo er global dachte eher mit Blick auf das Scheitern geschichtlich be-
kannter Republiken als im Imaginieren menschlichen Fortschritts in naher und fernerer
Zukunft.

Nein, eine völlige Übereinstimmung in allen diesseitigen und jenseitigen Fragen hat
sich zwischen den beiden Gründervätern und Philosophen nicht einstellen wollen; ob
sich Adams' Forderung an Jefferson „Sie und ich sollten nicht sterben, bevor wir uns
einander erklärt haben" aus dem Wunsch nach totaler Harmonie erklärt? Sie tritt jedenfalls in dem Augenblick ein, wo es an das gemeinsame Sterben geht. Thomas Jefferson, seit Monaten schwer krank, verliert am 3. Juli 1826 das Bewusstsein und
kommt nur noch für Sekunden zu sich. Sein Arzt berichtet, die letzten Worte des Ster-
benden seien am Abend dieses Tages zu vernehmen gewesen – „Ist es der Vierte",
worauf er ihm geantwortet habe, „er wird bald anbrechen". Vor Mitternacht noch
richteten die versammelten Familienmitglieder die Bitte an Gott, das Leben des Patriarchen um ein paar Minuten zu verlängern. Gott hat das Gebet erhört und den Tod erst
am 4. Juli um ein Uhr mittags eintreten lassen.

In Quincy war an diesem geschichtsträchtigen Tag der einundneunzigjährige John
Adams zu gewohnt früher Stunde erwacht, aufgestanden und hatte sich in seinen
Lieblingssessel im Studierzimmer führen lassen. Am späteren Vormittag erlitt er einen
Schwächeanfall und Familienmitglieder brachten ihn in sein Bett zurück. Er stürzte
fast im gleichen Augenblick in den Abgrund der Bewusstlosigkeit, als Jefferson starb.
Das Ende kam am späten Nachmittag, nachdem er kurz zuvor noch einmal zu sich ge-
kommen war, sein Wissen um den nahen Tod kundgetan und mit letzter Kraft die
Worte gesprochen hatte: „Thomas Jefferson ist noch am Leben!" Hoffnungsfrohe Erinnerung, feinsinnige Ironie schwingen in dieser berühmten und doch irrenden Sentenz
mit – und wie viel ließe sich sagen über die ikonographische Bedeutung dieses „Ereig-
nisses göttlicher Vorsehung" (so die Zeitgenossen) für die Deutung und den weiteren
Fortgang der amerikanischen Geschichte.

Lassen Sie uns ein wenig angerührt von der politischen Freundschaft zweier Großer
schließen, ein wenig angerührt vom Exempel geistiger Kommunikation, die Jahrzehnte
überdauert und keines physischen Kontaktes bedarf, vom Triumph des Willens über
offenkundige Divergenzen im persönlichen Temperament, intellektuellen Stil und
weltanschaulichen Gestimmtsein. Viele Faktoren haben diese politische Freundschaft
ermöglicht, machen vielleicht ganz generell Freundschaft möglich. Dazu gehört die
Bereitschaft, auch dort, wo sich unterschiedliche, ja gegensätzliche Auffassungen
austauschen, eher das Verbindende als das Trennende zu betonen. Der „Weise von
Monticello" darf als Meister solcher Disposition gelten, der große Stücke auf Benjamin Franklins Diktum hielt, man solle niemandem widersprechen; Billigung oder
Missbilligung einer Position hat er durch unterschiedliche Grade von Zustimmung
ausgedrückt. Dem (politischen) Freund nur Gutes unterstellen – beide Patriarchen be-
folgen diese Regel. „Dass Sie und ich in unseren Vorstellungen von der besten Herr-
schaftsform differieren, ist uns beiden wohl bewusst; aber wir tun dies in einer Weise,
wie es Freunden geziemt, zollen der Reinheit unserer Motive alle Achtung und be-
grenzen den Austausch unserer Meinungsverschiedenheiten auf die private Konversa-
tion", schreibt Jefferson nach Quincy – und empfängt von dort lebhafte Zustimmung.

Zuhören können gehört zum Wesen von Freundschaft und Empathie, Interesse für die Absichten, Hoffnungen, Sorgen und Nöte des anderen: Thomas Jefferson beklagt sich nie, dass der ferne Freund in seinen Briefen vom Hundertsten ins Tausendste abgleitet, setzt sich geduldig auch mit solchen Meinungen und Fragen des Briefpartners auseinander, die ihn eigentlich wenig berühren oder zu denen er wenig zu sagen hat; nur selten, Gipfel der Missbilligung oder des Unverständnisses, negiert er sie einfach. Zuhören können impliziert Opferbereitschaft; für den rastlos tätigen Herren von Monticello vor allem bedeutet der kontinuierliche Briefwechsel nicht bloß Bereicherung, sondern auch Belastung, der er sich aber um der Freundschaftspflege willen vorbehaltlos unterzieht.

Matthias Claudius handelt in einem knappen Traktat „Von der Freundschaft" und stellt Regeln für diese spezifische Verbindung zweier Menschen auf, die ganz und gar freiwillig eingegangen wird, anders als dies bei Berufs-, Familien-, ja vielleicht Geschlechterbeziehungen der Fall ist. „Hat Dein Freund an sich, das nicht taugt", so schreibt er da, „so musst Du ihm das nicht verhalten und es nicht entschuldigen gegen ihn. Aber gegen den dritten Mann musst Du es verhalten und entschuldigen. Mache nicht schnell jemand Deinen Freund, ist er's aber einmal, so muss er's gegen den dritten Mann mit allen seinen Fehlern sein. Etwas Sinnlichkeit und Parteilichkeit für den Freund scheint mir zur Freundschaft in dieser Welt zu gehören." John Adams und Thomas Jefferson haben sich dieser Vision nach Kräften angenähert in den späten Jahren ihrer Geistesfreundschaft – und haben um die Wahrheit gewusst, dass sie der Pflege bedarf, wenn sie Früchte tragen soll. Sie haben bewiesen, dass Freundschaft auch zwischen Politikern aus unterschiedlichen Lagern möglich ist, selbst wenn sie Krisen durchleiden muss, die das zuweilen „garstig Lied" der Politik verursacht.

Wie meilenweit sind die beiden entfernt von den ominösen „Männerfreundschaften" zwischen Politikern unserer Tage, die bloß so lange halten, wie der eine sich dem anderen unterwirft, der eine dem anderen in seinem Fortkommen nützt. Wie sternenfern für unsere Gegenwart die Lust am Privaten dort und damals, wie neurotisch der Trieb zur Öffentlichkeit hier und heute, wo sich nicht bloß die Politik, sondern auch die intellektuelle Auseinandersetzung den Regeln der Mediengesellschaft fügt: Günter Grass kündigt Oskar Lafontaine über ein Interview seine Freundschaft auf, Peter Sloterdijk bricht im offenen Brief mit Jürgen Habermas, Frank Schirrmacher benachrichtigt den Schriftsteller Martin Walser in einem „offenen Brief", die Frankfurter Allgemeine Zeitung lehne den Vorabdruck von dessen jüngstem Opus ab – und rezensiert es gleichsam mit Hinweis auf dessen antisemitische Tendenzen, ehe es überhaupt erschienen ist – öffentlicher Diskurs in allem Freimut nennt sich ebenso frech wie plump ein Verhaltensmuster, das alles Inwendige nach außen kehrt, das Übereinander- statt das Miteinanderreden lehrt und alles Private, Intime als vordemokratisch und vormodern diffamiert – damit aber auch dem überkommenen Wesen der Freundschaft, auch in ihrer politischen Erscheinungsform, ein Ende setzt. Wir dürfen gespannt sein, ob eine neue Zeit neue Freundschaftsmuster hervorbringen wird; und dürfen füglich bezweifeln, dass deren Substanz und Tiefe die Vorbildhaftigkeit erreichen wird, die den Umgang der beiden „Weisen" miteinander ausgezeichnet hat.

Schriftenverzeichnis von Hartmut Wasser
1962 – 2004

I   Buchpublikationen und Broschüren

II   Buchbeiträge

III   Zeitschriftenaufsätze

IV   Kleinere Beiträge in Zeitungen und Zeitschriften

V   Rezensionen

VI   Ausgewählte Rezensionen zu Publikationen von H. Wasser

Vorbemerkung:
Die amerikanistischen Publikationen sind im Folgenden kursiv gesetzt.

I   Buchpublikationen und Broschüren

1)   Die politischen Parteien, Matthiesen-Verlag, Lübeck 1966, 61 S. (Reihe: Aus der Arbeit der Schule; didaktische Handreichung für Lehrer der Sekundarstufe I und II).

2)   Politische Bildung am Gymnasium. Problematik und Praxis, Matthiesen-Verlag, Lübeck, 1967, 114 S. (Bestandsaufnahme der politischen Bildungskonzeptionen in der Bundesrepublik Deutschland; Versuch einer Systematik eines gemeinschaftskundlichen Lehrganges für die Oberstufe des Gymnasiums).

3)   Parteiwesen und parlamentarische Demokratie. Bemerkungen zur Stabilität des Bonner Regierungssystems, Verlag f. wiss. Literatur, Heusenstamm 1970, 76 S. (Fachwiss. Untersuchung und Analyse des Zusammenhangs zwischen Stabilität oder Instabilität eines Regierungssystems und dem Parteiensystem eines Landes).

4)   Interessenverbände in der Bundesrepublik Deutschland, Informationen zur politischen Bildung H. 145, hg. v. d. Bundeszentrale für politische Bildung, 2. erg. Aufl., Bonn 1974, 24 S. (Fachwiss. Darstellung des Gegenstandes „Interessenverbände" und didaktisches Modell für die unterrichtliche Behandlung).

5)   Wehrdienst und Zivildienst. Ein Arbeitsbuch für den Politikunterricht, Schöningh-Verlag, Paderborn, 2. überarb. Aufl. 1976, 70 S. (Reihe: Schöninghs Unterrichtswerk zur politischen Bildung).

6) Einführung in die Politikwissenschaft, 3 Hefte: Mensch, Gesellschaft, Staat, 68 S.; Politische Willensbildungs- und Herrschaftsprozesse, 64 S.; Politische Ordnungsmodelle der Gegenwart, 100 S. (gem. mit B. Heckel), AKAD-Verlag, Zürich 1973 (Lehrhefte für Abiturientenanwärter der Akademiker-Gesellschaft).

7) Deutschland deine Legenden. Berichtigungen zur deutschen Geschichte von Bismarck bis Brandt, gem. mit Gerhart Binder, Deutsche Verlagsanstalt, Stuttgart 1974, 317 S. (Konzeption und die Mehrzahl der Kapitel von H. Wasser, einzelne Abschnitte geschrieben von G. Binder. Die jeweiligen Beiträge sind namentlich gekennzeichnet im Inhaltsverzeichnis).

8) Parlamentarismus-Kritik vom Kaiserreich zur Bundesrepublik. Analyse und Dokumentation, Frommann-Holzboog-Verlag, Stuttgart 1974, 197 S. (Analyse der linken, rechten und systemkonformen Parlamentarismus-Kritik seit 1871; ausführliche Dokumentation).

9) Demokratie als staatliches Ordnungsprinzip. Alternative Demokratiekonzeptionen, Klett-Verlag, Stuttgart 1976, 117 S. (Reihe: Quellen- und Arbeitshefte zur Geschichte und Gemeinschaftskunde).

10) Demokratisierung als Herrschafts- und Gesellschaftsprozeß, Klett-Verlag, Stuttgart 1976, 125 S. (Reihe: Quellen- und Arbeitshefte zur Geschichte und Gemeinschaftskunde).

11) Weimar und Bonn. Ein Strukturvergleich, Klett-Verlag, Stuttgart 1980, 128 S. (Reihe: Quellen- und Arbeitshefte zur Geschichte und Gemeinschaftskunde).

12) Das parlamentarische Regierungssystem der Bundesrepublik Deutschland, Klett-Verlag, Stuttgart 1980, 120 S. (Reihe: Quellen- und Arbeitshefte zur Geschichte und Gemeinschaftskunde).

13) *Die Vereinigten Staaten von Amerika. Porträt einer Weltmacht. Deutsche Verlagsanstalt, Stuttgart, 2. Aufl. 1982, 592 S; als Ullstein-TB 1984.*

14) *Die USA – der unbekannte Partner. Materialien und Dokumente zur politisch-sozialen Ordnung der Vereinigten Staaten von Amerika, Schöningh-Verlag, Paderborn 1983, 295 S.*

15) *Das politische System der USA. Informationen zur Politischen Bildung H. 199, hg. v. d. Bundeszentrale für politische Bildung, Bonn 1983 (überarb. Neuaufl. 1996).*

16) Wehr- und Zivildienst als Friedensdienst, Klett-Verlag, Stuttgart 1985, 96 S. (Reihe: Tempora. Quellen zur Geschichte und Politik).

17) *Die Ära Reagan. Eine erste Bilanz, Klett-Cotta, Stuttgart 1988, 260 S. (Hg. und Autor mehrerer Beiträge).*

18) *Thomas Jefferson: Betrachtungen über den Staat Virginia, Manesse-Verlag, Stuttgart/Zürich 1989, 495 S. (Hg. und Autor des einführenden Essays).*

19) *USA. Wirtschaft. Gesellschaft. Politik (Reihe Grundwissen Länderkunde), Leske und Budrich, 4. erw. und aktualis. Aufl., Opladen 2000, 478 S. (Hg. und Autor mehrerer Beiträge).*

20) Deutschland in der internationalen Politik, Weingartener Hochschulschriften Nr. 16, Weingarten 1992, 165 S. (Hg. und Autor eines Beitrags).

21) Europa in den neunziger Jahren. Visionen und Realitäten, Weingartener Hochschulschriften Nr. 21, Weingarten 1994, 159 S. (Hg. und Autor eines Beitrags).

22) *Thomas Jefferson. Historische Bedeutung und politische Aktualität, Schöningh-Verlag, Paderborn 1995, 261 S. (Hg. und Autor mehrerer Beiträge).*

23) *Krisenphänomene westlicher Demokratien in den neunziger Jahren, Weingartener Hochschulschriften Nr. 24, Weingarten 1996, 191 S. (Hg. und Autor eines Beitrags).*

24) *Amerika, Europa, Rußland. Herausforderungen für die deutschen Außenpolitik, Weingarten 1996, 59 S. (Hg. und Autor eines Beitrags).*

25) Gemeinsinn und Bürgerpartizipation: Wunsch oder Wirklichkeit?, Weingartener Hochschulschriften Nr. 27, Weingarten 1998, 190 S. (Hg. und Autor eines Beitrags).

26) 50 Jahre Grundgesetz. Historisch-politische Betrachtungen zur Verfassung der Bundesrepublik Deutschland, Weingartener Hochschulschriften Nr. 29, Weingarten 1999, 117 S. (Hg. und Autor eines Beitrags).

26) Kommunitarismus und Politische Bildung. Handreichungen, Verlag Dr. Kovac, Hamburg 2001 (Politica-Schriftenreihe zur politischen Wissenschaft, Bd. 44), 298 S. (Hg. und Autor, gemeinsam mit Anton Hauler und Stephanie Schick).

27) *Die große Vision. Thomas Jefferson, die Lewis-Clark-Expedition und der amerikanische Westen, Opladen 2004 (i.E.).*

II Buchbeiträge

1) Parlamentarismus oder Rätesystem. Zur Problematik zweier politischer Ordnungsmodelle, in: Miscellanea in honorem Hellmut Kämpf, Weingarten 1971, 15 S.

2) *Wahlkampffinanzierung in den USA. Die Reformgesetzgebung der siebziger Jahre, in: USA, hg. v. Hans-Georg Wehling, Kohlhammer TB 1053, Stuttgart 1980, 18 S.*

3) Um mehr Gelassenheit in Deutschland bittend, in: Communicatio enim Amicitia. Freundesgabe für Ulrich Hötzer, Freiburg 1983, 8 S. (Weingartener Hochschulschriften Nr. 2).

4) *Die USA in der Ära der nationalen Erneuerung unter Ronald Reagan, in: Die Internationale Politik 1981/82, hg. v. d. Deutschen Gesellschaft für Auswärtige Politik e.V., München 1984, 20 S.*

5) *Deutsche und Amerikaner – Verwandte speziellen Grades? Ein Exkurs über das Verhältnis beider Staaten, in: Europa und Amerika. Ende einer Ära, Der Monat NF 290, hg. v. M. Lasky/H. Hegewisch, Weinheim/Basel 1984, 13 S.*

6) *Die Bundesrepublik, Westeuropa und die Vereinigten Staaten. Perspektiven transatlantischer Kooperation, in: Westeuropa und die USA. Gemeinsamkeiten, Unterschiede, Perspektiven, hg. v. d. Bundeszentrale für politische Bildung, Bonn 1988 (Schriftenreihe Bd. 266), 10 S.*

7) Parteien und Verbände, in: Grundlagen unserer Demokratie, hg. v. d. Bundeszentrale für politische Bildung, Bonn 1988 (Schriftenreihe Bd. 270), 49 S.

8) *Anthropologische Axiome und politische Ordnungsvorstellungen. Anmerkungen zum Menschen- und Herrschaftsbild der „Federalists", in: Unruhe ist die erste Bürgerpflicht. Politik und Politikvermittlung in den 80er Jahren, hg. v. Irma Hanke/Hannemor Keidel, Nomos-Verlagsgesellschaft, Baden-Baden 1988, 14 S.*

9) *Zum Phänomen der Mediokrität im Weißen Haus: Warum „große Männer" nur selten zu Präsidenten der USA gewählt werden, in: Liberale Demokratie in Europa und den USA. Festschrift für Kurt L. Shell, hg. v. Franz Greß/Hans Vorländer, Frankfurt a.M. 1990, 18 S.*

10) *Politische Parteien in den USA, in: Länderbericht USA, Bd. I, Bonn 1992, hg. im Auftrag der Bundeszentrale für politische Bildung von Willi Paul Adams et al. (Schriftenreihe der Bundeszentrale Bd. 293/I), 20 S.*

11) *Wahlen in den USA, in: Länderbericht USA, Bd. I, Bonn 1992, hg. im Auftrag der Bundeszentrale für politische Bildung von W.P. Adams et al. (Schriftenreihe der Bundeszentrale Bd. 293/I), 23 S.*

12) *Die Verankerung Deutschlands in der westlichen Wertegemeinschaft in historischer und aktuell-politischer Perspektive, in: Deutschland in der internationalen Politik, Weingartener Hochschulschriften Nr. 16, Weingarten 1992, 32 S.*

13) *Die Grundpfeiler der amerikanischen Ideologie, in: Länderprofile. Politische Kulturen im In- und Ausland, hg. v. d. Landeszentrale für politische Bildung, Stuttgart 1993 (Kohlhammer TB 1110), 16 S.*

14) *Das Leitbild vom „Bürger" in den USA, in: Die schwierigen Bürger. Festschrift für Herbert Schneider, hg. v. Gerd Hepp/Siegfried Schiele/Uwe Uffelmann, Wochenschau Verlag, Schwalbach/Ts. 1994, 13 S.*

15) *Europa und die USA in den neunziger Jahren: Rivalen, Konkurrenten oder Partner?, in: Europa in den neunziger Jahren. Visionen und Realitäten, Weingartener Hochschulschriften Nr. 21, Weingarten 1994, 22 S.*

16) *Grundwerte der Demokratie in amerikanischer und europäischer Perspektive, in: Grundwerte der Demokratie im internationalen Vergleich, hg. v. d. Bundeszentrale für politische Bildung, Bonn 1994 (Schriftenreihe Bd. 328), 11 S.*

17) *Die Interessengruppen in den USA, in: Regierungssystem der USA, hg. v. Wolfgang Jäger/Wolfgang Welz, Oldenbourg Verlag, München/Wien 1995, 18 S.*

18) *Ein Atlantiker in Rheinland-Pfalz, in: Atlantische Texte, Band 1, hg. v. Werner Kremp/Gerd Mielke, Atlantische Akademie Rheinland-Pfalz 1996, 12 S.*

19) *Die atlantische politische Kultur im Spannungsfeld von Alter und Neuer Welt, in: Atlantische Texte, Band 6, hg. v. Werner Kremp/Gerd Mielke, Atlantische Akademie Rheinland-Pfalz, 1997, 16 S.*

20) *Politische Parteien und Wahlen, in: Länderbericht USA, 3. aktual. u. neu bearb. Aufl., hg. v. Willi Paul Adams/Peter Lösche, Schriftenreihe der Bundeszentrale für politische Bildung, Bd. 357, Bonn 1998, 35 S.*

21) *Erziehung und Demokratie in den USA. Bildungspolitische Modelle von den Gründervätern bis zur Gegenwart, in: Schule in der Bürgergesellschaft, hg. v. Gerd Hepp/Herbert Schneider, Wochenschau Verlag, Schwalbach/Ts. 1999, 13 S.*

22) *Modelle demokratischer Erziehung. Überlegungen zur Bildungsphilosophie amerikanischer Gründerväter, in: Transatlantik. Transfer von Politik, Wirtschaft und Kultur, hg. v. Sebastian Lorenz/Marcel Machill, Westdeutscher Verlag, Opladen/Wiesbaden 1999, 22 S.*

23) *Politik und Verantwortung. Anmerkungen zur politischen Ethik Thomas Jeffersons, in: Politik und Verantwortung. Festgabe für Wolfgang Jäger zum 60. Geburtstag, Freiburg i.Br. 2000, 10 S.*

24) *Dominanz oder Konvergenz? Der amerikanisch-europäische Zivilisationstransfer im zwanzigsten Jahrhundert, in: Weltweite Werte? Paradigmen des 21. Jahrhunderts, hg. v. Walter Schweidler, Bochum 2000 (Schriftenreihe der Universität Dortmund, Bd. 45), 21 S.*

25) *Dominanz oder Konvergenz? Der amerikanisch-europäische Zivilisationstransfer im zwanzigsten Jahrhundert, in: Werte im 21. Jahrhundert, hg. v. Walter Schweidler, Nomos, Baden-Baden 2001 (Schriftenreihe des Zentrums für Europäische Integrationsforschung Bd. 27), 18 S.*

III Zeitschriftenaufsätze

1) Zum Wandel der deutschen Parteienstruktur, in: Gesellschaft, Staat, Erziehung, 9. Jg., 1964, S. 388 ff. (8 S.).

2) Zur Behandlung der Parteien im Politikunterricht der Oberstufe, in: Geschichte in Wissenschaft und Unterricht, 16. Jg., 1965, S. 548 ff. (23 S.).

3) Israel, die arabische Welt und die Bundesrepublik, in: Schweizer Monatshefte, 46. Jg., 1966, S. 134 ff. (13 S.).

4) Alter und neuer Rechtsradikalismus, in: Die Politische Meinung, 11. Jg., 1966, H. 114, S. 5 ff. (5 S.).

5) Zur Renaissance des Rechtsradikalismus in der Bundesrepublik, in: Schweizer Monatshefte, 47. Jg., 1967, S. 30 ff. (14 S.).

6) Versailles, die Machtergreifung und der Ausbruch des Zweiten Weltkrieges, in: Tribüne, 7. Jg., 1968, H. 27, S. 2862 ff. (9 S.).

7) Interessenverbände im Politikunterricht, in: Gesellschaft, Staat, Erziehung, 13. Jg., 1968, S. 301 ff. (15 S.).

8) Zum Südtirol-Problem. Historische und aktuelle Aspekte, in: Schweizer Monatshefte, 48. Jg., 1969, S. 1084 ff. (12 S.).

9) Zukunftsentwürfe der Großen Koalition. Parteiprogramme für die siebziger Jahre, in: Zeitschrift für Politik, 16. Jg., 1969, S. 416 ff. (8 S.).

10) „Öffentliche Meinung" im Politikunterricht der Oberstufe, in: Gesellschaft, Staat, Erziehung, 16. Jg., 1971, S. 94 ff. (15 S.).

11) *Der Rassenkonflikt in den USA. Die amerikanische Gesellschaft vor der Bewährungsprobe, in: Der Bürger im Staat, 22. Jg., 1972, H. 3, S. 138 ff. (7 S.).*

12) Niedergang des Parlaments? Parlamentarismus-Kritik und historisch-politische Realität, in: Der Bürger im Staat, 26. Jg., 1976, H. 2, S. 83 ff. (6 S.).

13) *Die Deutschen und Amerika. Umrisse einer Beziehung, in: Aus Politik und Zeitgeschichte, B 26/1976, S. 3 ff. (12 S.).*

14) Argumentative Grundmuster linker und rechter Parlamentarismus-Kritik vom Kaiserreich zur Bundesrepublik, in: Geschichte in Wissenschaft und Unterricht, 28. Jg., 1977, S. 513 ff. (21 S.).

15) *Die Carter-Administration. Probleme einer Präsidentschaft, in: Aus Politik und Zeitgeschichte, B 13/1980, S. 3 ff. (26 S.).*

16) *Die USA im Spiegel der Präsidentschaftskandidaten von 1980, in: Der Bürger im Staat, 30. Jg., 1980, H. 3, S. 162 ff. (7 S.).*

17) *Das Bundesverfassungsgericht in Karlsruhe. Ein Vergleich mit dem Supreme Court in politikwissenschaftlicher und politikdidaktischer Absicht, in: Aus Politik und Zeitgeschichte, B 49/1980, S. 19 ff. (20 S.).*

18) *Vom Phänomen der Mediokrität in der amerikanischen Politik, in: Frankfurter Hefte, 36. Jg., 1981, H. 5, S. 23 ff. (8 S.).*

19) *Zur Krise des amerikanischen Parteiwesens, in: Zeitschrift für Politik, 29. Jg., 1982, H. 1, S. 50 ff. (15 S.).*

20) *Vom Stellenwert der repräsentativen und plebiszitären Komponente im politischen System der USA einst und jetzt, in: UNIVERSITAS, 37. Jg., 1982, H. 11, S. 1167 ff. (12 S.).*

21) *Aktuelle Legitimationsprobleme im Wandel der amerikanischen Demokratie, in: UNIVERSITAS, 37. Jg., 1982, H. 12, S. 1269 ff. (9 S.).*

22) Jalta: Legende ohne Ende, in: MERKUR, 36. Jg., 1982, H. 3, S. 321 ff. (5 S.).

23) *Gewaltenteilung als ständiges Ärgernis – Oder vom richtigen Umgang mit den Institutionen, in: Gegenwartskunde, 31. Jg., 1982, H. 4, S. 477 ff. (8 S.).*

24) Aktuelle Anmerkungen zur Misere politischer Bildung in der Bundesrepublik, in: Aus Politik und Zeitgeschichte, B 44/1982, S. 15 ff. (10 S.).

25) *Aktuelle Probleme der Machtbalance zwischen Kongreß und Präsidentschaft, in: UNIVERSITAS, 38. Jg., 1983, H. 10, S. 1067 ff. (8 S.).*

26) *Amerikanische Präsidentschaftswahlen einst und heute, in: UNIVERSITAS, 39. Jg., 1984, H. 5, S. 527 ff. (8 S.).*

27) *Präsidentschaft und Kongreß in der Ära Reagan, in: Aus Politik und Zeitgeschichte, B 43/1984, S. 14 ff. (11 S.).*

28) *Wirklichkeit im Zerrspiegel – das Bild der Deutschen von Amerika, in: UNIVER-SITAS, 40. Jg., 1985, H. 8, S. 893 ff. (8 S.).*

29) *Tocquevilles Amerika und die USA heute, in: UNIVERSITAS, 41. Jg., 1986, H. 4, S. 339 ff. (8 S.).*

30) *Anmerkungen zum Thema „USA" in der politischen Erwachsenenbildung, in: Lehren und Lernen. Zeitschrift des Landesinstituts für Erziehung und Unterricht Stuttgart, 14. Jg., 1988, H. 10, S. 81 ff. (12 S.).*

31) Pluralismus – Antipluralismus, in: Gegenwartskunde, 40. Jg., 1991, H. 3, S. 30 ff. (11 S.).

32) *Staatsbürgerliche Erziehung und Verfassungskult in den USA: Anmerkungen zum Bicentennial, in: Amerikastudien, 36. Jg., 1991, H. 3, S. 411 ff. (17 S.).*

33) *Der amerikanische Präsidentschaftswahlkampf 1992, in: Aus Politik und Zeitge-schichte, B 44/1992, S. 3 ff. (10 S.).*

34) *Kolumbus und die europäische Wahrnehmung der Neuen Welt, in: American Stu-dies Newsletter, No. 29, Januar 1993, S. III ff. (9 S.).*

35) *„Wir halten den Wolf an den Ohren.". Thomas Jefferson und das Institut der Sklaverei, in: Amerikastudien, 41. Jg., 1996, S. 33 ff. (16 S.).*

36) *Vom leichtfertigen Umgang mit der Reputation historischer Größen. Thomas Jeffersons „Liebesleben" im Spiegel der Gegenwart, in: Amerikastudien, 41. Jg., 1996, S. 112 ff. (7 S.).*

37) Befindlichkeit amerikanischer Politik im Präsidentschaftswahljahr 1996, in: Aus Politik und Zeitgeschichte, B 43/96, S. 3 ff. (11 S.).

38) George Washingtons „Abschiedsbotschaft" von 1796 oder von zweihundertjähri-gen Kontinuitäten amerikanischer Außenpolitik, in: SOWI. Sozialwissenschaftli-che Informationen, 26. Jg., 1997, S. 210 ff. (8 S.).

39) Vom „ersten" zum „zweiten" Parteiensystem: Die Entstehung des amerikani-schen Parteiwesens in der Frühzeit der USA, in: HISTORICUM. Zeitschrift für Geschichte, Herbst 1997, S. 14 ff. (5 S.).

40) „Jeder seines Glückes Schmied?" Von Gegenwart und Zukunft amerikanischer Sozialpolitik, in: UNIVERSITAS, 55. Jg., 2000, H. 643, S. 37 ff. (10 S.).

IV Kleinere Beiträge in Zeitungen und Zeitschriften

1) Von 1962 bis 1968 regelmäßige Beiträge in der Jugend- und Schulzeitschrift „Wir", hg. v. Verlag f. Wiss. Literatur, Heusenstamm.

Themen u.a.: Gastarbeiterproblem, Problem der Todesstrafe, Politischer Radika-lismus, Toleranz in der Demokratie, Amerikanische Geschichte im Spiegel des Wildwestfilms etc. Insgesamt ca. 20 kleinere Aufsätze.

2) Von 1962 bis 1968 regelmäßige kleinere Beiträge zu zeitgeschichtlichen und aktuellen politischen Fragen in der von der damaligen Arbeitsgemeinschaft „Bürger im Staat" (Vorläuferin der Landeszentrale für Politische Bildung) herausgegebenen Zeitschrift. Rund zehn kleinere Aufsätze.

3) Die Anfänge der Sozialdemokratie vor hundert Jahren, in: Süddeutscher Rundfunk, Schulfunk, 16. Jg., 1963, S. 443 ff.

4) Die USA werden zu einem Staat. Amerikanische Geschichte 1776-1787, in: Süddeutscher Rundfunk, Schulfunk, 17. Jg., 1964, S. 356 ff.

5) Die Bagdadbahn. Politisch-diplomatische Verwicklungen, in: Süddeutscher Rundfunk, Schulfunk, 17. Jg., 1964, S. 243 ff.

6) Der Große Kurfürst, in: Süddeutscher Rundfunk, Schulfunk, 19. Jg., 1966, S. 2 ff.

7) Interessenverbände und Parlament, in: Hessischer Rundfunk, Welt- und Sozialkunde, 27. Jg., 1972, S. 45 ff.

8) Gemeinschaftskunde – ein Sorgenkind, in: Stuttgarter Zeitung, 25. Juli 1963.

9) In Schulen verkommt politische Bildung zum Gemischtwarenladen, in: Stuttgarter Zeitung, 22. August 1981.

10) Amerika zelebriert den zweihundertsten Verfassungsgeburtstag, in: UNIVERSITAS, 42. Jg., 1987, H. 7, S. 743 ff. (2 S.).

11) Thomas Jefferson. Der Notar staatsbürgerlicher Freiheit und Demokratie, in: Das Parlament, 9./16. April 1993.

12) Ein Atlantiker auf Erkundungsfahrt durch das alte Europa, in: Stuttgarter Zeitung, 19. Juni 1993.

13) Der „Weise von Monticello" als Kinoheld, in: Süddeutsche Zeitung, 6. September 1995.

14) Seit 1982 bzw. 1986 ständiger Mitarbeiter der Auslandsredaktionen (Abteilung Nordamerika) des St. Galler Tagblatts, der Luzerner Neuesten Nachrichten, der Zürichsee-Zeitung, des Winterthurer Landboten und der Salzburger Neuesten Nachrichten.

V Rezensionen

1) Juden im deutschen Kulturbereich, v. S. Kaznelson, in: Stuttgarter Zeitung, 19. Dezember 1962.

2) Dalai Lama. Mein Leben und Mein Volk, in: Stuttgarter Zeitung, 4. Januar 1963.

3) Politik von Bismarck bis Kennedy, Sammelbesprechung mehrerer zeitgeschichtlicher und politischer Werke, u.a. v. Herbert v. Borch und A. J. P. Taylor, in: Stuttgarter Zeitung, 2. Juni 1962.

4) Neue Literatur zum Thema Nationalsozialismus, Sammelbesprechung, in: Stuttgarter Zeitung, 11. Mai 1963.

5) Entzauberte Revolutionäre, Sammelbesprechung neuerer Literatur zur kommunistischen Ideologie, in: Stuttgarter Zeitung, 11. Oktober 1963.

6) Das Dritte Reich in Text und Quellen v. A. Blase (Hg.), in: Stuttgarter Zeitung, 25. Oktober 1963.

7) Macht und Konsens als Problem der Innen- und Außenpolitik von Rudolf Wildenmann, in: Stuttgarter Zeitung, 2. Januar 1964.

8) Freiheit und Unfreiheit im Atomzeitalter von Ludwig Freund, in: Stuttgarter Zeitung, 1. Februar 1964.

9) Allgemeine Staatslehre von Herbert Krüger, in: Stuttgarter Zeitung, 9. Mai 1964.

10) Ludwig Quide und der demokratische Gedanke von U. Taube, in: Stuttgarter Zeitung, 11. März 1965.

11) Preußischer Liberalismus und Deutscher Nationalstaat von H. A. Winkler, in: Stuttgarter Zeitung, 16. Mai 1965.

12) 25 Jahre Bundesrepublik. Neue Literatur zum Verfassungsjubiläum, Sammelbesprechung, in: Technik und Wirtschaft im Unterricht, 3. Jg., 1975, H. 1.

13) Neue Schriften zum Thema Staat, Demokratie und Demokratisierung, Sammelbesprechung, in: Technik und Wirtschaft im Unterricht, 3. Jg., 1975, H. 1.

14) Wirtschaft und Rüstung im Zeichen des Nationalsozialismus, hg. v. Militärgeschichtl. Forschungsamt, in: Technik und Wirtschaft im Unterricht, 3. Jg., 1975, H. 3.

15) Neue Literatur zur Theorie der Internationalen Politik, Sammelbesprechung, in: Technik und Wirtschaft im Unterricht, 3. Jg., 1975, H. 3.

16) Reader zur Parlaments-, Parteien- und Verbandsgeschichte in Deutschland, Sammelbesprechung, in: Technik und Wirtschaft im Unterricht, 3. Jg., 1975, H. 4.

17) Unionsparteien, Sozialdemokratie und Vereinigte Staaten von Amerika 1945-1966 von Hans-Jürgen Grabbe, in: UNIVERSITAS, 38. Jg., 1983, H. 6, S. 655 ff.

18) Die USA in journalistischer Perspektive. Sammelbesprechung neuer USA-Literatur, in: UNIVERSITAS, 39. Jg., 1984, H. 2, S. 229 ff.

19) Neue Literatur zur Geschichte und Aktualität der deutsch-amerikanischen Beziehungen, in: Zeitschrift für Kulturaustausch, 35. Jg., 1985, H. 2, S. 262 ff.

20) Epochen der Völkerrechtsgeschichte von W. G. Grewe, in: UNIVERSITAS, 40. Jg., 1985, H. 10, S. 1172 ff.

21) 1987-1991 weitere Buchbesprechungen in UNIVERSITAS, AMERIKASTUDIEN, BÜRGER IM STAAT, Politische Vierteljahresschrift.

22) Die Federalist Papers. Hamilton-Madison-Jay, in: UNIVERSITAS, 49. Jg., 1994, H. 6, S. 606 ff.

23) Die amerikanischen Präsidenten. 41 historische Porträts von George Washington bis Bill Clinton, hg. v. J. Heideking, in: UNIVERSITAS, 51. Jg., 1996, H. 3, S. 292 ff.

24) Neue Publikationen zur amerikanischen Außenpolitik, von Z. Brzezinski und Ch. Hacke, in: UNIVERSITAS, 53. Jg., 1998, H. 2, S. 194 ff.

25) Mrs. President. Von Martha Washington bis Hillary Clinton. Neue Publikationen über die First Ladies der USA, in: UNIVERSITAS, 56. Jg., 2001, Nr. 657, S. 313 ff.

VI Ausgewählte Rezensionen zu Publikationen von H. Wasser

Die politischen Parteien (1966)

1) Der Bürger im Staat, 16. Jg., 1966, H. 3.

2) Gesellschaft, Staat, Erziehung, 13. Jg., 1968, H. 3.

Politische Bildung am Gymnasium (1967)

1) Der Bürger im Staat, 18. Jg., 1968, H. 4.

2) Gegenwartskunde, 17. Jg., 1968, H. 2.

3) Stuttgarter Zeitung.

Parlamentarismus-Kritik vom Kaiserreich zur Bundesrepublik (1974)

1) Stuttgarter Zeitung vom 20. Juni 1975.

2) Das Parlament vom 6. September 1975.

3) Das Historisch-Politische Buch, 23. Jg., 1975, H. 8.

4) Buchanzeiger für öffentl. Bibliotheken, 1975, H. 6.

5) Zs. für Parlamentsfragen, 7. Jg., 1976, H. 2.

6) Deutschlandfunk am 17. November 1977.

7) Liberal, 1978, H. 1.

Deutschland deine Legenden (1974)

1) Frankfurter Allgemeine Zeitung.

2) Hessischer Rundfunk, 15. Oktober 1974, Buchbesprechung Franz Herre.

3) Freiheit und Recht, Wuppertal, 11. Dezember 1974.

4) Deutsche Tagespost Würzburg, 16./17. Mai 1975.

5) Die Furche, Nr. 11, 15. März 1975, Wien.

6) Das Historisch-Politische Buch, 23. Jg., 1975, H. 2.

7) Allgemeine Jüdische Wochenzeitung Düsseldorf, 28. Februar 1975.

8) Coburger Tagblatt, 27. Februar 1975.

9) Das gute Buch, Neustadt 1, 1975.

10) Tages-Anzeiger Zürich vom 21. Februar 1975.

11) Das Neue Buch, Bonn, Januar 1975.

Die Vereinigten Staaten. Porträt einer Weltmacht (1980)
1) Kärntner Landeszeitung, Klagenfurt, 6. Nov. 1980.
2) Düsseldorfer Express, 18. Nov. 1980.
3) Die Quelle, Köln, Nov. 1980.
4) Die ZEIT, 5. Dez. 1980 (François Bondy).
5) Die Welt, 13. Dez. 1980.
6) Aachener Nachrichten, 31. Dez. 1980 (Heinz Barth).
7) Neue Kronen-Zeitung, Wien, Dez. 1980.
8) Der Bürger im Staat, Dez. 1980 (Gerhart Binder).
9) Wirtschaftswoche, Düsseldorf, 1. Jan. 1981.
10) Börsen-Kurier, Wien, 15. Jan. 1981.
11) Rheinischer Merkur/Christ und Welt, 30. Jan. 1981 (Gerd Ressing).
12) Das gute Buch, Neustadt, Jan. 1981.
13) New Yorker Staats-Zeitung und Herold, 28. Feb. 1981.
14) Badisches Tagblatt, 9. März 1981.
15) Emnid-Informationen, 6. Juli 1981.
16) FAZ, 28. Aug. 1981 (Rüdiger Löwe).
17) Berliner Verkehr, Aug. 1981.
18) Schwäbische Zeitung, 2. Okt. 1981 (Gerhart Binder).
19) Wochenpresse, Wien, 16. Dez. 1981 (Eugen Scherer).
20) Das Parlament, 10./17. Apr. 1982 (Horst A. Pötzsch).
21) Merkur, Juni 1982 (Manfred Henningsen).
22) Neue Züricher Zeitung, 3. Feb. 1983 (Paul Widmer).

Besprechungen im Rundfunk
1) ORF, Wien, (Sendung „Im Spiegel der Bücher"), 13. Jan. 1981 (Dr. Wolfgang Gerle).
2) ORF, Wien, (Sendung „Politische Manuskripte"), 6. Feb. 1981.
3) SFB (Sender Freies Berlin), (Sendung „Das Thema"), 13. März 1981 (Hans Lützkendorf).
4) Südfunk 2 (Sendung „Politische Bücher"), 15. März 1981 (Karl Moersch).
5) Deutsche Welle (Sendung „Das politische Buch"), 26. März 1981 (Dr. Franz Herre).
6) NDR/WDR (Sendung „Politik in Büchern und Zeitschriften"), 24. Mai 1981 (Heinrich von Tiedemann).
7) Süddeutscher Rundfunk/Stuttgart (Sendung „Südfunkwecker"), 17. Juli 1981.
8) Süddeutscher Rundfunk/Stuttgart (Sendung „Amerika im Buch"), 13. Aug. 1981 (Dr. Volker Diepes).

Die USA – der unbekannte Partner (1983)

1) Informationen zur Politischen Bildung, Bonn, März 1983.
2) Das Buch zum Zeitgeschehen, Berlin, März 1983.
3) Mittelbayerische Zeitung, Regensburg, 27./28. Aug. 1983.
4) Die Welt, 24. Sep. 1983.
5) Augsburger Allgemeine, 26. Sep. 1983.
6) Neue Ruhr Zeitung, Essen, 4. Nov. 1983.
7) Die Rheinpfalz, Ludwigshafen, 24. Nov. 1983 (Wolfgang Müller).
8) Rheinischer Merkur/Christ und Welt, 2. Dez. 1983 (Gerd Ressing).
9) Studium, Ostfildern, Nr. 33, 1983.
10) Das Parlament, 24. März 1984 (Horst A. Pötzsch).
11) Stuttgarter Zeitung, 19. Apr. 1984 (Wolfgang Borgmann).
12) Das Historisch-PolitischeBuch, Göttingen, Apr. 1984 (Marie-Luise Frings).
13) Neue Ruhr Zeitung, Essen, 10. Sep. 1984.
14) Hannoversche Allgemeine Zeitung, 1984.
15) Das gute Buch in der Schule, München, Nr. 1, 1985.
16) Modern Law and Society, Tübingen, Nr. 1, 1985 (Prof. Dr. Konrad Fuchs, Mainz).
17) Zeitschrift für Kulturaustausch/Stuttgart, Nr. 2, 1985 (Ernst J. Tetsch).
18) Wissenschaftliche Zeitschrift der Martin-Luther-Universität/DDR Halle, 1985 (Gerhard Bergmann).

Besprechungen im Rundfunk

1) Bayerischer Rundfunk, 9. Nov. 1983 (Rüdiger Löwe).
2) Deutsche Welle, 15. Feb. 1984 (Dr. Franz-Josef Neuß).

Die Ära Reagan. Eine erste Bilanz (1988)

1) Buchjournal Frankfurt, Feb. 1988 (Alexander Schmitz).
2) Politische Bibliographie, Berlin, 28. März 1988.
3) Mittelbayerische Zeitung, Regensburg, 14./15. März 1988 (Gustav Norgall).
4) Hannoversche Allgemeine Zeitung, 14. Juni 1988 (Ralf Volke).
5) ekz-Informationsdienst, Reutlingen, Juli 1988 (Joachim Renkhoff).
6) Wissenschaft und Frieden, Marburg, Juli 1988.
7) Rheinischer Merkur, Bonn, 5. Aug. 1988 (Rudolf Ridinger).
8) Der Bürger im Staat, Stuttgart, Sep. 1988 (Susanne Wehling).
9) Stuttgarter Nachrichten, 16. Sep. 1988 (Winfried Weithofer).
10) Vaterland, Luzern, 29. Sep. 1988.
11) Süddeutsche Zeitung, München, 5. Okt. 1988 (Wolfgang Renzsch).

12) Der evangelische Buch-Berater, Göttingen, Okt.-Dez. 1988 (Dietrich Rehnert).
13) Salzburger Nachrichten, 15. Nov. 1988 (Helmut L. Müller).
14) Zitty, Berlin, 16. Nov. 1988 (Till Bartels).
15) Kölner Stadt-Anzeiger, 16./17. Nov. 1988 (Klaus Larres).
16) Der Tagesspiegel, Berlin, 1. Dez. 1988 (Gernot Volger).

Besprechungen im Rundfunk

1) Bayerischer Rundfunk, München (Sendung „Bücher. Ein Magazin für Leser"), 12. März 1988 (Josef Brielmeier).
2) Deutsche Welle (Sendung „Das politische Buch"), 6. Apr. 1988 (Dietrich Paul).
3) Deutsche Welle (Sendung „Lesezeichen"), 6. Apr. 1988
4) RIAS Berlin (Sendung „Literatur auf Eins"), 8. Nov. 1988 (Robert Brammer).

Thomas Jefferson: Betrachtungen über den Staat Virginia (1989)

1) Neue Züricher Zeitung, 15. Nov. 1989 (Hanno Kesting).
2) Basler Zeitung, 2. Dez. 1989 (Aurel Schmidt).
3) Frankfurter Allgemeine Zeitung, 5. Feb. 1990 (Harm Klueting).
4) Die Welt, 3. März 1990.
5) Schweizerische Zeitschrift für Geschichte, Nr. 2, 1990 (Otto Woodtli).

Besprechungen im Rundfunk

1) Bayerischer Rundfunk, 31. März 1990 (Josef Brielmeier).

USA. Wirtschaft. Gesellschaft. Politik. Grundwissen Länderkunde Bd. 5, 2000

1) Politische Vierteljahresschrift, 2, 1992 (Uwe Wenzel).
2) Das Parlament, 7./14. Feb. 1992 (Peter Zervakis).
3) Forum Politikunterricht, 2, 1994 (Günter Wettstädt).
4) Zeitschrift für Parlamentsfragen, 3, 1994 (Petra Beckmann).
5) ABP, 2, 1997 (Bm).

Thomas Jefferson: Historische Bedeutung und politische Aktualität, 1995

1) Zeitschrift für Politikwissenschaft, 1, 1996 (JSH).
2) Historicum, Sommer 1995 (Otto Lampe).
3) Basler Magazin, 10. Feb. 1996 (bl).
4) Amerikastudien, 1, 1997 (M. Häberlein).

Die Autorinnen und Autoren

(in alphabetischer Reihenfolge)

Dr. Ulrich Bachteler Studium der Anglistik/Amerikanistik, Romanistik und Germanistik; nach der Promotion wissenschaftlicher Assistent in der Amerikanistik der Universität-Gesamthochschule-Duisburg. Von 1988 bis zu dessen Schließung Leiter der Programmabteilung im Amerika-Haus Stuttgart. Seit 1995 Direktor des Deutsch-Amerikanischen Zentrum/James-F.-Byrnes-Institut e.V. in Stuttgart.
Kontakt: bachteler@daz.org.

Dr. Michael Eilfort, Jahrgang 1963, schloss das Studium der Politikwissenschaft und Romanistik 1993 mit einer Dissertation über Nichtwähler ab. Danach war er unter anderem in der CDU/CSU-Bundestagsfraktion in Bonn und später im Staatsministerium in Stuttgart tätig. Er ist Lehrbeauftragter an den Universitäten Tübingen (Empirische Sozialforschung, seit 1994) und Freiburg (Vergleichende Regierungslehre, seit 1996).
Kontakt: Michael.Eilfort@cducsu.de.

Dr. Anton Hauler, geb. 1950; Wissenschaftlicher Mitarbeiter im Fach Politikwissenschaft an der Pädagogischen Hochschule Heidelberg, Institut für Gesellschaftswissenschaften, Im Neuenheimer Feld 561, 69120 Heidelberg.
Kontakt: hauler@ph-heidelberg.de.

Dr. Reinhold Hedtke ist Professor für Didaktik der Sozialwissenschaften und Wirtschaftssoziologie an der Fakultät für Soziologie der Universität Bielefeld. Seine derzeitigen Forschungsschwerpunkte sind fachdidaktische Theoriebildung, Marktsoziologie und Konsumtheorie. Er gibt das Journal of Social Science Education heraus.
Kontakt: reinhold.hedtke@uni-bielefeld.de.

Dr. habil. Werner Kremp ist Direktor der Atlantischen Akademie Rheinland-Pfalz, Kaiserslautern. Ausgewählte Veröffentlichungen sind: *Das sozialdemokratische Amerikabild von den Anfängen der Partei bis 1933*, Münster 1993; (Hrsg.), *Religion und Zivilreligion im Atlantischen Bündnis*, hg. zusammen mit Berthold Meyer, Trier 2001; *Politik und Tod. Von der Endlichkeit und vom politischen Handeln*, Opladen 2001; (Hrsg.), *Atlantische Texte*, bisher 21 Bände, Trier, 1996 ff.
Kontakt: kremp@atlantische-akademie.de.

Dr. Peter Lösche ist Professor für Politikwissenschaft an der Sozialwissenschaftlichen Fakultät der Universität Göttingen (geb.1939). Gastprofessuren in den Vereinigten Staaten und Italien. Arbeitsschwerpunkte: Geschichte der Arbeiterbewegung, Politik und Gesellschaft der Vereinigten Staaten, Parteien und Verbände im internationalen Vergleich. Arbeitet gelegentlich publizistisch.

Kontakt: ploesch@gwdg.de.

Dr. Susanne Popp ist Professorin für Didaktik der Geschichte und Neueste Geschichte an der Universität Siegen. Ihre derzeitigen Forschungsgebiete sind Historienbilder in europäischen Schulgeschichtsbüchern und globale Orientierungen im Geschichtsunterricht.

Kontakt: popp@geschichte.uni-siegen.de, http://www.fb1.uni-siegen.de/history/dgng/.

Sibylle Rapp, geb. 1979 in Geislingen an der Steige. Studium an der PH Weingarten für das Lehramt an Realschulen (Geschichte, Politik und Deutsch). Abschluss Erstes Staatsexamen Juli 2003.

Kontakt: eberhard-rapp@t-online.de

Stephanie Schick hat an der PH Weingarten für das Lehramt an Realschulen studiert, den Vorbereitungsdienst absolviert und anschließend im Institut für politisch- gesellschaftliche Erziehung und Arbeitslehre der PH Weingarten als wissenschaftliche Mitarbeiterin am Forschungsprojekt „Krisenphänomene liberal- demokratischer Herrschaftssysteme am Ende des 20. Jahrhunderts"-Teilprojekt „Kommunitarismus" mitgearbeitet. Nach dem Diplom-Aufbaustudium in Erziehungswissenschaften Doktorandin der PH Weingarten; Thema der Dissertation „Institutionelle Bildung einer europäische Identität. Eine vergleichende Untersuchung zwischen Deutschland und Spanien".

Kontakt: schick2@tiscalinet.de.

Dr. Christian Schwarz arbeitet als Auslandsredaktor beim St. Galler Tagblatt.

Kontakt: cschwarz@tagblatt.ch

Dr. Walter Schweidler, geb. 1957, Studium der Philosophie und Rechtswissenschaften an der Universität; München, dort 1993 Habilitation in Philosophie. Zurzeit Professor für Praktische Philosophie am Institut für Philosophie der Ruhr-Universität Bochum, zuvor Professuren an der Pädagogischen Hochschule Weingarten und der Universität Dortmund. Publikationen: *Die Überwindung der Metaphysik*, Stuttgart 1987; *Geistesmacht und Menschenrecht. Der Universalanspruch der Menschenrechte und das Problem der Ersten Philosophie*, Freiburg/München 1994; *Das Unantastbare. Beiträge zur Philosophie der Menschenrechte*, Münster 2001.

Kontakt: Walter.Schweidler@ruhr-uni-bochum.de.

Dr. Hartmut Wasser, geb. 1937, Studium der Politikwissenschaft, Geschichte, Germanistik und Anglistik, bis 2002 Professor für Politikwissenschaft an der Pädagogischen Hochschule Weingarten und dortiger Direktor des Instituts für politisch-gesellschaftliche Bildung; Gastdozent an der Stanford-University; Lehrbeauftragter für Amerikanistik an der Universität Tübingen.
Kontakt: Hartmut.Wasser@gmx.de.

Dr. Iring Wasser, geb. 1965, Studium der Verwaltungswissenschaften an der Universität Konstanz und am Institute des Sciences Sociales in Grenoble, Master-Studium der Internationalen Politik an der Virginia State University, Promotion als DAAD-Stipendiat an der FU Berlin über die amerikanische Bildungspolitik im Fachbereich Amerikanistik mit einem einjährigen Forschungsaufenthalt an der Georgetown University in Washington D.C. Bisherige berufliche Stationen: Persönlicher Referent des Rektors der Universität Stuttgart, Geschäftsführer der Landeshochschulkonferenz Niedersachsen, seit Juni 2001 Geschäftsführer der Akkreditierungsagentur für Studiengänge der Ingenieurwissenschaften, Informatik, Naturwissenschaften und Mathematik mit Sitz in Düsseldorf.
Kontakt: gf@asiin.de.

ATLANTISCHE TEXTE

Herausgegeben von der Atlantischen Akademie Rheinland-Pfalz e.V.

Bd. 10 Werner Kremp und Gerd Mielke (Hg.): **Digitales Fernsehen in USA und Europa**
ISBN 3-88476-329-6, 40 S., kt., € 5,50 (1998)

Bd. 11 Werner Kremp und Gerd Mielke (Hg.): **Umwelt**
ISBN 3-88476-382-2, 55 S., kt., € 6,50 (1999)

Bd. 12 Werner Kremp: **Pressefreiheit in USA und Deutschland**
ISBN 3-88476-413-6, 50 S., kt., € 6,50 (2000)

Bd. 13 Klaus Lüder, Siegfried Magiera und Werner Kremp (Hg.): **Haushaltsplanung /
Budgeting in Deutschland und in den USA**
ISBN 3-88476-423-3, 110 S., kt., € 10,50 (2000)

Bd. 14 Werner Kremp und Berthold Meyer (Hg.): **Religion und Zivilreligion im Atlantischen Bündnis.** ISBN 3-88476-450-0, 389 S., kt., € 30,00 (2001)

Bd. 15 Hermann-Josef Ehrenberg, Werner Kremp und Kai Tobias (Hg.): **Transatlantische
Landschaftsräume – Tradition, Stand und Perspektiven der Landschaftsarchi-
tektur in USA und Deutschland.** ISBN 3-88476-484-5, 63 S., kt., € 6,50 (2001)

Bd. 16 Werner Kremp und Roland Paul (Hg.): **Die Auswanderung nach Nordamerika aus
den Regionen des heutigen Rheinland-Pfalz**
ISBN 3-88476-511-6, 108 S., kt., € 10,00 (2002)

Bd. 17 Peter H. Mettler und Werner Kremp (Hg.): **Chancen einer Transatlantischen
Union?** ISBN 3-88476-558-2, 145 S., kt., € 17,50 (2002)

Bd. 18 Werner Kremp (Hg.): **The Huntsman from Kurpfalz. Über den Zusammenstoß
und die Zusammenarbeit von deutscher und amerikanischer Jagdkultur**
ISBN 3-88476-559-0, 110 S., kt., € 11,50 (2002)

Bd. 19 Werner Kremp (Hg.): **24. Februar 1803: Die Erfindung der Verfassungsgerichts-
barkeit und ihre Folgen.** ISBN 3-88476-597-3, 52 S., kt., € 6,00 (2003)

Bd. 20 Werner Kremp, Jürgen Wilzewski (Hg.): **Weltmacht vor neuer Bedrohung. Die
Bush-Administration und die US-Außenpolitik nach dem Angriff auf Amerika**
Der 11. September 2001 hat die amerikanische Gesellschaft traumatisiert. Wie haben sich die
Terrorangriffe auf das außenpolitische Rollenverständnis der letzten Supermacht ausgewirkt?
Sind die USA zu Beginn des 21. Jahrhunderts gar zu einer „rogue superpower" mutiert? Diesen
Fragen sucht der vorliegende Band nachzugehen. **Aus dem Inhalt:** *M. Kahl: New Grand
Strategy?* Die Bush-Administration und die Bekämpfung des internationalen Terrorismus · *J.
Wilzewski:* Präsident und Kongress nach den Terrorangriffen auf Amerika · *O. Thränert:* Die USA
und die Zukunft der Rüstungskontrolle · *N. Deitelhoff:* Die USA und der internationale Strafge-
richtshof nach dem 11. September · *H. Haftendorn: A Poisoned Relationship?* Die transatlantischen
Beziehungen nach den Terrorangriffen des 11. September 2001 · *M. Kaim:* „Ready to Assist, Not
Insist". Die Nahostpolitik der Bush-Administration
ISBN 3-88476-605-8, 481 S., kt., € 29,50 (2003)
ISBN 3-88476-606-6, 481 S., geb., € 38,50 (2003)

Ausführliche Beschreibungen aller Bände der Reihe finden Sie im Internet unter
www.wvttrier.de

 Wissenschaftlicher Verlag Trier • Bergstr. 27 • 54295 Trier
Tel.: 0651/41503 • Fax: 41504 • Internet: www.wvttrier.de • e-mail: wvt@wvttrier.de